JN075311

極めろ！
英検®準1級合格力
リスニング

松本恵美子

スリーエーネットワーク

Published by 3A Corporation.
Trusty Kojimachi Bldg., 2F, 4, Kojimachi 3-Chome, Chiyoda-ku, Tokyo 102-0083, Japan

ISBN978-4-88319-941-9

First published 2023
Printed in Japan.

はじめに

こんにちは。著者の松本恵美子です。

本書はリスニング、つまり「聞く」スキルを上げるための本です。人の話を「聞く」とはどういうことでしょうか。

例えば目の前であなたの友人がすごく悲しんでいるとします。どうやらコンビニで人とぶつかってしまい、そのぶつかった相手に罵声を浴びせられたそうです。その時あなたはどんな風に声をかけるでしょうか。

「気にしない方がいいよ、君は悪くないよ」
「気晴らしに一緒に出掛けようか」

あなたは友人の気持ちを汲み取り、気分を明るくしてあげたくて、優しい言葉をかけるでしょう。この状況で、あなたは決して、

「もっと注意深く気を張って歩くべきだよ」

などと、友人を責めたりはしないでしょう。

私たちはたいてい、相手が話している内容そのものよりも、相手がその会話であなたにどんな気持ちを伝えたいのか、それを伝える相手として選ばれたあなたにその気持ちをどう変化させてほしいのかといったことをしっかりと受け止めて、会話を成立させています。

つまり**会話は「心」と「心」のやりとり**だと私は思っています。その「時」だけで完結するものではなくて、**そこに至るまでの出来事**や、**私に求めている言葉**、その言葉を私が与えたらその人は**どんなふうに心が癒され**て将来**幸せになる**のか、そんなことを考えて、私は人の話を聞いて答えるようにしています。

「英検」のリスニングには一人が一方的に話している講義形式の問題もありますが、その講義内容で何を**学んでほしい**のか、その人の今後を考えて広い意味で何を**受け取ってほしい**のか、それが重要なのだと思います。

・・・・・・・・・・・・・・

英語を「極める」とはどういうことなのでしょうか。もちろん単語を極めてもいいし、文法の達人になるのも一つの極め方で、人それぞれの極め方があっていいと思います。

自分はどんなふうに英語を「極めたい」のか。

私が何かを「極める」ことはひょっとして一生できないかもしれない。それでも、毎日会う大学の学生さん、同僚の先生、スポーツで知り合う仲間、そしてこれから出会う本書の読者の皆さんが困っているとき、英語の勉強を頑張りたいときに、**全力で助けたい**です。

本書は「極めろ」シリーズの「英検」バージョンです。私が長年あこがれていたシリーズの仲間に入れていただいて、とても光栄に感じております。構想から5年余り、ずっと親しくしていただいた出版社の編集グループのメンバーには大変感謝しています。

そして、この「はじめに」を読んでいる、読者のあなたへ、

あなたはきっと、英語を「極めたい」のでしょう。それなら、今から始めてみませんか。

「英検」の準1級に合格した時、私は「英語の使い手としてようやく入り口に立てた」と自分を誇らしく思った記憶があります。

皆さんが本書を利用し、その先にある幸せをつかむお手伝いができることを心より願っています。

2023年　晩秋　松本恵美子

目次

アイコン一覧

音声
解説
和訳
語注
正解

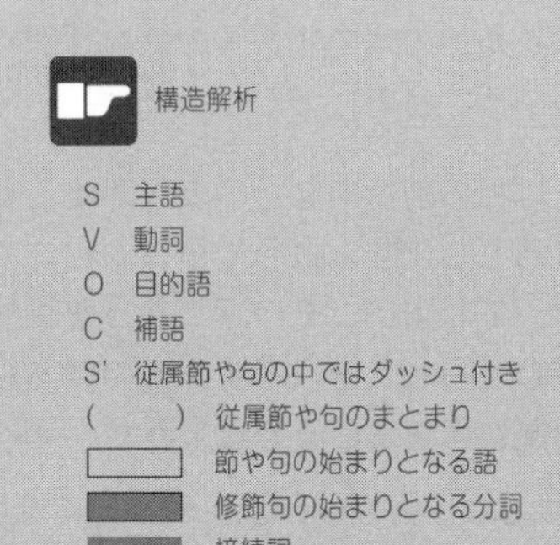
構造解析
S 主語
V 動詞
O 目的語
C 補語
S' 従属節や句の中ではダッシュ付き
( ) 従属節や句のまとまり
節や句の始まりとなる語
修飾句の始まりとなる分詞
接続詞

本書について / 音声について

本書について

チャレンジしよう！

音声を聞く前に選択肢に目を通して問題のイメージをつかむことを解説した「先読み解説」と、それを踏まえた丁寧な「問題解説」を通して、リスニング問題の解き方を学びましょう。

練習しよう！

「チャレンジしよう！」で学んだ解き方の定着と実力の底上げを目指して、大量の問題を解きます。見開きで問題・解説・音声のスクリプト・和訳・語注を掲載しています。

音声について

リスニング問題で使用する音声は、以下の方法ですべて無料で聞くことができます。

パソコン・スマートフォンで聞く

インターネットにつながるパソコン・スマートフォンで、右のコードまたは「https://www.3anet.co.jp/np/books/5540/」からアクセスしてください。

・ダウンロードする場合、音声ファイルはMP3形式です。圧縮（zip形式）されているので、パソコン上で解凍してください。
・MP3プレイヤーへの取り込み方法などは各メーカーにお問い合わせください。
・ファイルダウンロード、ストリーミング再生には通信費が発生する場合があります。
・トラック名の番号は、PART・Unit・問題の通し番号に対応しています。（PART 2は（A）No.1, 2が1、（B）No.3, 4が2、…）
　3-2-5.mp3⇒PART 3 Unit 2 No.5の問題

アプリで聞く

■AI英語教材abceed

株式会社Globeeが提供するマークシート連動型アプリ
アプリ内で「極めろ」で検索してください。
https://www.abceed.com/

（アプリのダウンロード、その他アプリに関する不具合やご質問に関しましては、上記の配信元にお問い合わせください。弊社ではお答えいたしかねますので、ご了承ください）

勉強方法

リスニングの能力

英語のリスニング力を上げるには、英語全体の能力を上げることが不可欠です。しかし、単語や文字を見ているだけではリスニングの能力アップの勉強としては不十分です。英語の音声は単なる音や言葉の羅列ではなく、音のかたまりが文法の規則にしたがって並んでいることをつかむことで、はじめて意味のある、生きたイメージになるのです。

リスニングが苦手な人は、英文をイメージで捉えることができずに、単語一つ一つを聞いて、「これは知っている単語、これは知らない単語」と分類して、知らない単語の意味ばかり考えることも多いようです。その方法では、知らない単語が頭に残って気になってしまい、全体の意味をつかむのは難しく思えるでしょう。「この単語の意味がわからないから、全体の意味がわかりません」というのは、リスニングの聞き方としては遠回りなのです。音声が流れているのに、その中の知らない単語ばかり取り上げていたら、流れてくる音声に対処できるはずがありませんよね。

音声を聞いて、イメージするということ

リスニングが得意な人の傾向として、「聞いた音声を頭の中で直訳するのではなく、一つのイメージにする」という特徴があります。筆者が大学の授業などで、学生さんに試してもらっている勉強方法があります。一題分の英文を聞いて、英語でも日本語でも、わかったことをアウトプットしてもらうこと。一人一人試してみると、リスニングが得意な人は一目瞭然です。リスニングが得意な人は、聞こえてきた英文から、知らない単語は上手に無視して、その状況を頭の中にイメージできているのです。

本書では、英文を聞いた瞬間に即座に状況をイメージすることを一つの目標としています。選択肢を先に読むときも単語の意味ではなく、まず、選択肢全体の形、問題全体のイメージをつかんでください。そして、音声を聞いているときには単語を知っているかどうかは関係なく、英文を聞いてすぐに状況が浮かぶようにします。そして、話し手に感情移入ができるほど身近なものとしてイメージできたら、もうリスニングの問題が物語のように理解できて、「問題」とは思えないほど負担なく聞き取れます。

リスニング音声を聞こう

本書のリスニング問題を一度解いたら、毎日少しずつでもいいので、一つの文（会話の場合は一人の発言）を聞いて、その意味について考えてみましょう。会話の場合は、男性が発言したら一度音声をストップして、男性の状況と気持ちについて考えます。そうしたら、次の女性の発言に移って音声を聞き、今度は女性の状況と気持ちを考える、というプロセスを踏んでみてください。

自分で話して、言葉のニュアンスを捉えよう

音声の意味がわかったら、今度は音声の真似をしてリピート練習ができます。音声の真似をしたリピート練習とは、音声を生きたものとして捉えるための練習方法で「英文の主語と動詞を考えてから感情をこめて自分事として実感できるようになるまでリピートする」ことです。例えば、Part 1の問題で、男性が女性にAre you feeling better today?と聞いた場合、「今日は昨日よりも体調はいいの？」という感情をイメージしながら何十回も何分でも音声を聞いて、youのところで相手を思い浮かべ、feelingで胸に手を当てて感じている気分になり、better today? で良くなったイメージを想像したら、同じ内容を声に出してリピートしてみましょう。リピートの際に考えるのは、「今日は昨日よりも体調がいいの？」と聞いているそのバックグラウンドには、男性は女性が昨日まで体調が悪かったことを知っていたこと、そして、今日、男性は女性の体調を気にかけていることです。つまり、「現在」のことを聞いているのに、その一つの発言からこの2人の昨日までの行動が垣間見えますし、今日もこれからの未来の行動にも影響があると考えられます。自分だったらそのセリフにどんな感情が込められるのか、「今日は昨日よりも体調がいいの？」（今日こそはよくなったのかな）（今日は一緒に出かけられるかな）（今日は彼女の仕事は進みそうだろうか）（まだ気分が悪かったら自分に何ができるだろう）などの自分なりの気持ちを込めながら英文を繰り返して練習してみましょう。

練習して目指す到達点

準1級合格者の中でもさらにリスニングが得意な人たちは、音声を聞いて当たり前のように会話の流れにフォーカスし、選択肢のうちの正しい答えだけが光り、そして間違い選択肢には見向きもしません。そんな状況が理想ですよね。本書では設問を聞いたときに準1級合格者はどんなイメージをするのか、音声を聞いているときにどんな答えが光るのか、詳しく解説することで、皆さんのイメージづくりのお手伝いをします。

各パートの形式と解き方

Part 1

問題数は12問。男女の会話を聞いて、その内容に関する質問に答えます。

Part 1の設問自体は、会話の本文が読み上げられたあとに音声で出題されますが、本文が流れてくる前に4つの選択肢に目を通すことができます。設問（「男性について何がわかりますか」など）があらかじめわからなくても、選択肢に目を通すことで、そのあとに流れてくる会話の内容を予想し、主語やテーマなどを想像してリスニングの準備をすることができます。本書では、これを「先読み」と呼びます。4つ並んだ選択肢は、主語が似ていたり、内容が似ていたりするので、大まかな共通点をつかむ練習をして試験に備えましょう。

Part 2

問題数は12問（一つの音声に2問ずつ）。あるトピックに関する説明文を聞いて、その特徴や変化の経緯などに関する質問に答えます。

Part 1同様、音声が流れてくる前に選択肢に目を通しましょう。Part 2では一つの長い音声ごとに、設問が2題、出題されますが、設問自体は、本文が読み上げられたあとに音声で出題されます。従ってあらかじめ読むことができるのは4つの選択肢2セットのみになります。

受験者の皆さんは、設問（「ある動物が生息する地域にはどんな特徴があるか」など）があらかじめわからなくても、心配する必要はありません。選択肢に目を通すことで、そのあとに流れてくる音声のテーマを予想し、心の準備をすることは十分に可能だからです。さらに、たとえ選択肢を見て何も予想ができなくても、気にすることはありません。落ち着いてリスニングの音声を冒頭からしっかりと聞きましょう。内容をつかんでいるうちに、ふと先読みしたときのイメージと重なる文が意識に留まります。予想ができれば良いですが、先読みはそれよりも、このイメージと重なる瞬間をたぐり寄せるためのステップと考えましょう。

Part 3

問題数は5問。受験者にある立場が割り振られ、その視点に立ったうえで目的達成のための情報を聞き取り、質問に答えます。

Part 3では、「状況」と「問題」を読む時間が10秒与えられます。Part 1、2でも、音声が流れてくる前に選択肢に目を通しましたが、これに「状況」という要素が加わります。だからといって問題が難しくなるわけではなく、むしろあらかじめ頭の中で準備するための情報が多く与えられ、音声の長さもPart 2よりは短くなります。さらに答えるべき問題はPart 2の2問と比較して1問ですので、解きやすいと感じる受験者も多いのではないでしょうか。

PART 1

内容一致問題

会話

Unit 1 …… チャレンジしよう！

Unit 2 …… 練習しよう！

アイコン一覧

解説

和訳

語注

正解

Unit 1 チャレンジしよう！

1-1-1 ～ 1-1-7

No.1
1 He was in an accident and was badly injured.
2 He does not take vacations frequently.
3 He has just returned from a trip.
4 He was supposed to meet the woman today.

Date / ① ② ③ ④
/ ① ② ③ ④
/ ① ② ③ ④

P.12

No.2
1 They are not allowed to record the lecture.
2 They decided to stop attending the class.
3 They have tried reviewing the lecture together.
4 They have difficulty understanding the class.

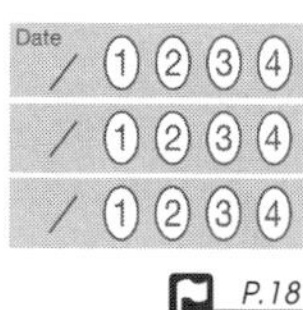

P.18

No.3
1 It has had poor sales.
2 It had an insufficient number of employees.
3 It does not do business with foreign companies.
4 It does not hire college graduates.

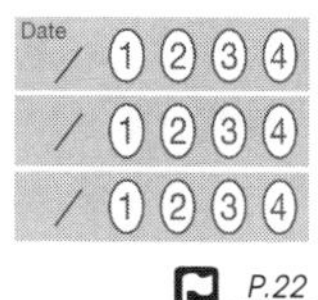

P.22

No.4
1 She can help the man with his work.
2 She is expecting another call from Emily.
3 Emily will arrive shortly.
4 Emily needs to finish her assignment.

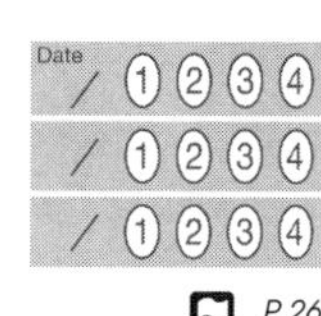

P.26

No.5 **1** Sharon is going to leave her job.
2 The boss is popular with staff.
3 Sharon often makes mistakes.
4 The boss tends to get angry.

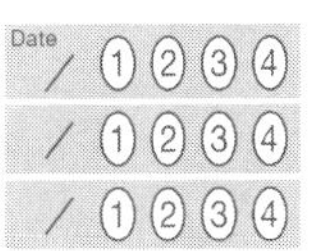

P.30

No.6 **1** Wait until her son's medical records are found.
2 Tell the doctor to make a new prescription.
3 Monitor the status of her son's fever.
4 Schedule an initial doctor's appointment.

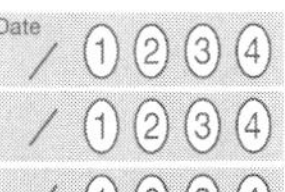

P.34

No.7 **1** Study more thoroughly for the test.
2 Decide to drop the math class.
3 Get enough sleep before the test.
4 Drink coffee to improve concentration.

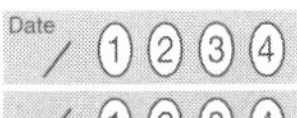

P.38

No.1 **1** He was in an accident and was badly injured.
2 He does not take vacations frequently.
3 He has just returned from a trip.
4 He was supposed to meet the woman today.

先読み

まず、選択肢の全体に目を通します。選択肢をざっと眺めただけで、何らかの規則性を見出すことができますね。どの選択肢もHeで始まっています。この問題では、選択肢の主語がすべて統一されているため、音声には必ず「男性」が出てくることがわかります。また、選択肢の主語がすべて同じなので、あとは動詞部分や目的語部分を比較しながら目を通すことで、あまり時間をかけずに、音声の内容を予想することができるでしょう。

選択肢に目を通すときには文章を丁寧に日本語訳をするというよりも、主語と動詞を探すつもりで、形を確認していきましょう。ここでは、

1. (彼は)事故にあって、重症だ。
2. (彼は) frequentlyに休みをとらない。
3. (彼は)旅行から帰ったばかりだ。
4. (彼は)今日、その女性に会うことになっていた。

この程度の理解で十分です。くれぐれも、リスニングの音声を聞いているときや時間がないときは、わからない単語や、うろ覚えの単語の意味を思い出すことに時間を費やさないようにしましょう。

また、この4つの選択肢はすべて覚えておく必要はありません。なぜなら、4つの選択肢のうち、正解はたった一つで、残りの3つはすべて「間違い選択肢」だからです。選択肢をすべて覚えることに頭と気を使っていたのでは、肝心の音声を聞く際の妨げになります。4つの選択肢の内容は、先読みの際に一瞬だけ頭の中にイメージし、そのイメージに合ったものが音声を聞いている際に出てきたら、それが正解ということになります。そもそも誤答選択肢の可能性をすべて覚えておくのでは、情報量が多すぎるでしょう。逆説的になりますが、いくら先読みをしたとしても、誤答選択肢を意識して、音声を聞くわけではありません。

間違った選択肢を消すのではなく、正しい答えを待ち構えて聞くのです。つまり、リスニング中には「正しい答えだけが引っかかる」ことにより、正解を導くことができると言えるでしょう。

1-1-1

F: ❶Hi, Bill. ❷I thought you were out of town.

M: ❸That was the plan, but the roof of my house collapsed suddenly, so I had to cancel my trip.

F: ❹That's unfortunate. ❺You're busy at work all year round, and I thought you could finally get some rest.

M: ❻Yeah... ❼But I think it's better than being injured myself. ❽It looks like a tree fell on the roof.

F: ❾Let me help you find someone to take care of it. ❿You really need to take some time off.

M: ⓫Thank you, I'd appreciate that.

Question: What do we learn about the man?

問題

❶❷会話文の音声の流れについていくポイントは、「誰の発言か」に常に着目し、「会話の流れ」を意識することです。この会話文の最初の発言は女性のもので、まず、❶ビルという男性に挨拶し、❷女性はビルが出かけたと思っていたことを彼に伝えています。I thoughtと聞いた時点で、「私はこう思っていたけど（実際には違う）」→「出かけたと思っていたのに、なんでいるの？」というニュアンスをイメージしましょう。

❸女性の発言に男性が応答しています。❸「それ（出かけること）を計画していたのだけれども、家の屋根が壊れたので、旅行をキャンセルした。」と女性の思っていた通りの行動をしなかった理由を述べています。

❹❺男性の発言を受けて、女性は❹「それは残念ですね」と述べています。続けて❺「あなたは一年中仕事で忙しいのだから、やっと休暇をとれているのかと思ってました」と言っています。ここでもI thought（私は思っていた）の表現から、予想と実際のビルの行動が違っていたことがわかります。

この音声が聞こえた瞬間に、先ほど先読みしたときにイメージした、「彼は休みをとらない」という内容が、正解をサーチしている頭に引っかかるので、それが正解だとわかります。正解がわかった瞬間にそれ以外の誤答選択肢の可能性は自然と消えるでしょう。

❻❼❽ここで男性が話題を展開させ、❼「けがをするよりもましだよ」と言っています。❽では「木が屋根に倒れかかったみたいなんだよ」と、そう思う理由について述べています。

❾❿女性は男性の話を受けて、❾「誰か、それをどうにかできる人を探すのを手伝いますよ」と問題解決案を述べています。さらに❿「あなたには休暇が必要だから」とビルを手伝いたい理由を伝えています。

⓫そして、男性が最後の発言で女性にお礼を伝えて会話が終わっています。

スクリプト 1-1-1

F: ❶ Hi, Bill. ❷ I thought you were out of town.

M: ❸ That was the plan, but the roof of my house collapsed suddenly, so I had to cancel my trip.

F: ❹ That's unfortunate. ❺ You're busy at work all year round, and I thought you could finally get some rest.

M: ❻ Yeah... ❼ But I think it's better than being injured myself. ❽ It looks like a tree fell on the roof.

F: ❾ Let me help you find someone to take care of it. ❿ You really need to take some time off.

M: ⓫ Thank you, I'd appreciate that.

Question: What do we learn about the man?

1 He was in an accident and was badly injured.
2 He does not take vacations frequently.
3 He has just returned from a trip.
4 He was supposed to meet the woman today.

女性： ❶こんにちは、ビルさん。❷お出かけしているのかと思っていました。

男性： ❸その予定だったのですが、家の屋根が突然崩れてしまって、旅行をキャンセルしたんです。

女性： ❹それは残念ですね。❺あなたは一年中仕事で忙しいので、やっと休めると思っていたのですが。

男性： ❻ええ。❼でも、自分が怪我をするよりはましだと思います。❽屋根に木が倒れかかったみたいなんです。

女性： ❾修復してくれる人を探すのを手伝いますよ。❿あなたはしばらく休んだほうがいいです。

男性： ⓫ご親切に、ありがとうございます。

質問：男性について何がわかりますか。

1　事故に遭って大けがをした。

2　あまり休暇を取らない。

3　旅行から帰ってきたばかりである。

4　今日女性に会うことになっていた。

---

❷□ be out of town（市外に出かけていて）留守にしている　❸□ collapse 崩壊する
❹□ unfortunate 残念な、不運な　❺□ get some rest 休息を取る　❼□ injure …に怪我をさせる
❾□ take care of …を管理する、…に対処する　❿□ take some time off 少し休む
⓬□ appreciate …をありがたく思う　選択肢 4 □ be supposed to *do* 本来なら…するはずである

PART 1

No.2 **1** They are not allowed to record the lecture.
2 They decided to stop attending the class.
3 They have tried reviewing the lecture together.
4 They have difficulty understanding the class.

先読み

この問題でも選択肢全体に目を通します。この4つの選択肢にも規則性がありますね。どれもTheyで始まっています。選択肢の主語がすべてTheyなので、Theyが誰なのかを考えながら、動詞部分や目的語部分を比較しながら目を通すことで、音声の内容を予想することができるでしょう。

ここでも、文章を丁寧に訳すというよりも、主語と動詞を探すつもりで、形を確認していきましょう。

1.（彼らは）講義を録音することを許されていない。
2.（彼らは）授業に出席するのをやめることにした。
3.（彼らは）講義を一緒に復習してみた。
4.（彼らは）授業を理解するのが困難だ。

この4つの選択肢を見て、Theyというのは、おそらく発言している人のどちらか、もしくは両方が含まれ、そして「lectureを録音する」や「classに参加する」「lectureを復習する」「classを理解する」などの表現に共通している事柄から、学生の会話であることが予想できます。

この4つの選択肢はすべて完全に覚えておく必要はありません。4つの選択肢のうち3つは誤答選択肢だからです。選択肢の内容は、先読みの際に一瞬だけ頭の中にイメージして、そのイメージにあったものが音声を聞いている際に出てきたら、それが正解だと判断しましょう。

1-1-2

M: ❶ Hi, Lisa. ❷ Did you understand any of that lecture?
F: ❸ Not even a little! ❹ The whole topic went right over my head.
M: ❺ I took notes and even recorded parts of what the professor was saying, but it was too complicated.
F: ❻ I know what you mean. ❼ We might need to consider quitting.
M: ❽ Oh, I've got an idea. ❾ Why don't we review the lecture together?
F: ❿ That sounds great. ⓫ We might understand it better if we study together.

Question: What do we learn about these students?

問題

❶❷最初の発言は男性のもので、まず、❶リサという女性に挨拶し、❷「講義の一部でもわかった？」と彼女に聞いています。

❸❹男性の発言に女性が応答しています。❸で少しもわからなかったことを、❹で「すべての話が頭に入ってこなかった」と答えています。熟語go over one's headの意味がうろ覚えであっても、「頭のずっと上を流れた→頭の中に入らなかった」と理解しましょう。

❺男性は、「ノートも取っていたし、教授の話の一部を録音したけれども、あまりにも複雑だった」と言っています。

❻❼女性が男性の発言に同意し、「受講をやめることを検討した方がいいかも」と言っています。

❽❾男性は「いい考えがある。一緒に講義を復習するのはどう？」と解決策を提案しています。

❿⓫それに対して、女性が最後の発言で「いいね」と合意し、「一緒に勉強すれば、理解できるかもしれない」と同調しています。

会話の全部を聞いてみて、Theyは会話をしている2人であることがわかります。ここで問題文が流れますので、「2人は講義の内容が難しいと思っている」ことを表す4が正解だとわかります。

スクリプト 1-1-2

M: ❶ Hi, Lisa. ❷ Did you understand any of that lecture?

F: ❸ Not even a little! ❹ The whole topic went right over my head.

M: ❺ I took notes and even recorded parts of what the professor was saying, but it was too complicated.

F: ❻ I know what you mean. ❼ We might need to consider quitting.

M: ❽ Oh, I've got an idea. ❾ Why don't we review the lecture together?

F: ❿ That sounds great. ⓫ We might understand it better if we study together.

Question: What do we learn about these students?

1 They are not allowed to record the lecture.
2 They decided to stop attending the class.
3 They have tried reviewing the lecture together.
4 They have difficulty understanding the class.

男性：❶やあ、リサ。❷あの講義、少しは理解できた？

女性：❸少しも！ ❹トピック全体が頭に入ってこなかったよ。

男性：❺ノートを取って、教授の話も一部録音したんだけど、あまりにも複雑で。

女性：❻何を言いたいかわかるよ。❼受講をやめるか検討した方がいいかも。

男性：❽ああ、いい考えがある。❾一緒に講義を復習するのはどう？

女性：❿それはいいね。⓫一緒に勉強すれば、もっとよく理解できるかも。

質問：学生たちについてわかることは何ですか。

1　講義を録音することは許されていない。

2　授業に出席しないことに決めた。

3　一緒に講義を復習してみた。

4　授業を理解するのが難しい。

❸□ even a little ほんの少しでも　❹□ go over one's head（話などが）理解できない
❺□ take a note メモを取る　□ complicated わかりにくい
❾□ Why don't we ...? …しませんか。 選択肢 1 □ allow X to *do* Xが…するのを許す
選択肢 2 □ decide to *do* …しようと決意する

No.3 **1** It has had poor sales.
2 It had an insufficient number of employees.
3 It does not do business with foreign companies.
4 It does not hire college graduates.

先読み

この問題では、選択肢はどれもItで始まっています。Itが何を指すのかを考えながら、動詞部分や目的語部分を確認していきましょう。

1. （それは）売り上げが悪い。
2. （それは）不十分な従業員の数だった。
3. （それは）外国の企業とは取引をしていない。
4. （それは）大卒は雇っていない。

この4つの選択肢を見て、「売上が悪い」「不十分な従業員」「ビジネスをしない」「大卒を雇わない」などの表現から、Itが「会社」であると推測できます。

1-1-3

M: ❶ Welcome back, Amanda! ❷ How was your business trip?

F: ❸ It was good. ❹ I made new deals with companies overseas. ❺ How were things while I was away?

M: ❻ Our company finally hired someone to take over the accounting position, so we won't have to cover it anymore.

F: ❼ Wow, that's a relief. ❽ Now that our sales are on the rise, we should have hired someone earlier. ❾ Do you know anything about the new worker?

M: ❿ She just graduated from a prestigious university. ⓫ She's going to start working from next week.

F: ⓬ That's great. ⓭ It'll be nice to have a fresh talent.

Question: What do we learn about this company?

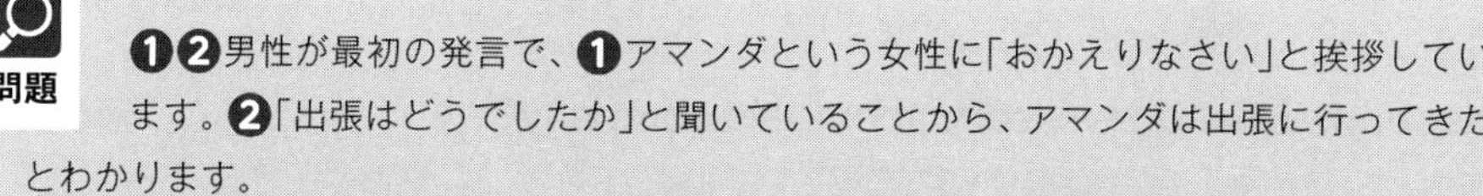

問題

❶❷男性が最初の発言で、❶アマンダという女性に「おかえりなさい」と挨拶しています。❷「出張はどうでしたか」と聞いていることから、アマンダは出張に行ってきたとわかります。

❸❹❺女性は男性に「良かったです。海外の企業と新しい取引をしました」と答え、「そちらはどうでしたか？」と聞いています。

❻男性は次の発言で「うちの会社が会計のポジションを引き継ぐ人をやっと採用したので、もうカバーしなくてもすみます」と言っています。男性と女性は今まで会計の仕事をカバーしていたということがほのめかされていますね。

❼❽女性が「それはよかった」と述べ、続けて「売り上げが伸びているので、もっと早い段階で人を雇うべきでした」と言っています。

❿⓫男性は新たに採用された人物について「彼女は名門大学を卒業したばかりで、来週から働き始めます」と言っています。

⓬⓭女性が最後の発言で、「素晴らしいですね」と述べ、「新しい人が入るのはいいことです」と締めくくっています。

会話の全部を聞いてみて、選択肢のItは会話をしている2人の会社であることがわかります。問題文を聞いて、「この会社では従業員の数が不十分だった」を表す2を正解としてマークしましょう。

スクリプト 1-1-3

M: ❶Welcome back, Amanda! ❷How was your business trip?

F: ❸It was good. ❹I made new deals with companies overseas. ❺How were things while I was away?

M: ❻Our company finally hired someone to take over the accounting position, so we won't have to cover it anymore.

F: ❼Wow, that's a relief. ❽Now that our sales are on the rise, we should have hired someone earlier. ❾Do you know anything about the new worker?

M: ❿She just graduated from a prestigious university. ⓫She's going to start working from next week.

F: ⓬That's great. ⓭It'll be nice to have a fresh talent.

Question: What do we learn about this company?

1 It has had poor sales.
2 It had an insufficient number of employees.
3 It does not do business with foreign companies.
4 It does not hire college graduates.

男性：❶アマンダさん、おかえりなさい。❷出張はどうでしたか。

女性：❸うまくいきました。❹海外の会社との新しい取引もまとまりました。❺私が出張に行っている間こちらはどうでしたか。

男性：❻会社が会計の仕事を引き継ぐ人をやっと採用したので、もう私たちが受け持たなくてよくなりました。

女性：❼わあ、それはよかったです。❽今、売上が伸びているんだから、もっと早く人を雇うべきでしたよ。❾新しい従業員については何かご存じですか。

男性：❿彼女はある名門大学を卒業したばかりです。⓫来週から働き始めます。

女性：⓬すばらしいですね。⓭新しい人が入るのはいいことです。

質問：この会社についてわかることは何ですか。

1 売上が悪い。
2 従業員の数が不十分だった。
3 外国企業とは取引していない。
4 大卒者を採用していない。

❹☐ make a deal with …と取引する ❻☐ hire …を雇用する ☐ take over (仕事など)を引き継ぐ
☐ accounting position 会計職 ❼☐ relief 安心 ❽☐ now that節 今や…だから
☐ be on the rise (数量が)増えつつある ❿☐ prestigious 名声のある
選択肢2 ☐ insufficient 不十分な

No.4 **1** She can help the man with his work.
2 She is expecting another call from Emily.
3 Emily will arrive shortly.
4 Emily needs to finish her assignment.

先読み

今までの問題は選択肢の主語が統一されていましたが、この問題では、選択肢の主語がすべて同じではありません。最初の二つが彼女で、あとの二つがEmilyです。どのようなことが書いてあるか、イメージを残すつもりで選択肢に目を通しましょう。

1.（彼女は）男性の仕事を手伝うことができる。
2.（彼女は）エミリーからの電話がくる予定だ。
3.（エミリーは）すぐに到着する。
4.（エミリーは）仕事を終わらせる必要がある。

この4つの選択肢を見て、会話をしている2人は仕事の話をしていることがわかり、また選択肢2より、「彼女」は会話に出てくる人物で、Emilyとは違う人物だとわかります。

🔊 1-1-4

F: ❶ You look worried, Jacob. ❷ What's going on?

M: ❸ Have you seen Emily? ❹ I really need to meet with her.

F: ❺ I just received a phone call from her a few minutes ago. ❻ She said she'll be late due to traffic. ❼ It's raining hard today, so I don't think she'll get here for a while.

M: ❽ That's not good. ❾ I need to finish up this report. ❿ It's due today at noon, and she's supposed to help me out.

F: ⓫ Well, I have some spare time.

Question: What does the woman imply?

問題

❶❷女性が最初の発言で、❶ジェイコブという男性に「心配そうですね」❷「どうしましたか」と聞いています。

❸❹男性はそれに対して質問する形で答えています。「エミリーさんに会いましたか」と答え、「どうしても会わなければいけない」と状況を説明しています。

❺❻❼女性は次の発言で、彼女から数分前に電話を受けたことを説明し、彼女は渋滞で遅れるそうで、今日の雨天のせいでここに来るのに時間がかかりそうだと懸念を示しています。

❽❾❿男性が女性の発言を受け「それは良くないですね」と答えています。続いて「この報告書を終わらせなければならず、今日の正午が締め切りで、エミリーが手伝うことになっていた」とその理由を説明しています。

⓫女性が最後の発言で、「私には少し時間があります」と言っています。これは文の流れより、「私には少し時間がある」と言うことで、「ジェイコブを手伝うことができる」ということをほのめかしていると考えられます。

会話を全部聞いてみて、男性はEmilyのことを待っているとわかります。ここで問題文が流れます。女性がほのめかしていることは、「ジェイコブを助けることができる」ということなので、選択肢1を正解に選びましょう。

スクリプト 1-1-4

F: ❶ You look worried, Jacob. ❷ What's going on?

M: ❸ Have you seen Emily? ❹ I really need to meet with her.

F: ❺ I just received a phone call from her a few minutes ago. ❻ She said she'll be late due to traffic. ❼ It's raining hard today, so I don't think she'll get here for a while.

M: ❽ That's not good. ❾ I need to finish up this report. ❿ It's due today at noon, and she's supposed to help me out.

F: ⓫ Well, I have some spare time.

Question: What does the woman imply?

1 She can help the man with his work.
2 She is expecting another call from Emily.
3 Emily will arrive shortly.
4 Emily needs to finish her assignment.

女性：❶ジェイコブさん、心配そうですね。❷どうしたんですか。

男性：❸エミリーさんを見ましたか。❹どうしても会わないといけないんです。

女性：❺ちょうど数分前に電話がありましたよ。❻渋滞で遅れるそうです。❼今日は雨がひどいので、ここまで来るのに時間がかかると思います。

男性：❽それはまずいです。❾この報告書を仕上げないといけないんですよ。❿今日の正午が締め切りで、彼女が手伝ってくれることになっているんです。

女性：⓫あの、私は少し時間があります。

質問：女性は何を示唆していますか。

1　男性の仕事を手伝うことができる。

2　エミリーからの電話を待っている。

3　エミリーはまもなく到着する。

4　エミリーは自分の仕事を終わらせる必要がある。

---

❶□ worried 心配な　❻□ due to …が原因で　□ traffic 渋滞、交通
❼□ for a while しばらくの間　❾□ finish up …を仕上げる　❿□ due 提出の締め切りで
□ be supposed to *do* …することになっている　□ help out …を手伝う
⓫□ spare 余分の　選択肢 1 □ help A with B AのBを手伝う
選択肢 3 □ shortly まもなく　選択肢 4 □ assignment 仕事、任務

No.5 **1** Sharon is going to leave her job.
2 The boss is popular with staff.
3 Sharon often makes mistakes.
4 The boss tends to get angry.

先読み

この問題は、選択肢の主語がすべて同じではありません。二つがSharonで、残りの二つが上司です。会話をしている2人とSharonと上司の関係を考えながら、選択肢に目を通しましょう。

1. (シャロンは)仕事を辞めそうだ。
2. (上司は)スタッフに人気だ。
3. (シャロンは)ミスが多い。
4. (上司は)怒りやすい傾向がある。

この4つの選択肢を見て、会話に出てくる2人は仕事の話をしていることがわかります。2人とシャロンと上司との関係はまだわかりません。選択肢のイメージからあてはまる内容は何か、注意して音声を聞きましょう。

1-1-5

F: ❶Hey, Marcus. ❷Do you know what's going on in Sharon's office?

M: ❸I couldn't hear everything, but it sounds like our boss is really mad at her.

F: ❹Yeah. ❺I wonder what she did to upset him. ❻Sharon rarely makes mistakes.

M: ❼Who knows. ❽He's so short-tempered that even a minor problem can set him off.

F: ❾That's true. ❿There are few times when he's not angry.

M: ⓫I hope Sharon doesn't quit her job because of this.

Question: What does the man say about one of the people in his workplace?

問題

❶❷女性が最初の発言でマーカスという男性に挨拶し、続けて「シャロンのオフィスで何が起こっているのかわかりますか」と聞いています。

❸男性は「すべては聞き取れませんでしたが、上司がとても怒っているようです」と状況について話しています。

❹❺❻女性は相槌を打ち、「上司を怒らせるなんて何をしたのか」と疑問を述べ、「シャロンはめったにミスをしないのに」と疑問の根拠についても述べています。

❼❽男性が女性の発言を受けて「何とも言えません」と答え、「彼は短気だから小さなことで怒りますから」と上司の性質について彼の考えを伝えています。

❾❿女性が「確かにそうですね」と同意し、「上司が怒っていないときはほんのわずかしかないです」と言って、上司が怒るのは珍しくないことについての追加情報を話しています。

⓫男性は「シャロンがこれのせいで仕事を辞めなければいいけど」と彼の考えを述べています。

ここで問題文が流れます。会社の人のことについて正しいものを選択肢から探すと、「上司はすぐ怒る」という内容の選択肢4が正解です。

PART 1

スクリプト 1-1-5

F: ❶Hey, Marcus. ❷Do you know what's going on in Sharon's office?
M: ❸I couldn't hear everything, but it sounds like our boss is really mad at her.
F: ❹Yeah. ❺I wonder what she did to upset him. ❻Sharon rarely makes mistakes.
M: ❼Who knows. ❽He's so short-tempered that even a minor problem can set him off.
F: ❾That's true. ❿There are few times when he's not angry.
M: ⓫I hope Sharon doesn't quit her job because of this.

Question: What does the man say about one of the people in his workplace?

1 Sharon is going to leave her job.
2 The boss is popular with staff.
3 Sharon often makes mistakes.
4 The boss tends to get angry.

女性: ❶ねえ、マーカスさん。❷シャロンさんのオフィスで何が起きているか知っていますか。

男性: ❸全部は聞き取れませんでしたが、上司が彼女にすごく怒ってるようです。

女性: ❹えぇ。❺彼女が上司を怒らせるようなことをしたのでしょうか。❻シャロンさんはめったにミスをしないんですが。

男性: ❼なんとも言えませんね。❽彼は短気なので、ちょっとしたことでも怒りますから。

女性: ❾確かにそうですね。❿怒っていないときなんてほとんどありませんよ。

男性: ⓫シャロンさんがこれのせいで仕事を辞めなければいいのですが。

質問: 男性は職場の人について何と言っていますか。

1　シャロンは仕事を辞めそうだ。
2　上司はスタッフに人気がある。
3　シャロンはよくミスをする。
4　上司は怒りっぽい。

---

❸□ be mad at …に腹を立てる　❺□ wonder wh節 …かしらと思う　□ upset …を怒らせる
❻□ rarely めったに…しない　❼□ Who knows. だれにもわからない
❽□ so … that節 非常に…なので～　□ short-tempered 短気な　□ set off (人)をカッとさせる
⓫□ quit (仕事など)を辞める　[質問] □ workplace 職場　[選択肢4] □ tend to *do* …する傾向がある

PART 1

No.6 **1** Wait until her son's medical records are found.
2 Tell the doctor to make a new prescription.
3 Monitor the status of her son's fever.
4 Schedule an initial doctor's appointment.

先読み

この問題では、どうやら選択肢がすべて動詞で始まっているようです。その始まりの語も選択肢4つそれぞれ違いますね。では、選択肢に目を通しましょう。

1. 息子の診療の記録が見つかるまで待つ。
2. 新しい処方箋を書くように医師に伝える。
3. 息子の発熱の状態を観察する。
4. 初診の予約を取る。

この4つの選択肢を見て、何らかの「行動」に関して質問されることがわかります。また、「息子」や「医者」が会話に出てくる可能性が高そうです。

1-1-6

M: ❶ Good afternoon. ❷ How can I help you?
F: ❸ I need the doctor to look at my son. ❹ He's had a fever since this morning.
M: ❺ Is it your first time at this clinic?
F: ❻ No, we visited last year when my son had similar symptoms.
M: ❼ Well then, please wait a moment while I check his medical records.
F: ❽ OK. ❾ Can my son get a new prescription today?
M: ❿ It depends on what the doctor has to say about his condition.

Question: What will the woman probably do next?

問題

❶❷男性が最初の発言で挨拶し、「どうしましたか」と聞いています。

❸❹女性は「息子をお医者さんに診察してもらいたいんです。今朝から熱があるみたいで」と状況を伝えています。この時点で男性は病院の受付かもしれないと推測できますね。

❺男性は、「このクリニックは今回が初めてですか」と聞いています。ここで、男性が受付で患者の母親に対応しているとわかります。

❻女性は「いいえ」と答え、「昨年も息子に同じ症状があって来ました」と伝えています。

❼男性が「では、カルテを確認しますのでお待ちください」と伝えています。

❽❾女性が「わかりました。私の息子は今日、新しい処方箋をもらえますか」と質問しています。

❿男性は「それは医師が彼の病状について何を言うかによります」と答えています。

ここで問題文が流れます。この問題の主語はthe womanなので、ここでようやく女性の行動について聞かれていることがわかります。ただ、「次に何をしますか」のタイプの質問は頻出するパターンですので、この問題のように選択肢がすべて動詞で始まっている場合は、会話に出てくる人物どちらかの次の行動について聞かれる可能性も高いと意識して、すべての会話の音声を聞くとよいでしょう。会話が終わった時点で、まだ男性は息子のカルテを探している段階ですので、選択肢1が正解です。

スクリプト 1-1-6

M: ❶ Good afternoon. ❷ How can I help you?
F: ❸ I need the doctor to look at my son. ❹ He's had a fever since this morning.
M: ❺ Is it your first time at this clinic?
F: ❻ No, we visited last year when my son had similar symptoms.
M: ❼ Well then, please wait a moment while I check his medical records.
F: ❽ OK. ❾ Can my son get a new prescription today?
M: ❿ It depends on what the doctor has to say about his condition.

Question: What will the woman probably do next?

1 Wait until her son's medical records are found.
2 Tell the doctor to make a new prescription.
3 Monitor the status of her son's fever.
4 Schedule an initial doctor's appointment.

男性： ❶こんにちは。❷どうされましたか。
女性： ❸先生に息子を診察していただきたいです。❹今朝から熱があるんです。
男性： ❺このクリニックは初めてですか。
女性： ❻いいえ、去年も息子に同じような症状があったときに受診しました。
男性： ❼では、カルテを確認する間少々お待ちください。
女性： ❽わかりました。❾息子は今日新しい処方箋をいただけますか。
男性： ❿それは先生が息子さんの状態について何と診断するかによります。

質問：女性はおそらく次に何をしますか。

1　息子のカルテが見つかるまで待つ。
2　医師に新しい処方箋を作るように言う。
3　息子の熱の状態を観察する。
4　初診の予約を取る。

❻□ symptom 症状　❼□ medical record カルテ、医療記録　❾□ prescription 処方箋
選択肢3 □ monitor（患者の容態など）をチェックする
選択肢4 □ initial doctor's appointment 初診の予約

PART 1

No.7 **1** Study more thoroughly for the test.
2 Decide to drop the math class.
3 Get enough sleep before the test.
4 Drink coffee to improve concentration.

先読み

この問題も、選択肢がすべて違う動詞で始まっているようです。会話に出てくる人物の行動を表している可能性を考えながら、選択肢に目を通しましょう。

1. テストに向けてもっと完璧に勉強する。
2. 数学の授業をやめる。
3. テストの前に十分な睡眠を取る。
4. 集中力を高めるためにコーヒーを飲む。

この4つの選択肢を見て、会話に出てくる2人は勉強やテスト関連の話をしていることがわかります。

1-1-7

M: ❶ Hi, Jane. ❷ Are you ready for the math test tomorrow?

F: ❸ I studied a lot for the test, so I'm quite confident.

M: ❹ That's good. ❺ The test will essentially determine whether we pass or fail the class, so good luck!

F: ❻ Thanks. ❼ The only thing is that it lasts over three hours. ❽ Whenever I take a long test I get sleepy.

M: ❾ You should go to bed early the day before to save your energy.

F: ❿ That's a nice idea. ⓫ I've heard that coffee would help me focus, but I might get too excited if I do that.

Question: What does the man advise Jane to do?

問題

❶❷男性が最初の発言でジェーンに挨拶し、「明日の数学のテストの準備はできている？」ときいています。ここで、少なくともジェーンは学生だとわかりますね。

❸女性は「テストのためにたくさん勉強したので、自信があるわ」と答えています。

❹❺男性は、「それはすごいね」と述べ、「そのテストであの授業の合否が決まるから、頑張って」と、女性を応援しています。

❻❼❽女性が男性にお礼を言い、「ただ、その試験は3時間以上かかるの。長いテストを受けるといつも眠くなる」とただ一つの心配事について話しています。

❾女性の心配事に関する発言を受けて、男性が「エネルギーを確保するために前の日は早く寝たほうがいいよ」とアドバイスをしています。

❿⓫女性は男性のアドバイスを聞いて「それはいい考えね。コーヒーを飲むと集中できると聞いたけれどもそんなことをしたら興奮しすぎてしまうかも」と別の可能性について否定することで男性のアドバイスを引き立てています。

ここで問題文が流れます。主語はthe manなので、男性がJaneに何をアドバイスしているかについて聞かれていることがここでようやくわかります。きちんと会話が聞き取れていれば、「早く寝ること」を表す選択肢3が正解だと、質問を聞いた瞬間にひらめくでしょう。質問の形は「何をするようにアドバイスしていますか」ですが、アドバイスされたこと＝未来の行動であるとも考えられるので、「次に何をしますか」のタイプの質問と同じようにイメージを捉えてもよいでしょう。

選択肢が動詞で始まっている場合は、全体的に「人の行動」について集中して覚えておくつもりで聞くと良いでしょう。

スクリプト 1-1-7

M: ❶ Hi, Jane. ❷ Are you ready for the math test tomorrow?

F: ❸ I studied a lot for the test, so I'm quite confident.

M: ❹ That's good. ❺ The test will essentially determine whether we pass or fail the class, so good luck!

F: ❻ Thanks. ❼ The only thing is that it lasts over three hours. ❽ Whenever I take a long test I get sleepy.

M: ❾ You should go to bed early the day before to save your energy.

F: ❿ That's a nice idea. ⓫ I've heard that coffee would help me focus, but I might get too excited if I do that.

Question: What does the man advise Jane to do?

1 Study more thoroughly for the test.
2 Decide to drop the math class.
3 Get enough sleep before the test.
4 Drink coffee to improve concentration.

男性：❶やあ、ジェーン。❷明日の数学のテストの準備はできた？

女性：❸テストのためにたくさん勉強したから、自信はあるよ。

男性：❹それはよかった。❺このテストであの授業の合否が決まるから、頑張れ！

女性：❻ありがとう。❼ただ、テストが3時間以上あるの。❽長いテストを受けるといつも眠くなるんだよね。

男性：❾前の日は早く寝て、体力を温存しておいたほうがいいよ。

女性：❿それはいい考えだね。⓫コーヒーを飲むと集中できるって聞いたことがあるけど、そんなことしたら興奮しすぎてしまうかもしれないし。

質問：男性はジェーンに何をするようアドバイスしていますか。

1　テストに向けてもっと徹底的に勉強する。
2　数学の授業をやめることにする。
3　テスト前に十分な睡眠を取る。
4　集中力を高めるためにコーヒーを飲む。

❺□ essentially 本質的に　❼□ the only thing is that節 唯一の問題は…であることだ
⓫□ focus 集中する　選択肢2 □ drop（科目の勉強など）をやめる

PART 1

1-2-1

No.1 **1** Save money for a new project.
2 Update their computer software.
3 Consider replacing their equipment.
4 Go to the store to place an order.

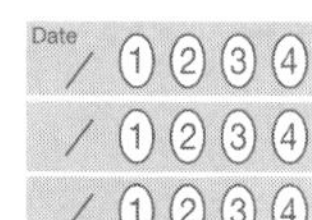

No.1 1 新しいプロジェクトのためにお金を貯める。
2 コンピューターのソフトを更新する。
3 機器の買い替えを検討する。
4 お店に注文をしに行く。

質問の主語と時制に注目しましょう。主語はthese employeesで、動詞はdecideです。この質問を聞いたときに、この2人は社員だと確認できます。女性の2回目の発言、❽Let's at least calculate the exact cost of the computer to make sure we can afford it.に対して男性が❾Sure.と答えていることから、3が正解だとわかります。

スクリプト 1-2-1

M: ❶ Did you hear about the new top-of-the-line computer model? ❷ It's half the size of our current computer and has twice the processing speed.

F: ❸ Yeah, but isn't it a little expensive?

M: ❹ Maybe. ❺ But lately we have been getting more clients. ❻ We should have up-to-date equipment to make our work more efficient.

F: ❼ Hmm. ❽ Let's at least calculate the exact cost of the computer to make sure we can afford it.

M: ❾ Sure. ❿ I'll inquire at the store as soon as I'm done with my work for the day.

Question: What do these employees decide to do?

男性: ❶パソコンの新しい最上位機種のことを聞きましたか。❷私たちの今のパソコンの半分の大きさで、処理速度は2倍なんです。

女性: ❸うん、でも少し高くないですか。

男性: ❹そうかもしれませんね。❺でも、最近はうちのクライアントも増えてきています。❻仕事を効率的に進めるためにも、最新機器を導入するべきですよ。

女性: ❼うーん。❽せめて、そのパソコンにかかる費用をちゃんと計算して、金額的に大丈夫かどうか確認してみましょうよ。

男性: ❾そうですね。❿今日の仕事が終わったら、すぐにお店に問い合わせてみますね。

質問:社員たちは何をすることにしたのでしょうか。

---

❶□ top-of-the-line 最上位(機種)の　❻□ up-to-date 最新式の　□ equipment 機器、設備
□ efficient 効率のよい　❽□ calculate …を計算する　□ exact 正確な
□ make sure (that節) …を確かめる　□ can afford …を買う(お金の)余裕がある
❿□ inquire 問い合わせをする　選択肢3 □ consider *doing* …しようと考える
□ replace …を取り替える　選択肢4 □ place an order 注文を出す

🔊 1-2-2

No.2 **1** Call the repairperson again.
2 Ask the woman's father for help.
3 Try to fix the washing machine.
4 File a complaint to the repairperson.

Date
/ ①②③④
/ ①②③④
/ ①②③④

No.2 1 修理工にもう一度電話する。
2 女性の父親に助けを求める。
3 洗濯機を修理してみる。
4 修理工に苦情を言う。

男性が今日、何をするかについて聞かれています。この2人は洗濯機について話していて、女性が後半で❼ We should call the repairperson again. と言っていることに対して、男性は❽ I think they're closed today. ❾ I'll try doing it myself after work tonight. と答えています。したがって「自分で修理する」を意味する3が正解です。

スクリプト 1-2-2

F: ❶ Honey, I think there's something wrong with our washing machine. ❷ It seems to automatically turn off after working for a while.

M: ❸ That happened to me yesterday too. ❹ I called a repairperson to come and fix it, but maybe they didn't do such a good job.

F: ❺ We have to do something about this as soon as possible. ❻ My dad would be able to fix it, but he's away on a trip. ❼ We should call the repairperson again.

M: ❽ I think they're closed today. ❾ I'll try doing it myself after work tonight.

Question: What will the man do today?

女性：❶ねぇ、うちの洗濯機の様子がおかしいみたい。❷しばらく使ってると、自動的に電源が切れてしまうようで。

男性：❸昨日もそうだったなぁ。❹修理工を呼んだんだけど、ちゃんとやってくれなかったのかも。

女性：❺なるべく早くなんとかしないと。❻お父さんなら直してくれるだろうけど、旅行に行ってしまっていて。❼もう一度修理工を呼ばないと。

男性：❽今日は休みじゃないかな。❾今夜仕事が終わったら自分でやってみるね。

質問：男性は今日何をしますか。

❷□ turn off 止まる、電源が切れる　□ for a while しばらくの間　❹□ repairperson 修理工
❻□ be away on a trip 旅行で不在にしている　選択肢 2 □ ask A for B A（人）にBを求める

 1-2-3

No.3 **1** Consider changing the way he commutes.
2 Avoid using the train in the morning.
3 Try to leave home earlier than usual.
4 Reschedule the morning meeting time.

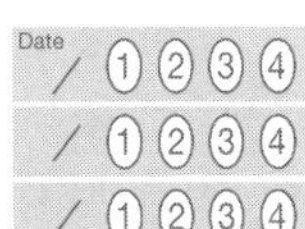

No.3 1 通勤方法を変えることを考える。
2 朝の電車の利用を避ける。
3 いつもより早く家を出ようとする。
4 朝の会議の時間を変更する。

質問の主語と時制に集中しましょう。男性はこれからどうするのかについて聞かれています。女性が最初の発言で、❻ Why not start using the train? と提案しているのに対して、男性は次の発言では❽ Yeah, but I don't want to get caught up in the morning rush hour. と、懸念を示したあとに、最後の発言❿ I guess you're right. ⓫ I'll think it over. と言っています。したがって、「変更することを考えてみる」の意味の1が正解です。

スクリプト 1-2-3

M: ❶ Hi, Sarah. ❷ I'm stuck in a huge traffic jam. ❸ I've been driving for an hour, but it never ends. ❹ I'm going to be late for our morning meeting.
F: ❺ You seem to be in the same situation as you were yesterday. ❻ Why not start using the train? ❼ That way you can avoid the traffic.
M: ❽ Yeah, but I don't want to get caught up in the morning rush hour.
F: ❾ Well, at least you won't be late for meetings.
M: ❿ I guess you're right. ⓫ I'll think it over.

Question: What does the man say he will do?

男性: ❶もしもし、サラさん。❷今、大渋滞にはまっています。❸もう１時間も運転しているんですが、渋滞が途切れません。❹朝のミーティングに遅れそうです。
女性: ❺昨日と同じ状況のようですね。❻電車を使うようにしたらいかがですか？ ❼そうすれば渋滞を避けられますよ。
男性: ❽ええ、でも朝のラッシュアワーには巻き込まれたくないんです。
女性: ❾まあ、少なくとも会議に遅れることはなくなりますけどね。
男性: ❿そのとおりですね。⓫よく考えてみます。

質問:男性はどうすると言っていますか。

❷□ be stuck in …にはまり込んでいる　□ traffic jam 交通渋滞　❹□ be late for …に遅れる
❻□ Why not ... ? …したらどうですか。　❼□ avoid …を避ける
❽□ get caught up in …に巻き込まれる　⓫□ think it over 考え直す
選択肢 1 □ commute 通勤する　選択肢 4 □ reschedule …の予定を変更する

1-2-4

No.4 **1** Replace the car with a new one.
2 Buy a new gas pedal.
3 Try to fix the engine by himself.
4 Have an expert look at the car.

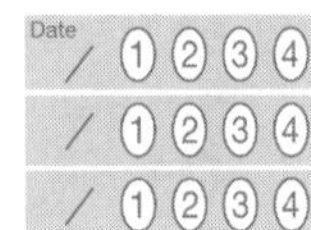

No.4 1 車を新しいものに買い換える。
2 新しいアクセルペダルを買う。
3 自分でエンジンを直そうとする。
4 専門家に車を見てもらう。

男性は明日どうするのかについて聞かれています。2人は車の調子について話していて、男性が2回目の発言で❼ I'll take it to the mechanic tomorrow then. と言ったのに対し、女性が❽ We've had this car for years. ❾ I don't think it can be fixed. と言っていますが、結局最後の発言⓬ Well, if you say so. で修理に出すことに同意しています。したがって「専門家に見てもらう」を意味する4が正解です。

スクリプト 1-2-4

F: ❶ Something isn't right with our car. ❷ Nothing works like it used to.
M: ❸ Oh, really? ❹ What's wrong?
F: ❺ The engine takes ages to start, and no matter how much I push the gas pedal, it doesn't go fast.
M: ❻ I see. ❼ I'll take it to the mechanic tomorrow then.
F: ❽ We've had this car for years. ❾ I don't think it can be fixed.
M: ❿ Don't be so quick to assume. ⓫ If it can be fixed, it would be much cheaper than buying a new one.
F: ⓬ Well, if you say so.

Question: What will the man do tomorrow?

女性：❶車の調子がおかしい。❷以前のように動かないの。
男性：❸えっ、本当に？ ❹どこがおかしいの？
女性：❺エンジンがかかるまで時間がかかるし、アクセルをいくら踏んでもスピードが出ない。
男性：❻なるほど。❼じゃあ、私が明日修理に出してみるよ。
女性：❽この車は、もう何年も乗っているよ。❾直らないと思う。
男性：❿そう決めつけないで。⓫もし直れば、新しいのを買うよりずっと安上がりだよ。
女性：⓬まあ、あなたがそう言うなら。

質問：男性は明日何をしますか。

❷□ used to *do* 以前は…した　❺□ takes ages to *do* …するのに長い時間がかかる
❼□ mechanic 整備士　❿□ be quick to assume すぐに思い込みをする

1-2-5

No.5 **1** Cancel her presentation today.
2 Store data on her computer.
3 Change the interior of the office.
4 Use a different flash drive.

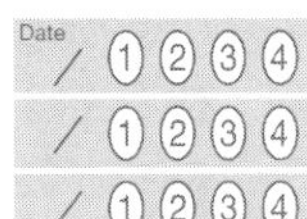

No.5 1 今日のプレゼンテーションをキャンセルする。
2 パソコンにデータを保存する。
3 オフィスの内装を変える。
4 別のフラッシュドライブを使う。

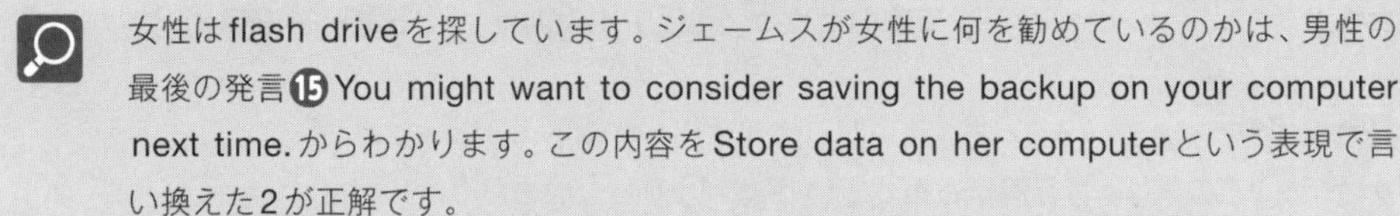

女性はflash driveを探しています。ジェームスが女性に何を勧めているのかは、男性の最後の発言⑮ You might want to consider saving the backup on your computer next time.からわかります。この内容をStore data on her computerという表現で言い換えた2が正解です。

スクリプト 1-2-5

F: ❶ James, have you seen my flash drive?
M: ❷ It was on the desk the last time I saw it.
F: ❸ It wasn't there. ❹ I need it for my presentation later today. ❺ If I can't find it, I won't be able to present my data.
M: ❻ Hmm. ❼ It should be around here somewhere.
F: ❽ Oh, I see it behind the shelf. ❾ Can you help me move it?
M: ❿ OK... ⓫ I got it! ⓬ There you go.
F: ⓭ Thanks, James! ⓮ You're a lifesaver.
M: ⓯ You might want to consider saving the backup on your computer next time.

Question: What does James suggest that the woman do?

女性： ❶ジェームズさん、私のフラッシュドライブを見ませんでしたか。
男性： ❷最後に見たときは机の上にありましたよ。
女性： ❸そこにはなかったんです。❹今日このあと行うプレゼンテーションで必要なんです。❺あれが見つからなかったらデータのプレゼンができません。
男性： ❻うーん。❼この辺にあるはずです。
女性： ❽あっ、棚の後ろにあるのが見えます。❾動かすのを手伝ってくれますか？
男性： ❿⓫いいですよ、取れました！ ⓬はい、どうぞ。
女性： ⓭ありがとう、ジェームスさん。⓮助かりました。
男性： ⓯今度からバックアップをパソコンに保存することを検討したほうがいいかもしれませんよ。

質問：ジェームズは女性に何をするよう勧めていますか。

❾☐ help X *do* Xが…するのを手伝う ⓮☐ lifesaver 救いの手
⓯☐ you might want to *do* …したほうがいいかもしれない
☐ consider *doing* …することを検討する ☐ backup バックアップ 選択肢2 ☐ store …を保存する

1-2-6

No.6 **1** Have her health condition checked.
2 Cancel her ongoing project.
3 Take some medicine for a fever.
4 Go home to rest for a week.

Date
/ ① ② ③ ④
/ ① ② ③ ④
/ ① ② ③ ④

No.6 1 健康状態を調べてもらう。
2 進行中のプロジェクトを中止する。
3 熱があるので薬を飲む。
4 家に帰って1週間休む。

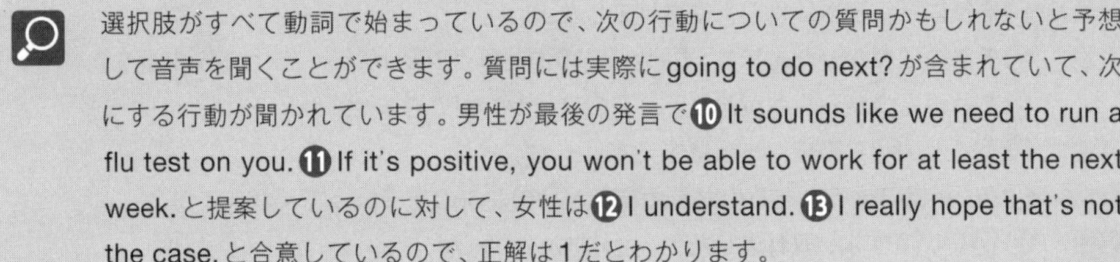

選択肢がすべて動詞で始まっているので、次の行動についての質問かもしれないと予想して音声を聞くことができます。質問には実際にgoing to do next?が含まれていて、次にする行動が聞かれています。男性が最後の発言で⑩It sounds like we need to run a flu test on you. ⑪If it's positive, you won't be able to work for at least the next week.と提案しているのに対して、女性は⑫I understand. ⑬I really hope that's not the case.と合意しているので、正解は1だとわかります。

スクリプト 1-2-6

M: ❶ Hello, Cindy. ❷ What brings you in today?
F: ❸ Hi, Dr. Clark. ❹ I have a high fever. ❺ My throat is sore, too.
M: ❻ When did you notice these symptoms?
F: ❼ Yesterday morning. ❽ First, I started to have a sore throat, then a fever. ❾ I'm working on a big project, so I need to get better soon.
M: ❿ It sounds like we need to run a flu test on you. ⓫ If it's positive, you won't be able to work for at least the next week.
F: ⓬ I understand. ⓭ I really hope that's not the case.

Question: What is the woman going to do next?

男性： ❶こんにちは、シンディさん。❷今日はどうされましたか。
女性： ❸こんにちは、クラーク先生。❹高熱があるんです。❺のども痛いです。
男性： ❻いつそれらの症状に気づきましたか。
女性： ❼昨日の朝です。❽まずのどが痛くなって、それから熱が出ました。❾大きなプロジェクトに取り組んでいるので、早く治さないといけません。
男性： ❿インフルエンザの検査をしたほうがよさそうです。⓫もし陽性だったら、少なくとも来週まで働くことができません。
女性： ⓬わかりました。⓭そうならなければいいんですが。

質問：女性は次に何をしますか。

---

❷□ bring (用件などが人)を来させる→ What brings you here? (どういったご用件でこちらに？)
❹□ have a fever 熱がある　❺□ throat のど　□ sore (かぜなどでのどが)痛い
❻□ notice …に気がつく　□ symptom 症状　❾□ work on …に取り組む
❿□ run a flu test on …にインフルエンザの検査をする　⓫□ positive (医学)陽性の
⓭□ that's not the case そんなことはない、あてはまらない　選択肢2 □ ongoing 進行中の

1-2-7

No.7 **1** He has experience in hiring new employees.
2 He is employed by a clothing company.
3 He wants to be a good interviewer.
4 He has been through the interview process.

Date / ①②③④
/ ①②③④
/ ①②③④

No.7
1 新入社員を採用した経験がある。
2 アパレル会社に勤めている。
3 良い面接官になりたいと思っている。
4 面接を受けた経験がある。

就職の面接について女性が男性に相談をしている場面です。男性についてわかることについて聞かれています。男性は女性にアドバイスをしていて、3回目の発言で❾ From my experience, interviewers prioritize personality over what you say. と言っていることから、面接の経験があるとわかります。したがって、正解は4です。

スクリプト 1-2-7

F: ❶ Hi, Tom. ❷ I have a job interview next week. ❸ What do you think I should wear?
M: ❹ If I were you, I would wear a suit.
F: ❺ Are you sure about that?
M: ❻ Yeah, it's a good way to make a solid first impression. ❼ Is this your first job interview?
F: ❽ Yes, so I'm a little nervous.
M: ❾ From my experience, interviewers prioritize personality over what you say.
F: ❿ What should I do if they ask me a difficult question that I can't answer?
M: ⓫ Just be honest and say that you don't know.

Question: What is one thing we learn about the man?

女性：❶こんにちは、トムさん。❷来週、就職の面接の予定なんです。❸どんな服を着ればいいと思いますか。
男性：❹僕なら、スーツを着ます。
女性：❺本当にそう思いますか。
男性：❻ええ、信頼できそうな第一印象にするにはそれが良いです。❼今回が初めての面接ですか。
女性：❽ええ、なので少し緊張しています。
男性：❾私の経験では、面接官は何を話すかよりも人柄を重視します。
女性：❿もし答えられないような難しい質問をされたらどうすればいいですか。
男性：⓫正直にわからないと言えばいいんですよ。

質問：男性についてわかることは何ですか。

❻□ make an impression 印象を与える　□ solid 信頼できる
❾□ prioritize A over B BよりもAを優先させる　□ personality 人柄、個性、人間的魅力
選択肢 2 □ clothing 衣料品

1-2-8

No.8 **1** Take more pain-killers.
2 See a doctor again.
3 Try stretching for a while.
4 Undergo strict training.

Date
/ ① ② ③ ④
/ ① ② ③ ④
/ ① ② ③ ④

No.8
1 痛み止めをもっと飲む。
2 もう一度医者に診てもらう。
3 しばらくの間ストレッチをしてみる。
4 厳しいトレーニングを行う。

選択肢はすべて動詞で始まっているので、質問ではおそらくこれから起こる動作について聞かれると推測できます。実際の質問は、デールさんは女性に何をするように勧めているかという内容です。男性は最後の発言で、⑩ I've had the same symptoms before, and a little physical activity helped speed up the improvement. と、自身の過去の経験から体を動かすことを勧めています。したがって正解は3です。

スクリプト 1-2-8

M: ❶ Hi, Emily. ❷ How's your leg? ❸ Is it getting better?
F: ❹ Hey, Dale. ❺ It still hasn't healed completely. ❻ It's been three months and the pain has hardly changed.
M: ❼ Did you stretch regularly as your doctor suggested? ❽ I've heard that stretching for a week or so will help.
F: ❾ I'm just taking a pain-killer, and I haven't tried that yet.
M: ❿ I've had the same symptoms before, and a little physical activity helped speed up the improvement.
F: ⓫ I see. ⓬ I should try that. ⓭ If that doesn't work, I'll go see the doctor again.

Question: What does Dale suggest the woman do?

男性：❶こんにちは、エミリーさん。❷足の具合はどうですか。❸良くなってきましたか。
女性：❹こんにちは、デールさん。❺まだ完全には治っていません。❻3か月経ちましたが、痛みはほとんど変化がないんです。
男性：❼医者が勧めていたように、定期的にストレッチはしましたか。❽1週間くらいストレッチをすると効果があると聞きました。
女性：❾痛み止めを飲んでいるだけで、まだ試していません。
男性：❿私も以前同じような症状があったのですが、少し体を動かしたら回復が早かったですよ。
女性：⓫そうですか。⓬やってみたほうがいいですね。⓭それで効果がなかったら、また医者に診てもらうことにします。

質問：デールさんは女性に何をするように勧めていますか。

❺□ heal（傷などが）治る　❻□ pain 痛み　□ hardly ほとんど…ない
❼□ stretch ストレッチする　□ suggest …を提案する　❾□ pain-killer 鎮痛剤
❿□ symptom 症状　□ physical 身体の　□ improvement 改善、向上
⓭□ work（薬などが）効果がある　□ see a doctor 医者に診察してもらう
選択肢4 □ undergo（治療など）を受ける　□ strict 厳しい、厳格な

1-2-9

No.9 **1** She lost her cellphone last week.
2 She bought a new cellphone.
3 She decided to stop using her cellphone.
4 She chose to have her cellphone fixed.

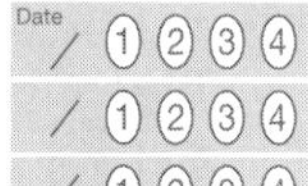

No.9 1 先週、携帯電話をなくしてしまった。
2 携帯電話を新たに買った。
3 携帯電話を使うのをやめることにした。
4 携帯電話を修理してもらうことにした。

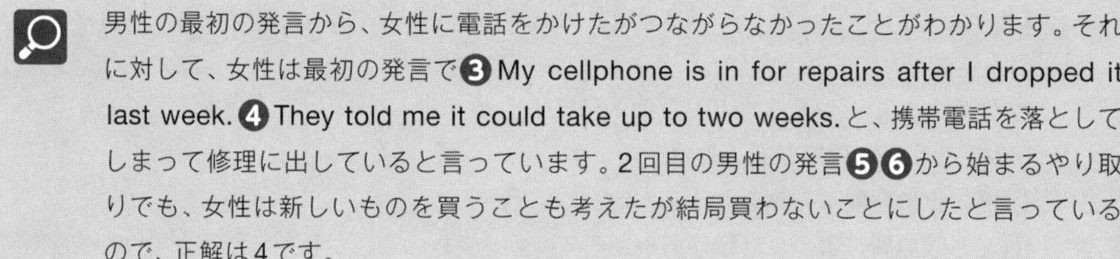

男性の最初の発言から、女性に電話をかけたがつながらなかったことがわかります。それに対して、女性は最初の発言で❸ My cellphone is in for repairs after I dropped it last week. ❹ They told me it could take up to two weeks. と、携帯電話を落としてしまって修理に出していると言っています。2回目の男性の発言❺❻から始まるやり取りでも、女性は新しいものを買うことも考えたが結局買わないことにしたと言っているので、正解は4です。

スクリプト 1-2-9

M: ❶ Did you get my call the other day, Sandra?
F: ❷ Oh, I'm so sorry! ❸ My cellphone is in for repairs after I dropped it last week. ❹ They told me it could take up to two weeks.
M: ❺ That's a long time to be without your phone. ❻ Did you consider buying a new one instead?
F: ❼ I did, but it's still under warranty, so the repairs are free. ❽ I'll give you my email address in case you need to contact me. ❾ I can reply using my laptop.
M: ❿ Thanks. ⓫ I hope you get it back soon!
F: ⓬ Me too. ⓭ It's so inconvenient without a cellphone.

Question: What is one thing we learn about the woman?

男性： ❶サンドラさん、この前電話したんですが。
女性： ❷ああ、本当にすみませんでした。❸先週、携帯電話を落としてしまってから、修理に出しているんです。❹長くて２週間かかると言われました。
男性： ❺しばらくの間、携帯がないんですね。❻代わりに新しいのを買うことは考えなかったのですか。
女性： ❼考えましたが、まだ保証期間中なので修理費は無料なんですよ。❽連絡が必要になったときのために、私のメールアドレスを教えておきますね。❾ノートパソコンから返信できますから。
男性： ❿ありがとうございます。⓫早く戻ってくるといいですね。
女性： ⓬そうですね。⓭携帯電話がないととても不便です。

質問：この女性について何がわかりますか。

❸□ repair 修理　❹□ up to（時間的に）…まで
❻□ consider *doing* …することを検討する　❼□ under warranty 保証期間中で
❽□ in case …するときのために　❾□ laptop ノートパソコン　⓭□ inconvenient 不便な
選択肢4 □ have X 過去分詞 Xを…してもらう　□ fix …を修理する

1-2-10

No.10 **1** Being able to afford living in the city.
2 Gaining some experience as an engineer.
3 Finding a job opening in spring.
4 Working in a highly competitive industry.

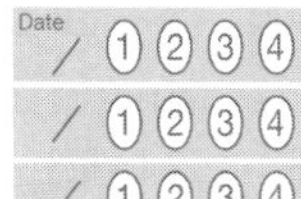

No.10 1 都会で生活する余裕があること。
2 エンジニアとして経験を積むこと。
3 春に就職先を見つけること。
4 競争の激しい業界で働くこと。

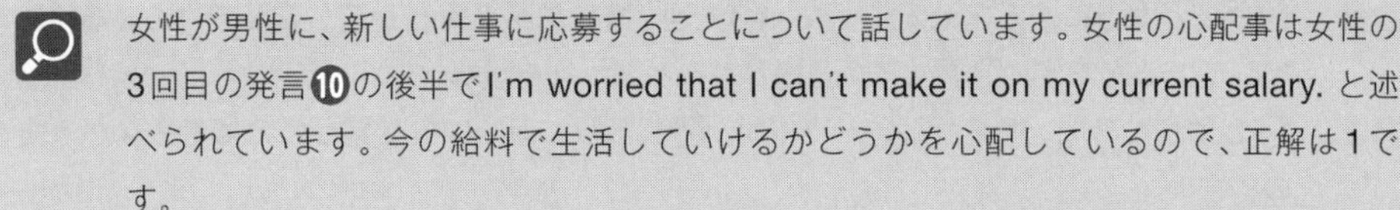

女性が男性に、新しい仕事に応募することについて話しています。女性の心配事は女性の3回目の発言⑩の後半でI'm worried that I can't make it on my current salary. と述べられています。今の給料で生活していけるかどうかを心配しているので、正解は1です。

スクリプト 1-2-10

F: ❶ I'm considering applying for a new job.
M: ❷ Oh, yeah? ❸ What kind of job?
F: ❹ IT engineer. ❺ I've worked as an engineer for about three years.
M: ❻ I didn't know that. ❼ I hear the industry is very competitive. ❽ Is that true?
F: ❾ Yeah, but it pays more and I'm willing to take on difficult tasks. ❿ Now that I've moved to the city center, I'm worried that I can't make it on my current salary.
M: ⓫ Well then, I'll help you find a company. ⓬ It's spring, so it might be difficult to find a job opening.
F: ⓭ Actually, I've already found one!

Question: What is the woman concerned about?

女性：❶新しい仕事に応募しようと思っているんです。
男性：❷そうなんですか？ ❸どんな仕事ですか。
女性：❹ITエンジニアです。❺エンジニアとして3年ほど働いているんです。
男性：❻それは知りませんでした。❼その業界は競争が激しいと聞いています。❽本当なんですか。
女性：❾ええ、でも給料はいいし、私は難しい仕事を任されてもかまいませんから。❿都心に引っ越してきたので、今の給料でやっていけるか心配なんです。
男性：⓫それなら、会社探しを手伝いますよ。⓬春だから、求人を見つけるのは難しいかもしれません。
女性：⓭実は、もう見つかったんですよ。

質問: この女性は何を心配しているのでしょうか。

---

❶□ apply for …に応募する ❼□ competitive 競争の激しい ❾□ pay 支払いをする
□ be willing to *do* …するのをいとわない □ take on（責任など）を引き受ける
❿□ be worried that節 …を心配する □ make it やりくりする □ current 現在の
⓬□ job opening 求人、就職先 質問 □ be concerned about …を心配している
選択肢1 □ be able to afford *doing* …をする余裕がある

No.11
1 Organize data in folders.
2 Complete this year's sales report.
3 Attend a business meeting for him.
4 Compile a marketing report.

Date
/ ①②③④
/ ①②③④
/ ①②③④

No.11
1 データをフォルダに整理する。
2 今年の売上報告書を完成させる。
3 男性の代わりに打ち合わせに出る。
4 マーケティング報告書を作成する。

選択肢はすべて動詞で始まっています。このあとの行動について聞かれるかもしれないと準備して聞きましょう。男性が女性にお願いしたいことは、男性の3回目の発言⑩ Sales report. ⑪ Please work on this year's report. のところから、営業報告書を作ることだとわかります。したがって、正解は2となります。

スクリプト 1-2-11

M: ❶ Hi, Mary. ❷ Can I ask you a favor?
F: ❸ Sure. ❹ What's the matter?
M: ❺ I just got a call from a client. ❻ I have to be at his office for a meeting soon. ❼ Could you make a report while I'm away?
F: ❽ No problem. ❾ Sales report or marketing report?
M: ❿ Sales report. ⓫ Please work on this year's report.
F: ⓬ Got it. ⓭ When does it need to be completed?
M: ⓮ By 4:30. ⓯ Please print the data and put it on my desk. ⓰ I'll organize it in folders this evening. ⓱ Thanks for your help!
F: ⓲ Don't mention it.

Question: What does the man want Mary to do?

男性： ❶すみません、メアリーさん。❷ちょっとお願いしてもいいですか。
女性： ❸もちろんです。❹どうしましたか。
男性： ❺今、お客様から電話があったんです。❻もうすぐ打ち合わせをするので先方のオフィスに行かなければなりません。❼私がいない間に報告書を作っておいてもらえないでしょうか。
女性： ❽いいですよ。❾営業報告書ですか、それともマーケティング報告書ですか。
男性： ❿営業報告書です。⓫今年分の報告書を作ってください。
女性： ⓬了解しました。⓭いつまでに完成させればいいですか。
男性： ⓮4時半までです。⓯データをプリントアウトして、私の机の上に置いておいてください。⓰今日の夕方、書類フォルダに入れて整理しますので。⓱対応してくださりありがとうございます。
女性： ⓲いえいえ。

質問: 男性はメアリーさんに何をしてほしいと思っていますか。

❷□ ask X a favor Xにお願いする　❺□ client 顧客　❼□ be away 別の所にいる
⓬□ Got it. (=I got it.) わかった。⓭□ complete …を完了する
⓰□ organize …を整理する、…をまとめる　□ folder 書類挟み
⓲□ Don't mention it. どういたしまして。 選択肢 3 □ attend …に出席する
選択肢 4 □ compile (資料)をまとめる、…を編集する

1-2-12

No.12 **1** Take his bicycle to Emma.
2 Buy a new bicycle chain.
3 Visit a different repair shop.
4 Try to fix his bicycle by himself.

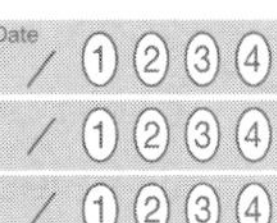

No.12 1 自転車をエマのところに持っていく。
2 新しい自転車のチェーンを買う。
3 別の修理店を訪れる。
4 自分で自転車を直そうとする。

選択肢はすべて動詞で始まっています。このあとの行動について聞かれることを想定しておきましょう。実際の質問は男性が次に何をするかについてです。会話は、ボブの自転車のチェーンが切れて、エマの自転車ショップに修理に出したいという内容です。男性が次に行うことは、男性の2回目の発言の❺ My bicycle chain broke yesterday. ❻ I bought a new chain, but I couldn't put it on myself. ❼ Could I bring it in for repairs? の内容から、自転車を修理に出すことだとわかります。男性は最後の発言で⓫ No problem. ⓬ I'm not in a hurry. と、時間がかかることも了承しているので、正解は1となります。

スクリプト 1-2-12

M: ❶ Hi, my name is Bob. ❷ Is this Emma's Bicycle Shop?
F: ❸ Yes, this is Emma speaking. ❹ How may I help you?
M: ❺ My bicycle chain broke yesterday. ❻ I bought a new chain, but I couldn't put it on myself. ❼ Could I bring it in for repairs?
F: ❽ Sure, I can take a look at it. ❾ But we're very busy today, so I can't guarantee that your bicycle will be done by the end of the day. ❿ Would that be OK?
M: ⓫ No problem. ⓬ I'm not in a hurry.

Question: What is Bob going to do next?

男性: ❶こんにちは、ボブと申します。❷そちらは「エマの自転車ショップ」ですか。
女性: ❸はい、エマです。❹ご用件をお伺いいたします。
男性: ❺昨日、自転車のチェーンが切れてしまったんです。❻新しいチェーンを買ったのですが、自分では付けられませんでした。❼修理をお願いできますか。
女性: ❽はい、拝見いたします。❾ただ、本日は混んでいますので、本日中に修理が終わることは保証できません。❿それでもよろしいですか。
男性: ⓫問題ありません。⓬急いでいませんので。

質問: ボブは次に何をするつもりですか。

❻□ put on …を付ける ❼□ repair 修理 ❽□ take a look at …をざっと見る
❾□ guarantee that節 …を保証する ⓬□ in a hurry 急いで 選択肢4 □ fix …を修理する

1-2-13

No.13 **1** She will buy some textbooks.
2 She will hire a personal tutor.
3 John should try teaching himself.
4 John should quit taking classes.

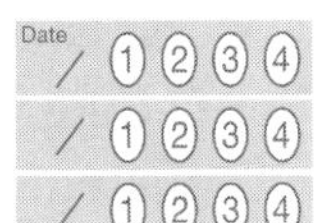

No.13 1 教科書を買う。
2 家庭教師を雇う。
3 ジョンは独学で勉強してみたほうがいい。
4 ジョンは授業を受けるのをやめたほうがいい。

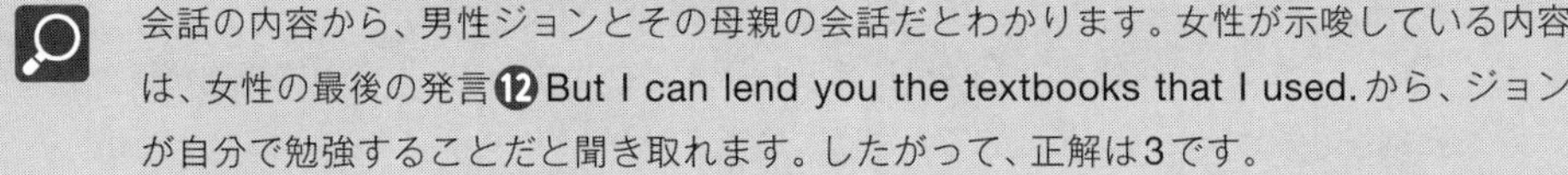

会話の内容から、男性ジョンとその母親の会話だとわかります。女性が示唆している内容は、女性の最後の発言⑫ But I can lend you the textbooks that I used. から、ジョンが自分で勉強することだと聞き取れます。したがって、正解は3です。

スクリプト 1-2-13

F: ❶ What's the matter, John? ❷ You look sad.
M: ❸ Hi, Mom. ❹ I'm worried about school. ❺ My grades aren't so good.
F: ❻ I had the same trouble almost every year in school, too.
M: ❼ What did you do about it?
F: ❽ My parents got me a personal tutor.
M: ❾ I see. ❿ But we can't afford a tutor, right?
F: ⓫ That's right. ⓬ But I can lend you the textbooks that I used. ⓭ I know it's hard to learn on your own, but it's better than nothing.
M: ⓮ That sounds worth a try.

Question: What does John's mother imply?

女性： ❶どうしたの、ジョン。❷悲しそうな顔をして。
男性： ❸あ、ママ。❹学校のことが心配で。❺成績があまりよくないんだ。
女性： ❻私も学生時代、ほとんど毎年同じようなことで悩んでいたわ。
男性： ❼そのときはどうしたの？
女性： ❽両親が家庭教師をつけてくれたのよ。
男性： ❾そうなんだ。❿でもうちは家庭教師をつける余裕はないよね。
女性： ⓫そうね。⓬でも私が使っていた教科書を貸してあげる。⓭自力で勉強するのは大変だと思うけど、何もやらないよりはいいと思うよ。
男性： ⓮やってみる価値はありそうだね。

質問：ジョンの母親は何を示唆していますか。

❹☐ be worried about …を心配している　❺☐ grade 成績、評価　❻☐ almost ほとんど、だいたい
❽☐ personal tutor 家庭教師　❿☐ can't afford …を買う余裕がない
⓭☐ on one's own 独力で　⓮☐ worth …の価値があって　選択肢4 ☐ quit *doing* …するのをやめる

1-2-14

No.14
1 It has fully recovered.
2 It is causing other symptoms.
3 It can be enhanced by doing exercise.
4 It needs more time to get better.

Date	
/	① ② ③ ④
/	① ② ③ ④
/	① ② ③ ④

No.14
1 完全に回復した。
2 他の症状を引き起こしている。
3 運動をすれば良くなる。
4 良くなるにはもっと時間が必要だ。

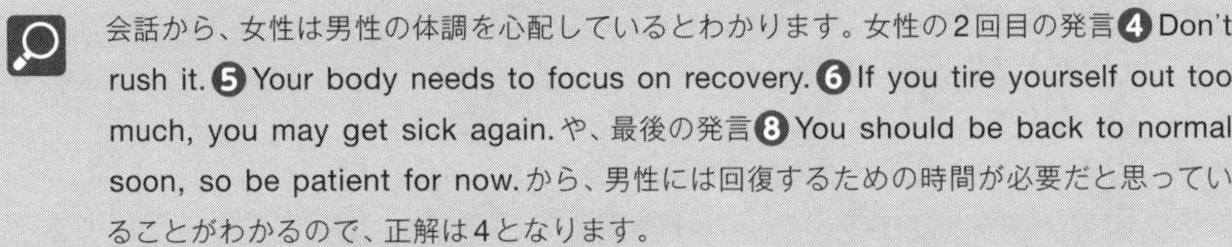

会話から、女性は男性の体調を心配しているとわかります。女性の2回目の発言❹ Don't rush it. ❺ Your body needs to focus on recovery. ❻ If you tire yourself out too much, you may get sick again. や、最後の発言❽ You should be back to normal soon, so be patient for now. から、男性には回復するための時間が必要だと思っていることがわかるので、正解は4となります。

スクリプト 1-2-14

F: ❶ How are you feeling, Dan?

M: ❷ My fever is gone, but I'm still coughing sometimes. ❸ I want to get back to working out again as soon as possible.

F: ❹ Don't rush it. ❺ Your body needs to focus on recovery. ❻ If you tire yourself out too much, you may get sick again.

M: ❼ But I don't want to stop my exercise routine for much longer.

F: ❽ You should be back to normal soon, so be patient for now.

M: ❾ OK. ❿ I'll take it easy for a little while longer.

Question: What does the woman think about Dan's health condition?

女性：❶ダン、具合はどう？

男性：❷熱は下がったけど、まだ時々せきが出るんだ。❸できるだけ早くトレーニングを再開したいなあ。

女性：❹焦ってはだめ。❺体の回復に専念しなければ。❻疲れすぎると、また病気になってしまうよ。

男性：❼でも、日課の運動をこれ以上止めたままにしたくないんだ。

女性：❽すぐに元の状態に戻るはずだから、今は我慢して。

男性：❾わかった。❿もうしばらく休むことにする。

質問: 女性はダンの健康状態をどう思っていますか。

---

❷□ fever 発熱　□ cough せきをする　❸□ get back to（元の状態）に戻る
□ work out（スポーツなどの）練習をする　❹□ rush …を急いで行う　❺□ focus on …に集中する
□ recovery 回復　❻□ tire oneself out 大変疲れる　❼□ exercise 運動
□ routine おきまりの手順　❽□ normal 正常　□ patient 我慢強い
❿□ for a little while longer もう少しの間　選択肢 2 □ cause …を引き起こす
□ symptom 症状、徴候　選択肢 3 □ enhance …をさらに高める

 1-2-15

No.15 **1** Stop the project for Karen.
2 Take over Karen's work.
3 Summarize last year's sales data.
4 Assign different tasks to the project team.

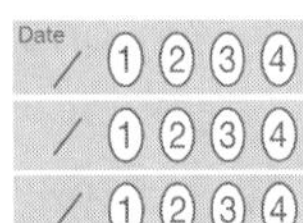

No.15 1 カレンのためにプロジェクトを止める。
2 カレンの仕事を引き継ぐ。
3 昨年の売上データをまとめる。
4 プロジェクトチームに別の仕事を割り当てる。

選択肢はすべて動詞で始まっています。会話では、男性が女性に販売計画について聞いていて、女性は苦戦していることがわかります。男性は最後の発言❼ Well, if you need someone to fill in for you, I'd be happy to cover for you. から、女性の仕事を引き継ぐ気持ちがあると考えられます。これを言い換えている2が正解です。

スクリプト 1-2-15

M: ❶ Hi, Karen. ❷ How is your sales project going?
F: ❸ I'm struggling with it. ❹ It just takes time to sort through all the data and find ways to increase sales.
M: ❺ I was involved in the same project last year, so I know exactly what you mean.
F: ❻ Honestly, I'm not sure if I can continue to do the work.
M: ❼ Well, if you need someone to fill in for you, I'd be happy to cover for you.
F: ❽ That would be very helpful. ❾ Let's talk about that with the project team.

Question: What does the man offer to do?

男性： ❶こんにちは、カレンさん。❷販売計画は順調ですか。
女性： ❸苦戦しています。❹データをすべて整理して、売上を伸ばす方法を見つけるには時間がかかりますね。
男性： ❺私も去年同じプロジェクトに携わっていたので、おっしゃることはよくわかります。
女性： ❻正直、この仕事を続けられるかどうか不安です。
男性： ❼そうですか。もし誰か代理が必要でしたら、喜んでお引き受けしますよ。
女性： ❽それはとても助かります。❾プロジェクトチームと相談してみましょう。

質問：男性は何をすると言っていますか。

❸□ struggle with …に苦戦する　❹□ sort through …をざっと整理する
❺□ be involved in …に関与している　❼□ fill in for …の代理を務める
□ cover for …の代理を務める　質問 □ offer to *do* …しようと申し出る
選択肢2 □ take over …を引き継ぐ　選択肢3 □ summarize …を要約する、…をまとめる
選択肢4 □ assign （仕事）を割り当てる

PART 1

1-2-16

No.16 **1** Make a dentist appointment for Jenny.
2 Tell Rachel that Jenny can't meet her tonight.
3 Repair the stairs at Jenny's house.
4 Ask Rachel to go shopping at the supermarket.

Date				
/	①	②	③	④
/	①	②	③	④
/	①	②	③	④

No.16 1 ジェニーのために歯医者の予約を取る。
2 ジェニーが今夜はレイチェルに会えないことをレイチェルに伝える。
3 ジェニーの家の階段を修理する。
4 レイチェルにスーパーマーケットに買い物に行くように頼む。

選択肢はすべて動詞で始まっています。質問は電話を受けている男性が午後に何をするかです。女性がレイチェルに電話をかけていて、男性はレイチェルは外出中で午後に戻る予定だと伝えています。男性は女性から伝言を預かり、最後の発言⓮で I'll let Rachel know. と言っていることから、正解は2です。

スクリプト 1-2-16

F: ❶ Good morning, this is Jenny. ❷ Is Rachel home?
M: ❸ She's out at the supermarket. ❹ She said that she'll be back in the afternoon. ❺ I can give her a message if you'd like.
F: ❻ That would be great. ❼ Please tell her that I have to cancel our dinner tonight.
M: ❽ That's a shame. ❾ What happened?
F: ❿ Well, I need to go to the dentist because I broke a tooth. ⓫ I accidentally slipped and fell on the stairs.
M: ⓬ Oh no! ⓭ I hope you get better soon. ⓮ I'll let Rachel know.

Question: What will the man do in the afternoon?

女性：❶おはようございます、ジェニーです。❷レイチェルさんはいますか。
男性：❸彼女はスーパーに出かけています。❹午後には戻ると言っていました。❺もしよろしければ伝言をお伝えいたしますが。
女性：❻そうしてもらえるとうれしいです。❼今夜のディナーはキャンセルしなければならなくなったとお伝えください。
男性：❽それは残念です。❾どうかしましたか。
女性：❿ええと、歯が折れてしまったので歯医者に行かないといけません。⓫うっかり階段で滑って転んでしまって。
男性：⓬えー！ ⓭早く良くなるといいですね。⓮レイチェルには伝えておきます。

質問: 男性は午後、何をしますか。

❽□ That's a shame. それは残念です。 ❿□ dentist 歯医者
⓫□ accidentally うっかりして、偶然に □ slip 滑って転ぶ □ fall 倒れる
選択肢 1 □ appointment 予約、約束

1-2-17

No.17 **1** Send one shirt as a present.
2 Wait until new shirts come in stock.
3 Purchase all remaining shirts.
4 Order the shirts at a baseball game.

Date
/ ① ② ③ ④
/ ① ② ③ ④
/ ① ② ③ ④

No.17 1 プレゼントとしてシャツを１枚送る。
2 新しいシャツが入荷するまで待つ。
3 残っているシャツをすべて購入する。
4 野球の試合会場でシャツを注文する。

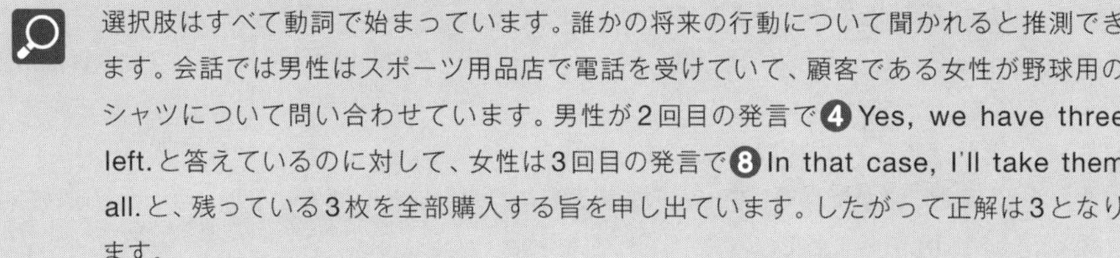

選択肢はすべて動詞で始まっています。誰かの将来の行動について聞かれると推測できます。会話では男性はスポーツ用品店で電話を受けていて、顧客である女性が野球用のシャツについて問い合わせています。男性が２回目の発言で❹ Yes, we have three left. と答えているのに対して、女性は３回目の発言で❽ In that case, I'll take them all. と、残っている３枚を全部購入する旨を申し出ています。したがって正解は３となります。

スクリプト 1-2-17

M: ❶ Hi, this is Craig's Sporting Goods.

F: ❷ Hello. ❸ Are there any special edition baseball shirts left?

M: ❹ Yes, we have three left.

F: ❺ Do you have any plans to sell them again?

M: ❻ Not currently. ❼ If you want one, I recommend buying as soon as you can.

F: ❽ In that case, I'll take them all. ❾ I was going to get two for my friends, but I should get another one for myself.

M: ❿ Great. ⓫ Please give me your name, phone number, and address. ⓬ We will ship the items by tomorrow evening.

Question: What does the woman decide to do?

男性： ❶こんにちは、クレイグ・スポーツ用品です。

女性： ❷こんにちは。❸特別版の野球シャツはまだありますか。

男性： ❹はい、あと3枚ございます。

女性： ❺また販売する予定はありますか。

男性： ❻今のところありません。❼お求めでしたらお早めのご購入をお勧めします。

女性： ❽それなら、全部買います。❾友達用に2枚買おうと思っていたのですが、自分用にもう1枚買っておきます。

男性： ❿承知しました。⓫お名前、電話番号、ご住所を教えてください。⓬明日の夕方までに商品を発送いたします。

質問: 女性はどうすることにしましたか。

❸□ edition 版　❻□ currently 現在は　❼□ I recommend *doing* …するのがお勧めです
⓬□ ship …を送る　選択肢 2 □ stock 在庫　選択肢 3 □ remaining 残りの…

1-2-18

No.18 **1** Recycle her old furniture.
2 Leave her things as they are.
3 Throw away her old clothes.
4 Help her achieve better grades.

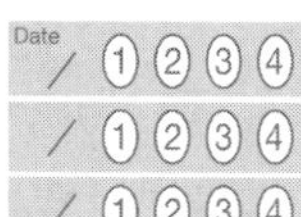

No.18 1 彼女の古い家具をリサイクルする。
2 彼女のものをそのままにしておく。
3 彼女の古い服を捨てる。
4 成績を上げるのを手伝う。

選択肢はすべて動詞で始まっています。会話を聞くと、男性は女性の父親だとわかります。男性は2回目の発言❻でメーガンの古い洋服のことで電話しているとわかります。そして3回目の発言❾でその服がまだガレージにあると言っています。女性は最後の発言⓮OK, I'll drive over this weekend to pick up my things. ⓯Just leave them where they are! でそのまま置いておくように伝えています。したがって正解は2となります。

スクリプト 1-2-18

M: ❶ Hi, Megan. ❷ How's school?

F: ❸ Hi, Dad. ❹ It's going well, thanks.

M: ❺ That's great! ❻ Listen, I'm calling you about your old clothes.

F: ❼ Don't tell me you threw them away!

M: ❽ No. ❾ We still have them in the garage, but what are you going to do with them?

F: ❿ They're an important collection for me. ⓫ I don't want to give them away.

M: ⓬ I'm trying to recycle some old furniture and I want to put it in the garage. ⓭ But it's getting full of things in there.

F: ⓮ OK, I'll drive over this weekend to pick up my things. ⓯ Just leave them where they are!

Question: What does Megan want her father to do?

男性：❶もしもし、メーガン。❷学校はどう？

女性：❸ああ、お父さん。❹順調だよ、ありがとう。

男性：❺それはよかった。❻ところで、古い服のことで電話したんだけど。

女性：❼まさか、捨てたんじゃないでしょうね？

男性：❽ううん。❾ガレージにまだあるけど、あれをどうするつもり？

女性：❿私にとっては大切なコレクションなの。⓫手放したくないの。

男性：⓬古い家具をリサイクルしようとしているんだけど、それをガレージに置きたいんだ。⓭でも、ガレージが物でいっぱいになってきていてね。

女性：⓮わかった、週末に車で取りに行くね。⓯だからそのままにしておいて。

質問：メーガンは父親に何をしてほしいと思っていますか。

❹□ go well 順調にいく　❼□ throw away …を捨てる　⓬□ recycle …を再生利用する
⓭□ get full of …でいっぱいになる　⓮□ drive over 車で出かける
選択肢4 □ achieve …を成し遂げる　□ grade 成績

1-2-19

No.19 **1** Email about the late arrival of an item.
2 Wait another week for her item to be shipped.
3 Call the company to make a complaint.
4 Buy a smartphone from another company.

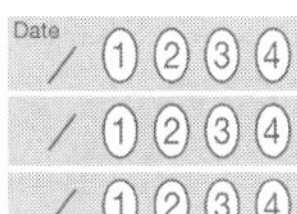

No.19 1 商品の到着が遅れていることをメールする。
2 商品が発送されるまでもう1週間待つ。
3 会社に苦情の電話を入れる。
4 別の会社からスマートフォンを買う。

選択肢はすべて動詞で始まっています。質問では女性が次にする行動について聞いています。男性は❶で女性に新しいスマートフォンがもう届いたか聞いています。それに対して女性が❷No.と答え、❸❹で電話したが待ち時間が長かったのであとでメールを送るつもりだと述べています。そのあとの男性の2回目の発言❺Shipping may have been delayed.と女性の2回目の発言❻Maybe, but I'd like to give them a piece of my mind for it taking so long.からもスマートフォンの到着が遅れていることがわかります。したがって、正解は1となります。

スクリプト 1-2-19

M: ❶ Has your new smartphone arrived yet?
F: ❷ No. ❸ I tried calling the company, but the wait time was too long. ❹ I'm going to send them an email later.
M: ❺ Shipping may have been delayed.
F: ❻ Maybe, but I'd like to give them a piece of my mind for it taking so long.
M: ❼ Yeah, you should let them know how you feel.
F: ❽ If I knew it would take this long, I would have chosen a different company. ❾ They said I would get it within a few weeks.

Question: What is the woman going to do next?

男性：❶新しいスマートフォンはもう届きましたか。
女性：❷いいえ。❸会社に電話してみたんですが、あまりにも長く待たされて。❹あとでメールを送るつもりです。
男性：❺発送が遅れているのかもしれませんね。
女性：❻そうかもしれませんけど、こんなに時間がかかるなんて、会社にひと言文句を言いたいですよ。
男性：❼そうですね、思っていることは伝えるべきです。
女性：❽こんなに時間がかかるとわかっていたら、別の会社を選んでいました。❾2、3週間以内に届くって言ってたんですよ。

質問：女性は次に何をしますか。

❺□ shipping 発送　□ delay …を遅らせる
❻□ give X a piece of one's mind Xにひと言文句を言う
選択肢 3 □ make a complaint 苦情を言う

1-2-20

No.20 **1** They barely won the game.
2 They lost the game.
3 Their star player was not in the game.
4 Their fans were not enthusiastic.

Date
/ ①②③④
/ ①②③④
/ ①②③④

No.20 1 彼らはかろうじて試合に勝った。
2 彼らは試合に負けた。
3 スター選手が試合に出ていなかった。
4 ファンが熱狂的ではなかった。

2人は男性の好きなサッカーチームの試合について話しています。男性ががっかりした理由については男性の最初の発言❹ I think they tried their best, but they didn't play up to the fans' expectations. と、後半の発言❾ Everyone thought that the team would win by more points. で話されています。これを「かろうじて」という意味のbarelyを用いて表現した1が正解です。

スクリプト 1-2-20

F: ❶ Hi, Bill. ❷ I heard that you saw your favorite soccer team play. ❸ How did the game go?

M: ❹ I think they tried their best, but they didn't play up to the fans' expectations.

F: ❺ What do you mean? ❻ Did they lose?

M: ❼ No, they won, but by a very small margin. ❽ It was disappointing because their star player played in the game. ❾ Everyone thought that the team would win by more points.

F: ❿ I see. ⓫ Well, I hope that they play better in future games.

Question: Why was the man disappointed by his favorite team?

女性：❶やあ、ビルさん。❷大好きなサッカーチームの試合を見たと聞きました。❸試合はどうでしたか？

男性：❹選手はベストを尽くしたと思いますが、ファンの期待に応えるプレーはできませんでしたね。

女性：❺どういう意味ですか？ ❻負けたんですか？

男性：❼いえ、勝ちましたが、その点差はわずかでした。❽スター選手が試合に出場しただけに残念でした。❾もっと点差をつけて勝つとみんなが思っていました。

女性：❿そうですか。⓫今後の試合ではもっといいプレーを見せてほしいですね。

質問：なぜ男性は自分の好きなチームにがっかりしましたか。

❷□ play 試合　❸□ go（…という結果と）なる　❹□ up to …のところまで、…に達するまで
❼□ by a small margin 少しの差で

1-2-21

No.21 **1** Attend an audition for a show.
2 Have dinner with Mike.
3 Sign a contract with a major company.
4 Watch a singing contest on TV.

No.21 1 ショーのオーディションに参加する。
2 マイクと夕食を共にする。
3 大手の会社と契約する。
4 テレビで歌のコンテストを見る。

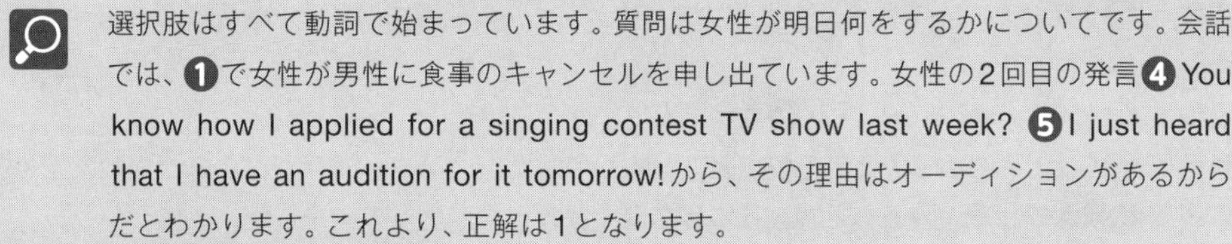

選択肢はすべて動詞で始まっています。質問は女性が明日何をするかについてです。会話では、❶で女性が男性に食事のキャンセルを申し出ています。女性の2回目の発言❹ You know how I applied for a singing contest TV show last week? ❺ I just heard that I have an audition for it tomorrow! から、その理由はオーディションがあるからだとわかります。これより、正解は1となります。

スクリプト 1-2-21

F: ❶ I'm sorry Mike, but I have to cancel our dinner plans tomorrow.
M: ❷ Oh, that's too bad. ❸ Is something wrong?
F: ❹ You know how I applied for a singing contest TV show last week? ❺ I just heard that I have an audition for it tomorrow!
M: ❻ Wow! ❼ If you pass the audition and win the contest, you get a contract with a big company, right?
F: ❽ Yeah, I don't want to miss this opportunity.
M: ❾ Well, I'm sure you can make it. ❿ Good luck!

Question: What is the woman going to do tomorrow?

女性：❶マイクさん、申し訳ありませんが、明日の夕食の約束をキャンセルしなければなりません。
男性：❷それは残念です。❸何かあったんですか？
女性：❹先週、歌のコンテストのテレビ番組に応募したじゃないですか？ ❺明日そのオーディションがあると聞いたんです！
男性：❻へえ！ ❼オーディションに合格してコンテストで優勝したら、大きな会社と契約できるんですよね？
女性：❽ええ、このチャンスを逃したくないんです。
男性：❾そうですね、あなたならきっとうまくいくでしょう。❿頑張ってください！

質問：女性は明日何をするつもりですか。

❺□ audition オーディション、審査　❼□ pass …に合格する　❾□ make it うまくいく、成功する

1-2-22

No.22 **1** Tell her grandmother to use the Internet.
2 Find out news from the man's neighborhood.
3 Purchase the product the man recommends.
4 Remind her grandmother to call her back.

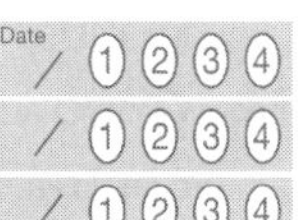

No.22 1 祖母にインターネットを使うように言う。
2 男性の近所のニュースを調べる。
3 男性が勧める商品を購入する。
4 女性に折り返し電話することを祖母が忘れないように声をかける。

選択肢が動詞で始まっているので、次の行動について聞かれるかもしれないと予想して聞くことができます。実際の問題はprobably do? の形で、女性の行動についての質問です。会話では、女性が一人暮らしの祖母を心配して、男性に相談しています。男性は2番目の発言❹から❼でemergency call buttonについて紹介していて、女性が❽ That sounds like a good idea. ❾ I'd feel much more at ease if she had something like that. と興味を示しています。男性は最後の発言で❿ I'll share the website where you can buy that product later. と言っているので、女性はそれを購入すると考えられます。正解は3です。

スクリプト 1-2-22

F: ❶ I'm getting worried about my grandmother living alone.

M: ❷ What makes you say that?

F: ❸ Well, I saw a news report about the increasing rate of crime in her neighborhood.

M: ❹ I see. ❺ The other day, I saw an article on the Internet about an emergency call button. ❻ It automatically calls the police when pressed. ❼ Maybe that could be useful.

F: ❽ That sounds like a good idea. ❾ I'd feel much more at ease if she had something like that.

M: ❿ I'll share the website where you can buy that product later.

Question: What will the woman probably do?

女性： ❶一人で暮らしている祖母が心配になってきました。

男性： ❷どうしてそう思うのですか？

女性： ❸いや、祖母の近所で犯罪率が上がっているというニュースを見たんです。

男性： ❹そうなんですね。❺この前、インターネットで緊急通報ボタンの記事を見ました。❻ボタンが押されると自動的に警察に電話してくれるんです。❼もしかすると役に立つかもしれません。

女性： ❽それはいいアイデアですね。❾祖母がそういうものを持っていたら、もっと安心です。

男性： ❿あとでその商品を買えるウェブサイトを共有しますよ。

質問：女性はおそらくどうするでしょうか。

❷□ make X *do* Xに…させる　❸□ rate of crime 犯罪率
❺□ emergency call 緊急通報、緊急電話　❾□ at ease 安心して
選択肢 2 □ find out …を調査して見つける

1-2-23

No.23 **1** Book a flight ticket to New York.
2 Attend a conference remotely.
3 Make a business trip for networking.
4 Cancel a marketing project.

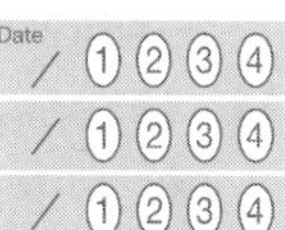

No.23 1 ニューヨーク行きの航空券を予約する。
2 リモートでカンファレンスに参加する。
3 人脈作りのために出張する。
4 マーケティングプロジェクトをキャンセルする。

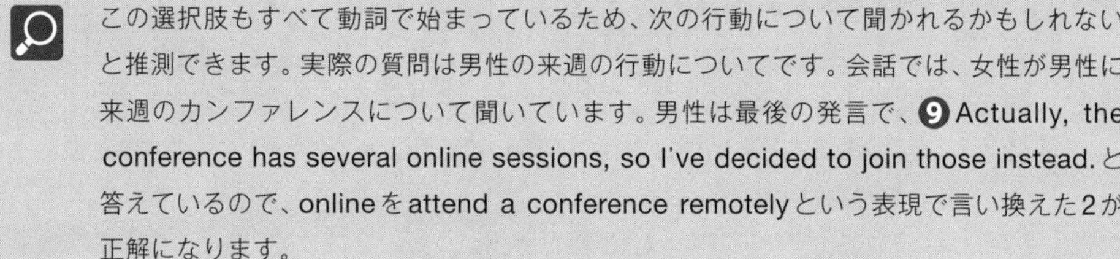

この選択肢もすべて動詞で始まっているため、次の行動について聞かれるかもしれないと推測できます。実際の質問は男性の来週の行動についてです。会話では、女性が男性に来週のカンファレンスについて聞いています。男性は最後の発言で、❾ Actually, the conference has several online sessions, so I've decided to join those instead. と答えているので、onlineをattend a conference remotelyという表現で言い換えた2が正解になります。

スクリプト 1-2-23

F: ❶ Hi, Hiroshi. ❷ You'll be heading off to the conference in New York next week, right?

M: ❸ Actually, I've decided to sit it out this year.

F: ❹ Oh, really? ❺ I'm surprised to hear that.

M: ❻ Well, my boss suddenly told me to lead a marketing project next week, so I can't take the business trip.

F: ❼ I see. ❽ But wouldn't you miss out on a networking opportunity?

M: ❾ Actually, the conference has several online sessions, so I've decided to join those instead.

Question: What is the man going to do next week?

女性: ❶こんにちは、ヒロシさん。❷来週からニューヨークのカンファレンスに行かれるんですよね？

男性: ❸実は、今年は欠席することにしたんです。

女性: ❹そうなんですか。❺驚きました。

男性: ❻いや、上司から急に来週マーケティングプロジェクトのリーダーをやれと言われて、出張に行けなくなりました。

女性: ❼そうですか。❽でも、人脈を作る機会を逃すことになりませんか？

男性: ❾実は、カンファレンスにはオンラインセッションがいくつかあるので、代わりにそれに参加することにしました。

質問: 男性は来週何をするつもりですか。

❷□ head off 向かう　❸□ sit out …に参加しない　❻□ take a business trip 出張をする
❽□ miss out on …の良い機会を逃す　□ networking ネットワーク作り、人脈作り
選択肢 2 □ remotely 遠くから、リモートで

1-2-24

No.24
1 They have attended orientations before.
2 They have been with the company for years.
3 They do not want to interact with other employees.
4 They work in the same department.

No.24
1 以前オリエンテーションに参加したことがある。
2 何年も会社に勤めている。
3 他の社員と交流したがらない。
4 同じ部署で働いている。

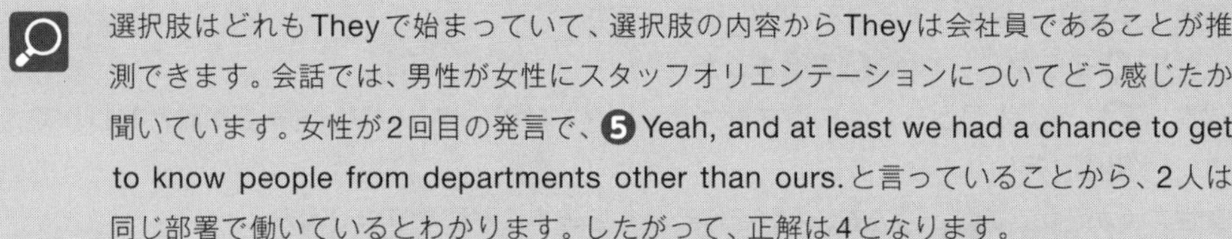

選択肢はどれもTheyで始まっていて、選択肢の内容からTheyは会社員であることが推測できます。会話では、男性が女性にスタッフオリエンテーションについてどう感じたか聞いています。女性が2回目の発言で、❺ Yeah, and at least we had a chance to get to know people from departments other than ours.と言っていることから、2人は同じ部署で働いているとわかります。したがって、正解は4となります。

スクリプト 1-2-24

M: ❶ What did you think of the staff orientation program today?
F: ❷ Well, I thought it was quite useless. ❸ I didn't learn anything of value.
M: ❹ But it was good to know about the company's history and current projects.
F: ❺ Yeah, and at least we had a chance to get to know people from departments other than ours.
M: ❻ That was good too. ❼ We've been working at this company for six months now, but I'm surprised at how many people I don't know.

Question: What do we learn about these employees?

男性： ❶今日のスタッフオリエンテーションはどうでしたか？
女性： ❷うーん、まったく無駄だと思いました。❸価値があることは何も学べませんでした。
男性： ❹でも、会社の歴史や現在のプロジェクトについて知ることができたのはよかったですよ。
女性： ❺そうですね、少なくとも私たちの部署以外の人たちと知り合う機会はありましたしね。
男性： ❻それもよかったです。❼この会社で働き始めて6か月になりますが、知らない人がたくさんいて驚きました。

質問：この2人の社員について何がわかりますか。

❶□ orientation オリエンテーション、方向づけ、適応指導　❸□ of value 価値がある、有用な
❹□ good to know 知っておくと良い

1-2-25

No.25 **1** She has already failed a class credit.
2 She just had her computer repaired.
3 She got her paper reviewed yesterday.
4 She often submits assignments late.

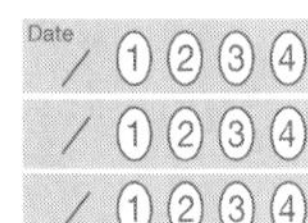

No.25 1 すでに授業の単位を落とした。
2 コンピューターを修理してもらったばかりだ。
3 昨日レポートの審査を受けた。
4 よく課題を遅れて提出する。

女性の最初の発言から男性はProfessorで、女性は課題を遅れて提出している理由について話しているとわかります。男性は2回目の発言で❺ Well, I remember hearing the same thing last month. ❻ You tend to be late with your submissions. と言っていることから、女性の提出物は遅れることが多いとわかります。したがって、正解は4です。

スクリプト 1-2-25

M: ❶ Why are you turning in your assignment now, Marilyn? ❷ It was due yesterday.

F: ❸ I'm sorry, Professor Smith. ❹ My computer was acting strange and I couldn't print the data until this morning.

M: ❺ Well, I remember hearing the same thing last month. ❻ You tend to be late with your submissions.

F: ❼ I will try to be more careful. ❽ I won't do it again.

M: ❾ I'll accept your work this time. ❿ But if this happens again, I won't be able to give you credit for the class.

Question: What do we learn about the woman?

男性： ❶マリリンさん、どうして今になって課題を提出するんですか？ ❷締め切りは昨日でしたよ。

女性： ❸すみません、スミス先生。❹パソコンの調子がおかしくて、今朝までデータを印刷できなかったんです。

男性： ❺そういえば、先月も同じことを聞いた記憶があります。❻あなたの提出物は遅れがちですね。

女性： ❼気をつけるようにします。❽もうしません。

男性： ❾今回は受理します。❿でも、もしまた同じようなことがあったら、授業の単位はあげられませんから。

質問：女性について何がわかりますか。

❶□ turn in …を提出する　❻□ submissions 提出(物)　❿□ credit 履修単位
選択肢 3 □ paper レポート

PART 1

1-2-26

No.26 **1** Take another flight to Chicago.
2 Wait at the airport until tomorrow.
3 Book a hotel room and stay overnight.
4 Have a conversation with his friends.

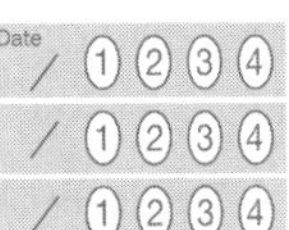

No.26 1 シカゴ行きの別の便に乗る。
2 明日まで空港で待つ。
3 ホテルを予約して一泊する。
4 友達と話をする。

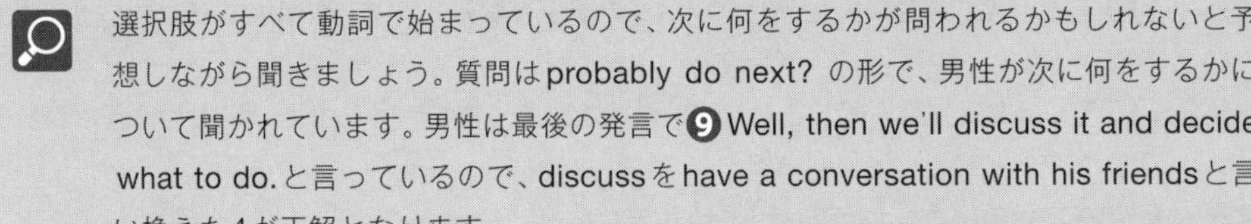

選択肢がすべて動詞で始まっているので、次に何をするかが問われるかもしれないと予想しながら聞きましょう。質問はprobably do next? の形で、男性が次に何をするかについて聞かれています。男性は最後の発言で❾ Well, then we'll discuss it and decide what to do. と言っているので、discussをhave a conversation with his friendsと言い換えた4が正解となります。

スクリプト 1-2-26

M: ❶ Aren't there any flights to Chicago?
F: ❷ I'm afraid not, sir. ❸ All flights have been suspended due to the storm.
M: ❹ When will flights resume?
F: ❺ We don't know for sure yet. ❻ We'll have to wait and see until tomorrow.
M: ❼ Is there a hotel nearby where my friends and I can stay?
F: ❽ Yes, but there's only one single room available.
M: ❾ Well, then we'll discuss it and decide what to do.
F: ❿ We're sorry for the inconvenience.

Question: What will the man probably do next?

男性： ❶シカゴ行きの便はありませんか？
女性： ❷申し訳ありませんが、ございません。❸嵐のため、すべての便が欠航しております。
男性： ❹フライトはいつ再開しますか？
女性： ❺まだ確かなことはわかりません。❻明日まで様子を見る必要があります。
男性： ❼近くに友人と泊まれるホテルはありますか？
女性： ❽ございますが、シングルルームが一部屋しか空いておりません。
男性： ❾それでは、相談してどうするか決めます。
女性： ❿ご迷惑をおかけして申し訳ありません。

質問：男性はおそらく次に何をしますか。

❹□ resume 再開する

1-2-27

No.27 **1** The woman really enjoyed the exhibition.
2 The woman has plenty of experience in photography.
3 The man displayed his work in the exhibition.
4 The man knows a lot about photography.

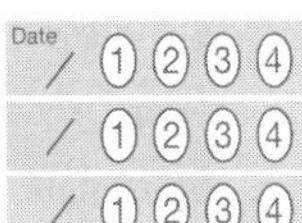

No.27 1 女性は写真展をとても楽しんだ。
2 女性は写真の経験が豊富だ。
3 男性は写真展に自分の作品を展示した。
4 男性は写真に詳しい。

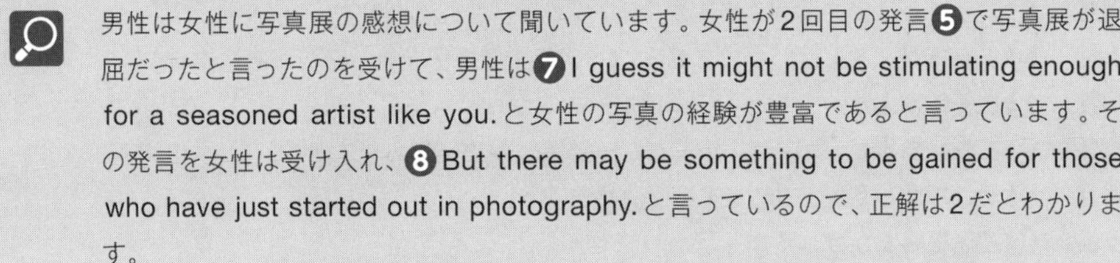

男性は女性に写真展の感想について聞いています。女性が2回目の発言❺で写真展が退屈だったと言ったのを受けて、男性は❼I guess it might not be stimulating enough for a seasoned artist like you.と女性の写真の経験が豊富であると言っています。その発言を女性は受け入れ、❽But there may be something to be gained for those who have just started out in photography.と言っているので、正解は2だとわかります。

スクリプト 1-2-27

M: ❶ How was the photography exhibition?
F: ❷ Honestly speaking, it was disappointing.
M: ❸ Oh yeah? ❹ I heard on the TV show that that event was very well received.
F: ❺ There were many beautiful pictures, but they were boring to me.
M: ❻ I see. ❼ I guess it might not be stimulating enough for a seasoned artist like you.
F: ❽ But there may be something to be gained for those who have just started out in photography.
M: ❾ It sounds like it would be worth a visit for me, then.

Question: What do we learn from the conversation?

男性： ❶写真展はいかがでしたか？
女性： ❷正直言って、期待はずれでした。
男性： ❸そうなんですか。❹テレビ番組で、あのイベントはとても好評だったと聞いたのですが。
女性： ❺きれいな写真はたくさんありましたが、私にはつまらなかったです。
男性： ❻なるほど。❼あなたのようなベテランのアーティストには刺激が足りなかったのかもしれませんね。
女性： ❽でも、写真を始めたばかりの人には得るものがあるかもしれません。
男性： ❾それなら、私は一度行ってみる価値がありそうですね。

質問：会話から何がわかりますか。

❹□ well received 評判の良い　❼□ seasoned 経験豊富な
❽□ start out in …を始める、…の第一歩を踏み出す　❾□ worth a visit 訪れる価値がある

1-2-28

No.28 **1** She cannot use the swimming pool today.
2 She has never used the facility before.
3 She does not need to attend an orientation.
4 She has already filled out the new registration form.

Date	
/	① ② ③ ④
/	① ② ③ ④
/	① ② ③ ④

No.28 1 彼女は今日プールを利用できない。
2 彼女は一度も施設を利用したことがない。
3 彼女はオリエンテーションに参加する必要がない。
4 彼女はすでに新規登録用紙に記入している。

男性の最初の発言❶から、男性はフィットネスクラブで働いていることがわかります。女性は❸でプールを利用したいことを申し出ていて、❼I was a member once, but my membership expired last month.から以前会員だったことも伝えています。男性は最後の発言で❿No orientation is required for experienced users.と女性に伝えています。したがって、正解は3だとわかります。

スクリプト 1-2-28

M: ❶ Hi, thank you for coming to Wellness Fitness Club. ❷ How can I help you?
F: ❸ I'd like to use the swimming pool for a couple of hours.
M: ❹ Sure. ❺ It's available until 7:00 p.m. today. ❻ Are you a member?
F: ❼ I was a member once, but my membership expired last month. ❽ I was very busy at work.
M: ❾ Welcome back then. ❿ No orientation is required for experienced users. ⓫ Just fill out the new registration form and you can start using the facility!
F: ⓬ That's great. ⓭ I wasn't sure if I could start again from today.

Question: What is one thing we learn about the woman?

男性：❶こんにちは、ウェルネス・フィットネス・クラブにお越しいただきありがとうございます。❷ご用件は何でしょうか？
女性：❸プールを2、3時間利用したいのですが。
男性：❹承知しました。❺本日は午後7時までご利用いただけます。❻会員の方でいらっしゃいますか？
女性：❼以前会員だったんですが、先月会員資格が切れてしまいました。❽仕事が忙しかったので。
男性：❾でしたら、改めて歓迎いたします。❿経験者の方はオリエンテーションは必要はありません。⓫新規登録用紙に記入するだけで、施設をご利用になれます！
女性：⓬それはよかったです。⓭今日からまた始められるかどうかわからなかったので。

質問: 女性について何がわかりますか。

❼□ expire 満了になる、失効する　⓫□ fill out （書類）に書き込む

1-2-29

No.29 **1** Make a cash payment for black chairs.
2 Come back to the store next week.
3 Place an order for four brown chairs today.
4 Discuss interior design with his family.

Date / ① ② ③ ④
/ ① ② ③ ④
/ ① ② ③ ④

No.29 1 現金で黒い椅子の支払いをする。
2 来週また店に来る。
3 今日茶色の椅子を4脚注文する。
4 家族とインテリアについて話し合う。

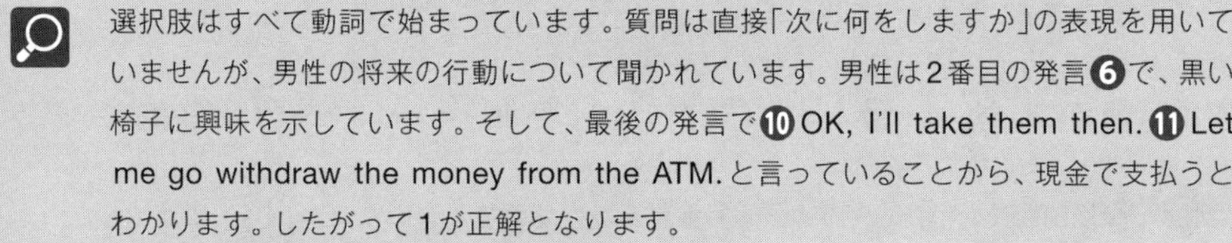

選択肢はすべて動詞で始まっています。質問は直接「次に何をしますか」の表現を用いていませんが、男性の将来の行動について聞かれています。男性は2番目の発言❻で、黒い椅子に興味を示しています。そして、最後の発言で❿ OK, I'll take them then. ⓫ Let me go withdraw the money from the ATM. と言っていることから、現金で支払うとわかります。したがって1が正解となります。

スクリプト 1-2-29

F: ❶ Hi, may I help you?

M: ❷ I'm looking for some new chairs. ❸ I want four for the whole family, but they are a little too expensive.

F: ❹ Actually, there is a sale next week and these brown chairs will be half price.

M: ❺ That's great! ❻ But I think the black ones would go better with the interior of our house. ❼ Are they going to be cheaper?

F: ❽ I'm afraid not. ❾ But we can give you a 20% discount if you pay in cash today.

M: ❿ OK, I'll take them then. ⓫ Let me go withdraw the money from the ATM.

Question: What does the man agree to do?

女性: ❶こんにちは、何かお探しですか？

男性: ❷新しい椅子を探しています。❸家族全員分で4脚欲しいのですが、少し値段が高いですね。

女性: ❹実は来週セールがありまして、この茶色の椅子が半額になります。

男性: ❺それはいいですね！ ❻でも、うちのインテリアには黒の方が合うと思うのですが。❼そちらは安くなりますか？

女性: ❽申し訳ございませんが、安くなりません。❾しかし、本日現金でお支払いいただければ、20%引きにできますよ。

男性: ❿わかりました、それではこれにします。⓫ATMでお金を下ろしに行かせてください。

質問: 男性は何をすることを承諾しますか。

⓫☐ withdraw お金を引き出す　選択肢 1 ☐ make a cash payment 現金払いをする

1-2-30

No.30 **1** It may help him prepare to be a teacher.
2 It is an easy way to earn money.
3 It comes with a lot of responsibility.
4 It motivates him to get better grades.

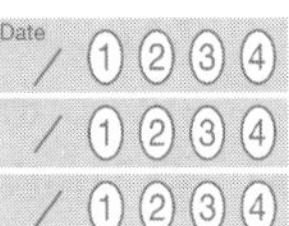

No.30 1 教師になる準備に役立つかもしれない。
2 お金を稼ぐ簡単な方法だ。
3 多くの責任が伴う。
4 いい成績を取ろうという意欲をわかせる。

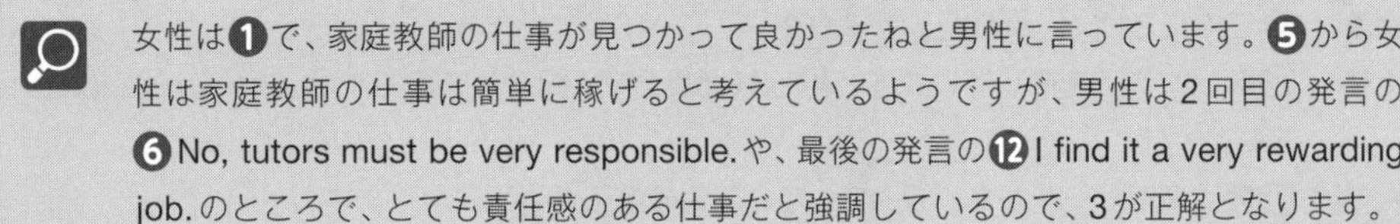

女性は❶で、家庭教師の仕事が見つかって良かったねと男性に言っています。❺から女性は家庭教師の仕事は簡単に稼げると考えているようですが、男性は2回目の発言の❻No, tutors must be very responsible.や、最後の発言の⓬I find it a very rewarding job.のところで、とても責任感のある仕事だと強調しているので、3が正解となります。

スクリプト 1-2-30

F: ❶ You're lucky to have a tutoring job. ❷ It seems like easy money.
M: ❸ Tutoring isn't that easy, Eva.
F: ❹ Oh, really? ❺ You just teach what you know, right?
M: ❻ No, tutors must be very responsible. ❼ We must develop a learning plan to meet the student's goals.
F: ❽ I see. ❾ That seems to be more than I thought.
M: ❿ We also have to manage our students' motivation. ⓫ But I'm happy when their grades improve. ⓬ I find it a very rewarding job.

Question: What is the man's opinion about the tutoring job?

女性： ❶家庭教師の仕事があってよかったですね。❷簡単に稼げるみたいだし。
男性： ❸家庭教師はそんなに簡単な仕事じゃないよ、エヴァ。
女性： ❹そうなの？ ❺知っていることを教えるだけだよね。
男性： ❻いや、家庭教師ってとても責任感が必要なんだよ。❼生徒の目標を達成させるために学習計画を立てなければならないし。
女性： ❽そうなんだ。❾思ったより大変そうだね。
男性： ❿生徒のモチベーションも管理しなければいけないし。⓫でも、生徒の成績が上がるとうれしいよ。⓬とてもやりがいのある仕事だと思う。

質問: 男性は家庭教師の仕事についてどう考えていますか。

❶□ be lucky to *do* …するとは運がいい □ tutor 家庭教師をする
❷□ easy money 楽に儲かる金 ❼□ develop …を作り出す
□ meet （目標など）を達成する ❿□ manage …をうまく扱う
選択肢1 □ prepare to *do* …する準備をする 選択肢2 □ earn …を稼ぐ
選択肢3 □ come with …が付いている □ responsibility 責任
選択肢4 □ motivate X to *do* Xに…する気を起こさせる

1-2-31

No.31 **1** Continue to subscribe to the newspaper.
2 Stop reading the newspaper and use the Internet instead.
3 Go to the supermarket to learn about sales.
4 Avoid shopping with credit cards when possible.

Date				
/	①	②	③	④
/	①	②	③	④
/	①	②	③	④

No.31 1 新聞を購読し続ける。
2 新聞を読むのをやめて、代わりにインターネットを使う。
3 スーパーマーケットに行き、セール情報を知る。
4 クレジットカードでの買い物はできれば避ける。

選択肢はすべて動詞で始まっているので、質問は将来の行動に関するものかもしれないと考えながら聞きましょう。会話は❷❸で男性が新聞の購読をやめることで出費を減らすことを提案しているのに対して、女性が❺で新聞は必要だと答えています。女性の2回目の発言❼I get most of our supermarket coupons from the newspaper and read a lot of information about sales. ❽As a result, we've been able to save a lot of money on household items.に男性は最終的に同意し、❾I see. ❿Let's find another way then.と言っているので、新聞は引き続き購読するようです。したがって1が正解となります。

スクリプト 1-2-31

M: ❶ Honey, have you seen our credit card bill? ❷ We need to start cutting back on our expenses. ❸ How about starting by stopping our newspaper subscriptions?

F: ❹ Yeah, we can get news from the Internet. ❺ But without newspapers, we may end up losing money.

M: ❻ What do you mean by that?

F: ❼ I get most of our supermarket coupons from the newspaper and read a lot of information about sales. ❽ As a result, we've been able to save a lot of money on household items.

M: ❾ I see. ❿ Let's find another way then.

Question: What did the couple decide to do?

男性: ❶ねえ、クレジットカードの請求書、見た？ ❷出費を減らしていかなきゃ。❸まずは新聞の購読をやめたらどうかな。

女性: ❹そうね、ニュースはインターネットで見られるし。❺でも新聞がないと損をするかも。

男性: ❻どういうこと？

女性: ❼スーパーのクーポンはほとんど新聞から手に入れているし、セール情報もたくさん見ているの。❽それで、日用品はかなり節約できていたのよね。

男性: ❾そうか。❿じゃあ、別の方法を考えてみよう。

質問: 二人はどうすることにしましたか。

❶□ bill 請求書 ❷□ cut back on …を切り詰める □ expense 費用
❸□ subscription 定期購読 ❺□ end up *doing* 結局…することになる
□ lose money 損をする、赤字になる ❻□ What do you mean by ...? …とはどういう意味ですか。
❽□ as a result その結果として □ household 日常の、家庭の
選択肢 1 □ continue to *do* …し続ける □ subscribe to …を購読する
選択肢 4 □ avoid *doing* …するのを避ける

1-2-32

No.32 **1** She is planning on becoming a sports trainer.
2 She is good at solving test questions.
3 She is going to study science by herself.
4 She is interested in a career as a scientist.

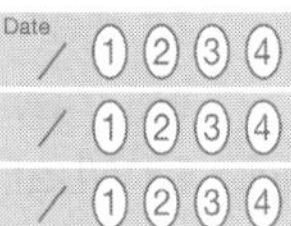

No.32 1 スポーツトレーナーになろうと思っている。
2 テストの問題を解くのが得意である。
3 一人で理科を勉強しようとしている。
4 科学者の仕事に興味がある。

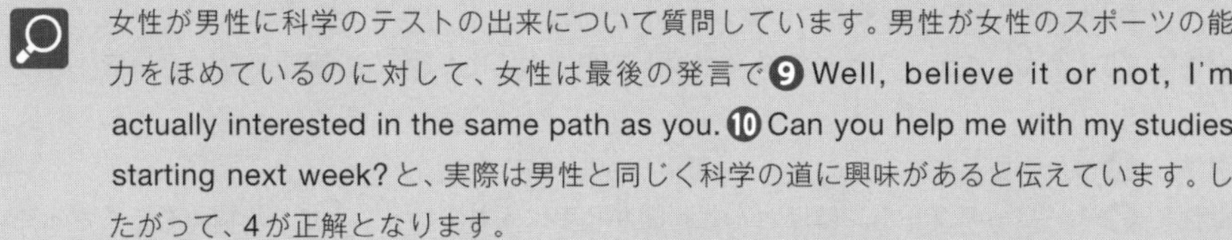

女性が男性に科学のテストの出来について質問しています。男性が女性のスポーツの能力をほめているのに対して、女性は最後の発言で❾ Well, believe it or not, I'm actually interested in the same path as you. ❿ Can you help me with my studies starting next week? と、実際は男性と同じく科学の道に興味があると伝えています。したがって、4が正解となります。

スクリプト 1-2-32

F: ❶ Wasn't yesterday's science test extremely difficult, Mark?
M: ❷ Was it? ❸ There were many questions that I could answer by applying what we learned in class.
F: ❹ You're such a problem solver. ❺ I think your dream of becoming a scientist isn't too far off.
M: ❻ Thank you. ❼ I can't beat you when it comes to sports, though. ❽ You're going to be a sports trainer when you graduate, right?
F: ❾ Well, believe it or not, I'm actually interested in the same path as you. ❿ Can you help me with my studies starting next week?
M: ⓫ Wow, that's a surprise. ⓬ Sure, it's more efficient to study together.

Question: What do we learn about the woman?

女性：❶昨日の理科のテストはすごく難しかったよね、マーク？
男性：❷そうだった？ ❸授業で習ったことを応用すれば答えられる問題が多かったよね。
女性：❹マークは問題を解決する能力が高いから。❺科学者になる夢がかなうのもそう遠くないと思うよ。
男性：❻ありがとう。❼でも、スポーツでは君には勝てないよ。❽卒業したらスポーツトレーナーになるんでしょ？
女性：❾うーん、信じてもらえないかもしれないけど、実は私もマークと同じ進路に興味があるんだ。❿来週から勉強を手伝ってくれる？
男性：⓫わあ、それはびっくり。⓬もちろん、一緒に勉強したほうが効率が上がるからね。

質問：女性について何がわかりますか。

---

❶□ extremely とても、極めて ❸□ apply …を応用する ❹□ solver 解く人
❺□ far off ずっと遠くに ❼□ beat …を負かす □ when it comes to …のこととなると
□ though（文尾において）でも、やっぱり ❾□ believe it or not まさかと思うでしょうが
⓬□ efficient 能率的な 選択肢 1 □ plan on *doing* …するつもりである

 1-2-33

No.33 **1** A possible lack of customers at his store.
2 Sudden worsening of today's weather.
3 Not investing in Internet advertising.
4 Preparation work for tomorrow's sale.

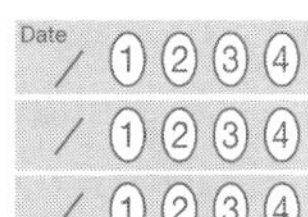

No.33 1 店に客が来ないかもしれないこと。
2 今日の天気が急に悪くなること。
3 インターネット広告にお金を使わないこと。
4 明日のセールの準備作業をすること。

男性はオープンした古着屋の売り上げが上がったことについて、女性に話しています。男性の心配ごとは、最後の発言❼ But what worries me about the event is that the weather forecast said there might be heavy rain tomorrow afternoon. の箇所から、明日の大雨により記念セールの顧客が減ることだとわかり、正解は1となります。

スクリプト 1-2-33

M: ❶ It's been a year since we opened our used clothing store, and I'm happy that our sales have been increasing recently.
F: ❷ It's been going well since we started advertising our store on the Internet.
M: ❸ I wish we'd done it sooner, even though it would have cost us more in advertising.
F: ❹ I agree. ❺ Anyway, we're all set for tomorrow's anniversary sale now.
M: ❻ Great! ❼ But what worries me about the event is that the weather forecast said there might be heavy rain tomorrow afternoon.

Question: What is the man's concern?

男性： ❶古着屋をオープンして1年になりますが、最近売り上げが伸びてきてうれしいです。
女性： ❷インターネットで店の広告を始めてからうまくいっています。
男性： ❸広告費は余計にかかるけど、もっと早くやればよかったと思っています。
女性： ❹そうですね。❺とにかく、明日の記念セールの準備は整いました。
男性： ❻よかったです！ ❼でもイベントのことで心配なのは、天気予報では、明日の午後は大雨になるかもしれないと言っていたことです。

質問：男性の心配事は何ですか。

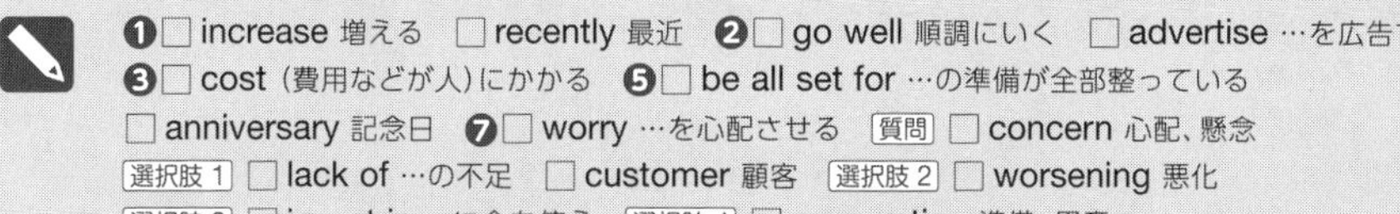

❶□ increase 増える □ recently 最近 ❷□ go well 順調にいく □ advertise …を広告する
❸□ cost（費用などが人）にかかる ❺□ be all set for …の準備が全部整っている
□ anniversary 記念日 ❼□ worry …を心配させる 質問 □ concern 心配、懸念
選択肢1 □ lack of …の不足 □ customer 顧客 選択肢2 □ worsening 悪化
選択肢3 □ invest in …に金を使う 選択肢4 □ preparation 準備、用意

1-2-34

No.34
1 She has nightmares because of noisy neighbors.
2 Her apartment is in an inconvenient location.
3 She has to use strange-tasting tap water.
4 Her landlord is not cooperative.

Date
/ ①②③④
/ ①②③④
/ ①②③④

No.34
1 隣人がうるさくて悪夢を見る。
2 アパートが不便な場所にある。
3 変な味がする水道水を使わなければならない。
4 大家が協力的でない。

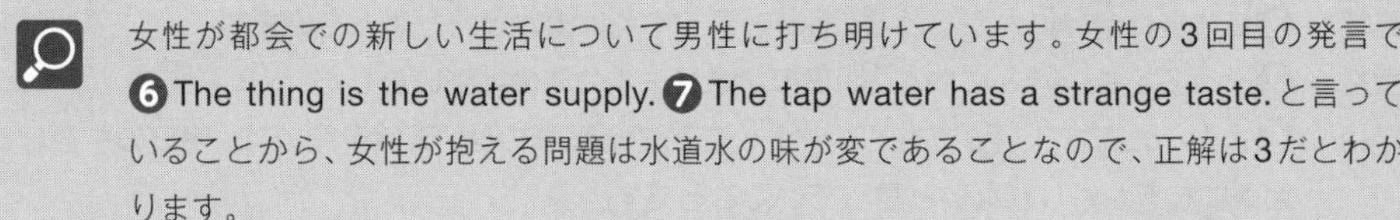

女性が都会での新しい生活について男性に打ち明けています。女性の3回目の発言で❻The thing is the water supply. ❼The tap water has a strange taste. と言っていることから、女性が抱える問題は水道水の味が変であることなので、正解は3だとわかります。

スクリプト 1-2-34

F: ❶ My new life in the city is a nightmare.

M: ❷ What happened, Nancy? ❸ I thought living in the city was your dream.

F: ❹ Well, my apartment is conveniently located near the station, and the neighbors are friendly.

M: ❺ Sounds like there's nothing wrong.

F: ❻ The thing is the water supply. ❼ The tap water has a strange taste.

M: ❽ I see. ❾ I know you're sensitive about food and drink. ❿ Have you told your landlord?

F: ⓫ Not yet. ⓬ He seems friendly, so hopefully he'll listen to me and do something about it.

Question: What is the woman's problem?

女性: ❶都会での新生活は悪夢ですよ。

男性: ❷どうしたんですか、ナンシーさん？ ❸都会に住むのがあなたの夢だと思っていました。

女性: ❹まあ、私のアパートは駅に近くて便利で、近所の人も親切ですけどね。

男性: ❺何も問題はないように思えますけど。

女性: ❻問題は水道なんです。❼水道水の味が変なんです。

男性: ❽そうですか。❾あなたは食べ物や飲み物に敏感ですよね。❿大家さんには言ったんですか？

女性: ⓫まだです。⓬大家さんは気さくそうな人だから、私の話を聞いて何かしてくれるといいんですが。

質問: 女性の問題は何ですか。

---

❶□ nightmare 悪夢 ❹□ conveniently 便利なところに □ locate (建物など)を構える
□ neighbor 近所の人 ❺□ sound like …のように思われる ❻□ The thing is 重要なことは…だ
□ water supply 給水、上水道 ❼□ tap water 水道水 ❾□ be sensitive about …を気にしやすい
❿□ landlord 大家 選択肢 2 □ inconvenient 不便な 選択肢 3 □ strange-tasting 変な味の
選択肢 4 □ cooperative 協力的な

1-2-35

No.35 **1** Avoid watching movies at all from tomorrow.
2 Only watch movies at the weekend.
3 Find movies recommended by the woman.
4 Try to get up early in the morning.

Date
/ ① ② ③ ④
/ ① ② ③ ④
/ ① ② ③ ④

No.35 1 明日から映画を全く見ないようにする。
2 週末にだけ映画を見る。
3 女性が勧める映画を探す。
4 朝早く起きるようにする。

女性が❷で男性に眠そうですねと話しかけています。男性は❹で遅くまで映画を観ているのが原因だと話しています。女性が最後の発言で❼Why don't you at least try to avoid them on weekdays?と、平日に見るのはやめるようにアドバイスしているのに対して、男性は❾You're right. ❿I'll take your advice.と、素直に従う様子です。したがって、2が正解となります。

スクリプト 1-2-35

F: ❶ Good morning, Jim. ❷ You always look sleepy these days.
M: ❸ Hi, Olivia. ❹ Yeah, I always stay up late watching movies.
F: ❺ I can understand how you could get addicted to it, since there are so many interesting movies available on the Internet.
M: ❻ I'm thinking of not watching movies starting tomorrow.
F: ❼ Why don't you at least try to avoid them on weekdays? ❽ I think it's impossible to suddenly stop doing what you like.
M: ❾ You're right. ❿ I'll take your advice.

Question: What will the man most likely do?

女性: ❶おはようございます、ジムさん。❷最近いつも眠そうですね。
男性: ❸おはようございます、オリビアさん。❹そうなんですよ、いつも夜遅くまで映画を見ているんです。
女性: ❺インターネットには面白い映画がたくさんあるから、あなたが夢中になるのもわかります。
男性: ❻明日からは映画を見ないことにしようと思っているんです。
女性: ❼せめて平日は控えるようにするのはどうですか？ ❽好きなことを急にやめるのは無理だと思います。
男性: ❾そうですね。❿そのアドバイスに従います。

質問: 男性は何をすると考えられますか。

❷□ these days 近頃は　❹□ stay up late *doing* …して夜更かしをする
❺□ get addicted to …に夢中になる　□ available 利用できる
❼□ Why don't you *do* …? …したらどうでしょうか。　□ avoid …を避ける
❿□ take a X's advice Xの勧めに従う

1-2-36

No.36 **1** Go out cycling together.
2 Spend time relaxing at home.
3 Read books until the rain stops.
4 Prioritize what the woman wants to do.

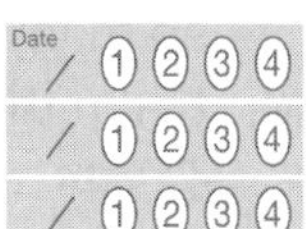

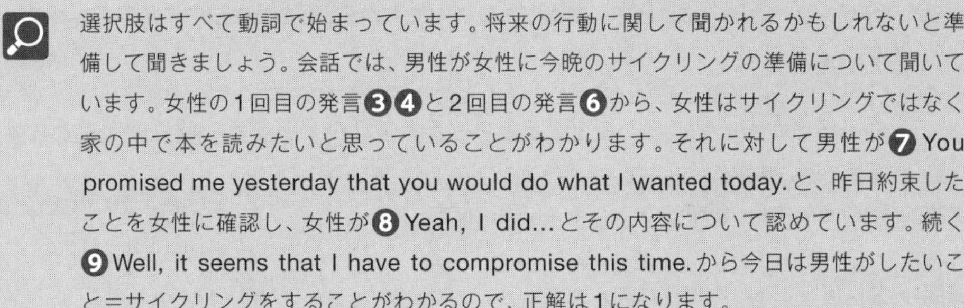

No.36 1 一緒にサイクリングに出かける。
2 家でのんびり過ごす。
3 雨がやむまで本を読む。
4 女性がやりたいことを優先する。

選択肢はすべて動詞で始まっています。将来の行動に関して聞かれるかもしれないと準備して聞きましょう。会話では、男性が女性に今晩のサイクリングの準備について聞いています。女性の1回目の発言❸❹と2回目の発言❻から、女性はサイクリングではなく家の中で本を読みたいと思っていることがわかります。それに対して男性が❼ You promised me yesterday that you would do what I wanted today. と、昨日約束したことを女性に確認し、女性が❽ Yeah, I did... とその内容について認めています。続く❾ Well, it seems that I have to compromise this time. から今日は男性がしたいこと＝サイクリングをすることがわかるので、正解は1になります。

スクリプト 1-2-36

M: ❶ Hi, honey. ❷ Are you ready for cycling this evening?
F: ❸ No. ❹ It's cold today, and it rained this morning, so the roads are wet and dangerous.
M: ❺ What do you want to do today then?
F: ❻ I just want to stay at home all day and read a book.
M: ❼ You promised me yesterday that you would do what I wanted today.
F: ❽ Yeah, I did... ❾ Well, it seems that I have to compromise this time.
M: ❿ Great! ⓫ Let's do what you want to do tomorrow.

Question: What did the couple decide to do today?

男性：❶ねえ。❷今晩のサイクリングの準備はできた？
女性：❸ううん。❹今日は寒いし、今朝は雨が降ったから道路が濡れて危ないよ。
男性：❺じゃあ、今日は何をしようと思っているの？
女性：❻一日中家で本を読んでいたいな。
男性：❼昨日、今日は僕の好きなことをするって約束したよね。
女性：❽うん、したけど…。❾まあ、今回は折れなきゃいけないみたいだね。
男性：❿よかった！ ⓫明日は君のしたいことをしよう。

質問：二人は今日何をすることにしましたか。

❷□ be ready for …の用意ができている　❼□ promise X that節 X（人）に…と約束する
❾□ compromise 妥協する、歩み寄る　選択肢2 □ spend X *doing* …してX（時間）を過ごす
選択肢4 □ prioritize …を優先させる

1-2-37

No.37 **1** She has decided on which school to attend.

2 She is going to start working soon.

3 She wishes to be famous in the future.

4 She wants more information about other schools.

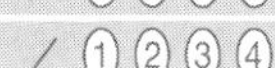

No.37 1 通う学校を決めた。

2 もうすぐ働き始める。

3 将来有名になりたいと思っている。

4 他の学校の情報をもっと知りたがっている。

男性は女性の父親で、❶で女性に今朝訪問した大学についての感想を聞いています。女性は最後の発言で❼No, I just think there are places where I can learn in a better environment.と、別の可能性について考えていると父親に伝えています。したがって、4が正解となります。

スクリプト 1-2-37

M: ❶ So, what did you think of the university we visited this morning?

F: ❷ It's a bit far away, and the tuition seemed high, Dad.

M: ❸ Yeah, but the facilities were good. ❹ I hear that a lot of famous people studied at that school.

F: ❺ It's a popular school, but I'd like to know whether there are other options out there.

M: ❻ Are you still looking to get a job instead of going to school?

F: ❼ No, I just think there are places where I can learn in a better environment.

M: ❽ OK, let's look at some more together until we find the right place.

Question: What is one thing we learn about the woman?

男性: ❶それで、今朝見に行った大学はどうだった？

女性: ❷ちょっと遠いし、学費も高そうだったよ、お父さん。

男性: ❸そうだね、でも設備や施設はよかったね。❹有名人もたくさん学んだらしいよ。

女性: ❺人気のある大学だけど、他にも選択肢があるのか知りたくて。

男性: ❻大学には行かずに就職したいってまだ思っている？

女性: ❼ううん、もっといい環境で学べるところがあると思うだけ。

男性: ❽じゃあ、いいところが見つかるまで、一緒に探してみよう。

質問: 女性についてわかることは何ですか。

❷□ tuition 授業料　❸□ facilities 施設（普通は複数形）
❺□ out there ほかの所に、世間に　❻□ look to *do* …することに関心を向ける

 1-2-38

No.38 **1** He is always well-prepared for tests.

2 He is scheduled to take a test before lunch.

3 He spent a lot of time studying last night.

4 He has earned below-average grades.

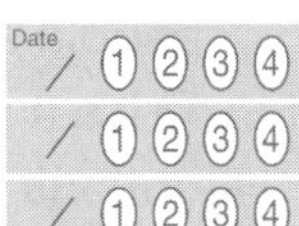

No.38 1 いつもしっかりテストの準備をしている。

2 昼食前にテストを受ける予定だ。

3 昨夜、多くの時間を勉強に費やした。

4 平均以下の成績を取っていた。

会話では女性は❸❹で今日の歴史のテストのために昨日は夜遅くまで勉強していたと言っています。男性は今日のテストに関しては忘れていたようで、女性の驚きに対して、⓾Yeah, but I've never failed a class. ⓫As long as I can graduate, my grades won't matter. と自分の成績を楽観視していることがわかります。女性はそれに対して⓬You should get at least an average grade. ⓭With your current grades, you may not make it. と、成績を上げるように忠告していることから、正解は4だとわかります。

スクリプト 1-2-38

M: ❶ Good morning, Maria. ❷ You seem very tired today.
F: ❸ I studied until late last night. ❹ We have a history test today, remember?
M: ❺ Oh, no! ❻ I completely forgot about it. ❼ I'll study for it during my lunch time.
F: ❽ I can't believe it! ❾ You hardly ever study for tests.
M: ❿ Yeah, but I've never failed a class. ⓫ As long as I can graduate, my grades won't matter.
F: ⓬ You should get at least an average grade. ⓭ With your current grades, you may not make it.

Question: What do we learn about the man?

男性：❶おはよう、マリア。❷今日はとても疲れているみたいだね。
女性：❸昨日は夜遅くまで勉強していたからね。❹今日は歴史のテストがあるの、覚えてる？
男性：❺えっ！ ❻すっかり忘れてた。❼昼休みに勉強することにするよ。
女性：❽信じられない！ ❾いままでもほとんどテスト勉強してこなかったよね。
男性：❿うん、でも一度も落第したことはないよ。⓫卒業さえできれば、成績は関係ないし。
女性：⓬せめて平均点は取ったほうがいいよ。⓭今の成績ではそれも無理かもしれないから。

質問：男性についてわかることは何ですか。

❿□ fail（学生が科目など）を落とす ⓫□ as long as 節 …でありさえすれば、…である限りは
□ grade 成績 □ matter 重要である ⓭□ make it 最後までやる、うまくいく
選択肢 1 □ be well-prepared for …に対して万全の準備をする
選択肢 2 □ be scheduled to *do* …する予定である
選択肢 3 □ spend X *doing* …してX（時間）を過ごす 選択肢 4 □ earn（評価）を得る

 1-2-39

No.39 **1** Her room gets a lot of natural light.
2 She wants the man to carry furniture.
3 There is no vacant room above her apartment.
4 The bedroom in her apartment is small.

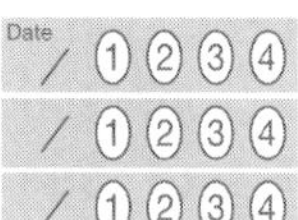

No.39 1 部屋には自然光がたくさん入る。
2 男性に家具を運んでほしいと思っている。
3 アパートの上の階には空き部屋がない。
4 アパートの寝室は狭い。

男性は❶で女性の新居についての感想を聞いています。女性は最初の発言❷❸で暗いけれども家賃が安く、寝室が広いと言い、2回目の発言で❻ For the time being. ❼ I may move if an upper floor apartment becomes available. と言っています。よって上の階は今のところ空いていないことがわかります。したがって3が正解です。

スクリプト 1-2-39

M: ❶ How do you like your new place?

F: ❷ It's in the basement, so it's a bit gloomy. ❸ But the rent is cheap, and the bedrooms are spacious.

M: ❹ I see. ❺ Do you plan to live there for a while?

F: ❻ For the time being. ❼ I may move if an upper floor apartment becomes available.

M: ❽ Let me know if there's anything I can help you with, like moving furniture in.

F: ❾ Thank you. ❿ I've already hired a moving company, so no need to worry about that.

Question: What does the woman imply?

男性：❶新居はどうですか。

女性：❷地下にあるので、ちょっと薄暗いです。❸でも家賃は安いし、寝室は広いんですよ。

男性：❹そうですか。❺しばらくはそこに住むつもりですか？

女性：❻当分はその予定です。❼上の階が空いたら引っ越すかもしれません。

男性：❽家具の搬入とか、手伝えることがあったら言ってください。

女性：❾ありがとうございます。❿もう引越し業者に頼んでありますから、ご心配なく。

質問：女性は何をほのめかしていますか。

❶□ How do you like ...? …は気に入りましたか。 ❷□ basement 地階、地下室
□ gloomy 薄暗い ❸□ rent 家賃 □ spacious 広々とした ❺□ for a while しばらくの間
❻□ for the time being 差し当たり ❼□ upper 上のほうの □ available 利用可能な
❿□ worry about …を心配する 質問 □ imply …を暗示する・ほのめかす
選択肢3 □ vacant 空いている

1-2-40

No.40 **1** Work together to finish their assignments.
2 Go and see a scary movie.
3 Spend a relaxing day at the beach.
4 Make plans for the woman.

No.40 1 仕事を終わらせるために協力する。
2 怖い映画を観に行く。
3 ビーチで一日のんびり過ごす。
4 女性のために計画を立てる。

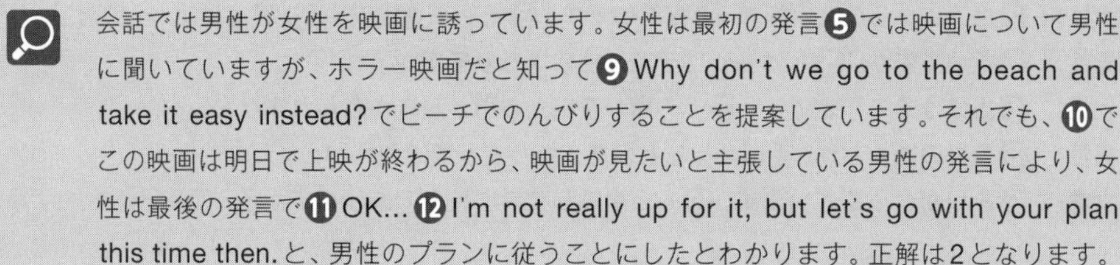

会話では男性が女性を映画に誘っています。女性は最初の発言❺では映画について男性に聞いていますが、ホラー映画だと知って❾ Why don't we go to the beach and take it easy instead? でビーチでのんびりすることを提案しています。それでも、❿でこの映画は明日で上映が終わるから、映画が見たいと主張している男性の発言により、女性は最後の発言で⓫ OK... ⓬ I'm not really up for it, but let's go with your plan this time then. と、男性のプランに従うことにしたとわかります。正解は2となります。

スクリプト 1-2-40

M: ❶ Hi, Linda. ❷ I'm going out to a movie after finishing my assignment today. ❸ Would you like to come?
F: ❹ Sounds great. ❺ What are you going to watch?
M: ❻ James Bruce's latest movie. ❼ It has great reviews.
F: ❽ Well, I'm not really into his horror movies. ❾ Why don't we go to the beach and take it easy instead?
M: ❿ That might be nice, but the film will end its run tomorrow.
F: ⓫ OK... ⓬ I'm not really up for it, but let's go with your plan this time then.

Question: What do these people decide to do today?

男性: ❶こんにちは、リンダさん。❷今日の仕事が終わったら、映画を観に行く予定なんです。❸一緒に行きませんか？
女性: ❹いいですね。❺何を観るんですか？
男性: ❻ジェームズ・ブルースの最新作です。❼評判がいいんですよ。
女性: ❽うーん、彼のホラー映画はあまり好きじゃないんです。❾代わりにビーチでのんびりするのはどうですか？
男性: ❿それもいいかもしれないけど、この映画は明日で上映が終わるんですよ。
女性: ⓫わかりました。⓬あまり気が乗らないけど、今回はあなたの予定で行きましょう。

質問: 二人は今日何をすることに決めましたか。

❷□ assignment 任務　❼□ review 批評　❽□ be into …に夢中になって、…が好きだ
❾□ Why don't we …? …しませんか。　□ take it easy 休む、くつろぐ
❿□ run （映画などの）上映期間　⓬□ be up for …に乗り気である　□ go with …を選ぶ

 1-2-41

No.41 **1** Get a baseball ticket for Bill.
2 Choose which T-shirt to give Bill.
3 Secretly research what Bill wants.
4 Host a surprise party for Bill's birthday.

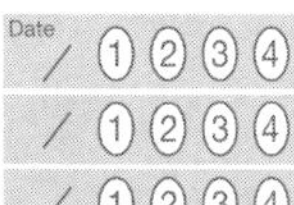

No.41 1 ビルに野球のチケットを買ってくる。
2 ビルにあげるTシャツを選ぶ。
3 ビルが欲しがっているものをこっそり調べる。
4 ビルの誕生日にサプライズパーティーを開く。

女性はビルの誕生日のプレゼントについて男性にアイデアを求めています。男性は野球の試合のチケットや好きなチームのTシャツを勧めていますが、女性は決めかねています。女性は最後の発言で、⑩ Could you casually ask him what he wants when you see him? ⑪ I want to make it a surprise. と言っています。したがって正解は3だとわかります。

スクリプト 1-2-41

F: ❶ We should get something for Bill for his birthday. ❷ Any ideas?
M: ❸ Hmm. ❹ He likes baseball, so how about a game ticket?
F: ❺ That might be nice. ❻ But maybe someone else will give him the same gift.
M: ❼ True. ❽ How about a T-shirt from his favorite team?
F: ❾ That was what I gave him last year. ❿ Could you casually ask him what he wants when you see him? ⓫ I want to make it a surprise.
M: ⓬ OK, I'll try that.

Question: What will the man probably do?

女性：❶ビルの誕生日に何かプレゼントしなくちゃ。❷何かアイデアはある？
男性：❸うーん。❹ビルは野球が好きだから、試合のチケットはどうかな？
女性：❺それはいいかも。❻でも、他の人が同じものをプレゼントするかもしれないね。
男性：❼確かに。❽好きなチームのTシャツはどう？
女性：❾それは去年私があげたからなあ。❿ビルに会ったらさりげなく何が欲しいか聞いてみてくれる？ ⓫サプライズにしたいから。
男性：⓬わかった、聞いてみるよ。

質問：男性はおそらく何をするでしょうか。

❹□ how about …はどうですか　❽□ favorite 特に好きな　❿□ casually さりげなく
選択肢4 □ host （行事など）を主催する

1-2-42

No.42 **1** She took medicine to lower her temperature.
2 She had trouble sleeping last week.
3 Her health has worsened because of her diet.
4 Weather changes have delayed her recovery.

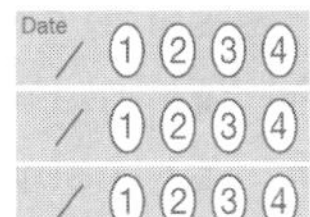

No.42 1 熱を下げようとして薬を飲んだ。
2 先週よく眠れなかった。
3 食事のせいで体調が悪化した。
4 天候の変化のために彼女の回復が遅れている。

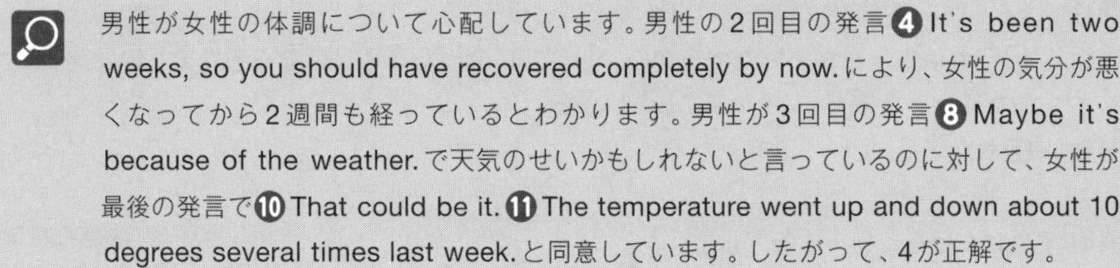

男性が女性の体調について心配しています。男性の2回目の発言❹ It's been two weeks, so you should have recovered completely by now. により、女性の気分が悪くなってから2週間も経っているとわかります。男性が3回目の発言❽ Maybe it's because of the weather. で天気のせいかもしれないと言っているのに対して、女性が最後の発言で❿ That could be it. ⓫ The temperature went up and down about 10 degrees several times last week. と同意しています。したがって、4が正解です。

スクリプト 1-2-42

M: ❶ Honey, are you feeling better today?
F: ❷ A little, but I still have a headache.
M: ❸ That's strange. ❹ It's been two weeks, so you should have recovered completely by now. ❺ Have you been taking medicine?
F: ❻ Yes, I have. ❼ And I've been getting enough sleep.
M: ❽ Maybe it's because of the weather. ❾ It has been extreme lately.
F: ❿ That could be it. ⓫ The temperature went up and down about 10 degrees several times last week.
M: ⓬ Let's keep on eating healthily as usual and see how things go.

Question: What does the woman imply?

男性: ❶あなた、今日は気分が良くなった？
女性: ❷少しは、でもまだ頭痛がする。
男性: ❸それは変だね。❹もう2週間も経っているから、もうすっかり治っていないとおかしいのに。❺薬は飲んでる？
女性: ❻うん。❼睡眠も十分取ってるよ。
男性: ❽天気のせいかもしれないね。❾最近は異常気象だし。
女性: ❿そうかもしれないね。⓫先週は何度か気温が10度くらい上下したよね。
男性: ⓬いつもどおり健康的な食事を続けて、様子を見よう。

質問: 女性は何をほのめかしていますか。

⓬ □ healthily 健康的に　□ go なる、なっていく
選択肢2 □ have trouble *doing* …するのに苦労する　選択肢3 □ worsen さらに悪化する

1-2-43

No.43 **1** The woman cannot communicate well in French.
2 The woman is unfamiliar with marketing.
3 The woman lacks understanding of French culture.
4 The woman is not passionate enough about working.

Date	
/	① ② ③ ④
/	① ② ③ ④
/	① ② ③ ④

No.43 1 女性はフランス語でうまくコミュニケーションが取れない。
2 女性はマーケティングに慣れていない。
3 女性はフランス文化への理解が不足している。
4 女性は仕事に対する情熱が足りない。

女性が男性の会社のマーケティング職に応募し、面談をしている場面です。男性は最後の発言で❽ What concerns me is that you have little experience in marketing. と、女性のマーケティングでの経験のなさを心配していることから、正解は2となります。

スクリプト 1-2-43

M: ❶ Thank you for applying for our marketing position in France.
❷ Please tell me about your background.

F: ❸ I grew up in the United States and studied at a French university, so I'm fluent in both English and French.

M: ❹ That's great. ❺ But that doesn't guarantee good marketing performance.

F: ❻ True, but I know a lot about both cultures and believe that I can build a strong relationship between your company and French clients.

M: ❼ I see. ❽ What concerns me is that you have little experience in marketing.

F: ❾ Well, I'm motivated to learn and believe I can achieve my goals.

Question: What is the man worried about?

男性：❶フランスでのマーケティング職にご応募いただきありがとうございます。
❷あなたの経歴を教えてください。

女性：❸私はアメリカで育ち、フランスの大学で学びましたので、英語もフランス語もすらすら話せます。

男性：❹それは素晴らしいですね。❺ただ、それは良いマーケティング成果を保証するものではありません。

女性：❻その通りですが、私は両国の文化についてよく知っておりますので、御社とフランスのクライアントとの間に強い関係を築くことができると思います。

男性：❼わかりました。❽気になるのは、マーケティングの経験をほとんどお持ちでないことです。

女性：❾ですが、学ぶ意欲はありますし、目標を達成する自信はあります。

質問：男性は何を心配していますか。

❺□ performance 成果、実績　❾□ motivate …にやる気を与える、…に動機を与える
選択肢 2 □ unfamiliar with …についてよく知らない、…の経験がない
選択肢 4 □ passionate 情熱的な、熱心な

1-2-44

No.44 **1** Ask the woman's friend about investing.
2 Receive his company's shares as a bonus.
3 Follow what his financial advisor tells him to do.
4 Take a risk and make a large purchase.

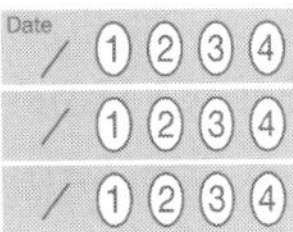

No.44 1 女性の友人に投資について尋ねる。
2 会社の株をボーナスとして受け取る。
3 ファイナンシャル・アドバイザーに言われたことに従う。
4 リスクを取って大きな買い物をする。

選択肢はすべて動詞で始まっています。将来の行動について聞かれている可能性があると予想して聞きましょう。会話では会社の業績が良かったことと、ボーナスの使い道について話しています。女性が最後の発言で❽ My friend knows a lot about investing, so I can arrange for you to meet with him. と、友人を男性に紹介する提案をしているのに対して、男性が❾ I'd really appreciate it. ❿ I want to get as much good information as possible to reduce the risk. と同意していることから、1が正解だとわかるでしょう。

スクリプト 1-2-44

F: ❶ Our sales were great last quarter, and we got bonuses!
M: ❷ Yeah, finally. ❸ I'm planning to invest.
F: ❹ Oh, really? ❺ Which company's shares do you plan to buy?
M: ❻ I don't know yet. ❼ I'm thinking of finding a financial advisor for that.
F: ❽ My friend knows a lot about investing, so I can arrange for you to meet with him.
M: ❾ I'd really appreciate it. ❿ I want to get as much good information as possible to reduce the risk.

Question: What did the man decide to do?

女性： ❶前の四半期は売上もよかったですし、ボーナスも出ましたね！
男性： ❷ああ、やっと出ましたね。❸投資しようと思っているんです。
女性： ❹へえ、そうなんですか？ ❺どの会社の株を買う予定なんですか？
男性： ❻まだわかりません。❼ファイナンシャル・アドバイザーを探そうと思っています。
女性： ❽私の友人が投資に詳しいんですが、お会いできるように手配しましょうか。
男性： ❾ぜひお願いします。❿リスクを減らすために、できるだけ良い情報を得たいと思っていますので。

質問: 男性はどうすることにしましたか。

❶□ bonus 賞与　❺□ share 株　選択肢 4 □ take a risk 危険を冒す、リスクを負う

1-2-45

No.45 **1** She was involved in a traffic accident.
2 She witnessed some vehicles driving fast.
3 She has an easy-going personality.
4 She has recently acquired a vehicle.

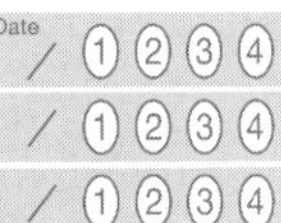

No.45 1 交通事故に巻き込まれた。
2 スピードを出して走っている車を目撃した。
3 のんびりした性格だ。
4 最近車を手に入れた。

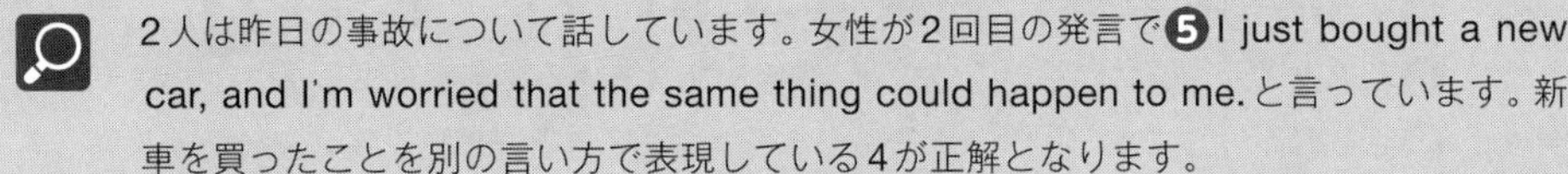

2人は昨日の事故について話しています。女性が2回目の発言で❺I just bought a new car, and I'm worried that the same thing could happen to me.と言っています。新車を買ったことを別の言い方で表現している4が正解となります。

スクリプト 1-2-45

F: ❶ Hi, Jack. ❷ Have you heard the news about the accident yesterday?
M: ❸ Yeah, about a collision between a car and a motorcycle, right?
F: ❹ Yes. ❺ I just bought a new car, and I'm worried that the same thing could happen to me.
M: ❻ I heard on TV that the cause of the accident was excessive speed. ❼ As long as you follow the traffic rules, you should be fine.
F: ❽ But the engine could suddenly break down, or someone could suddenly get in my way.
M: ❾ Well, I think you worry a little too much.

Question: What do we learn about the woman?

女性：❶ねえ、ジャックさん。❷昨日の事故のニュースを聞きましたか？
男性：❸ええ、車とバイクの衝突事故のことですよね？
女性：❹はい。❺新車を買ったばかりなので、同じ目に遭わないか心配です。
男性：❻テレビでは事故の原因はスピードの出しすぎだって言っていました。❼交通ルールを守っていれば大丈夫ですよ。
女性：❽でも、突然エンジンが壊れたり、誰かが突然割り込んできたりするかもしれません。
男性：❾ううん、少し心配しすぎだと思いますよ。

質問：女性について何がわかりますか。

❸□ collision 衝突　❻□ excessive 過度の　❼□ as long as 節 …でありさえすれば、…である限りは
❽□ break down 故障する　□ get in …の中に入る　選択肢 2 □ witness …を目撃する
選択肢 3 □ easy-going あくせくしない

1-2-46

No.46 **1** He does not like how it looks.
2 He does not have enough money.
3 It could be affected by viruses.
4 His old computer might perform better.

Date
/ ① ② ③ ④
/ ① ② ③ ④
/ ① ② ③ ④

No.46 1 見た目が気に入らない。
2 十分なお金を持っていない。
3 ウイルスに感染するかもしれない。
4 古いパソコンの方が性能がいいかもしれない。

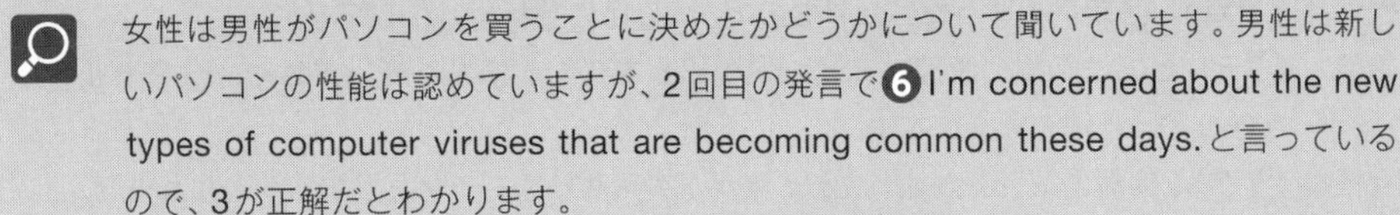

女性は男性がパソコンを買うことに決めたかどうかについて聞いています。男性は新しいパソコンの性能は認めていますが、2回目の発言で❻ I'm concerned about the new types of computer viruses that are becoming common these days. と言っているので、3が正解だとわかります。

スクリプト 1-2-46

F: ❶ Hi, Ted. ❷ Have you decided to get the computer you were talking about?

M: ❸ Well, I know it performs better than what I have now, but I'm holding off for the moment.

F: ❹ Are you worried about spending a lot of money on it?

M: ❺ No, that's not it. ❻ I'm concerned about the new types of computer viruses that are becoming common these days.

F: ❼ Ah, I see. ❽ Even the latest equipment could be attacked.

M: ❾ That's right. ❿ I like the size and the design, but if it stops working, there's nothing I can do about it.

Question: Why is the man hesitant to get a new computer?

女性：❶ああ、テッドさん。❷話していたコンピューターは買うことにしたんですか？

男性：❸いやあ、今持っているものより性能がいいことはわかっていますが、今のところ保留にしています。

女性：❹お金をたくさん使うことが心配なんですか？

男性：❺いえ、そうではありません。❻最近よく聞くようになった新種のコンピューターウイルスが心配なんです。

女性：❼ああ、なるほど。❽最新の機器でも攻撃される可能性がありますよね。

男性：❾そうです。❿大きさもデザインも気に入っていますが、動かなくなったらどうすることもできませんから。

質問：男性はなぜ新しいコンピューターを買うのをためらっていますか。

❸□ perform （機械などが）働く　□ hold off 遅らせる

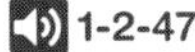
1-2-47

No.47 **1** Wait for the next train to come.
2 Catch a taxi at the station.
3 Try to rearrange their exam date.
4 Ride a bicycle from the station.

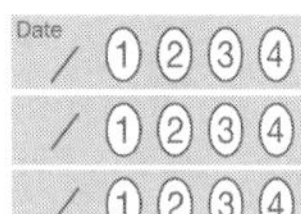

No.47 1 次の電車が来るのを待つ。
2 駅でタクシーを捕まえる。
3 試験日を変更しようとする。
4 駅から自転車に乗る。

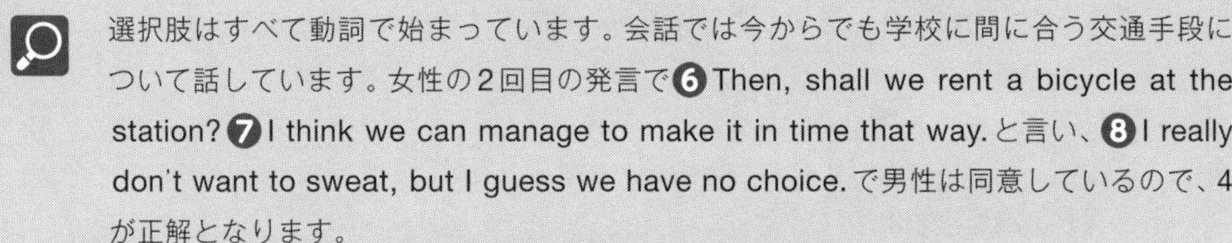
選択肢はすべて動詞で始まっています。会話では今からでも学校に間に合う交通手段について話しています。女性の2回目の発言で❻ Then, shall we rent a bicycle at the station? ❼ I think we can manage to make it in time that way. と言い、❽ I really don't want to sweat, but I guess we have no choice. で男性は同意しているので、4が正解となります。

スクリプト 1-2-47

M: ❶ Look at the time! ❷ We'll never make our train to school.
F: ❸ Oh, no. ❹ Should we take a taxi?
M: ❺ Well, the roads are busy at this time of the day.
F: ❻ Then, shall we rent a bicycle at the station? ❼ I think we can manage to make it in time that way.
M: ❽ I really don't want to sweat, but I guess we have no choice.
F: ❾ Yeah, we can't call in and say we're sick. ❿ The schedule for our final exams won't be changed.

Question: What did these students decide to do?

男性： ❶時計を見て！ ❷学校に行く電車に間に合わないよ。
女性： ❸そんな。❹タクシーに乗る？
男性： ❺うーん、この時間は道が混んでるよ。
女性： ❻じゃあ、駅で自転車を借りる？ ❼それならなんとか間に合うと思う。
男性： ❽汗をかくのは本当にいやだけど、仕方ないね。
女性： ❾そうだね、体調が悪いって連絡するわけにもいかないし。❿期末試験の日程は変わらないからね。

質問：二人はどうすることにしましたか。

❷□ make …に間に合う ❺□ busy 混雑した ❼□ make it in time 間に合う
❽□ sweat 汗をかく ❾□ call in 電話を入れる 選択肢3 □ rearrange …の日程を変更する

1-2-48

No.48 **1** Increase the frequency of eating out.
2 Reduce the number of times they drive.
3 Transfer their child to a different school.
4 Find someone who can tutor their child.

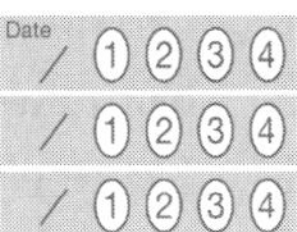

No.48 1 外食の回数を増やす。
2 車を運転する回数を減らす。
3 子どもを別の学校に転校させる。
4 子どもの家庭教師をしてくれる人を探す。

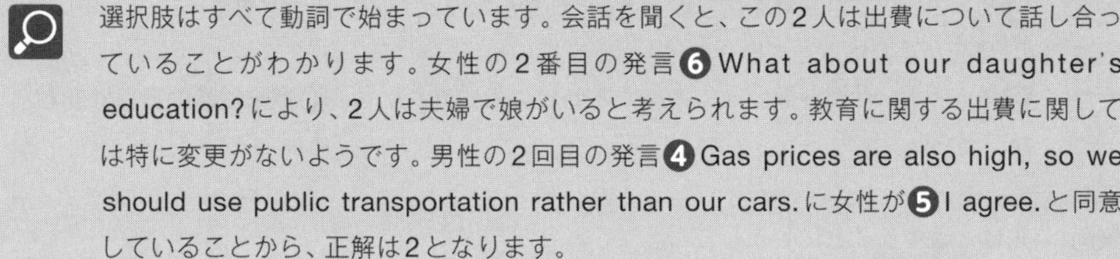

選択肢はすべて動詞で始まっています。会話を聞くと、この2人は出費について話し合っていることがわかります。女性の2番目の発言❻ What about our daughter's education? により、2人は夫婦で娘がいると考えられます。教育に関する出費に関しては特に変更がないようです。男性の2回目の発言❹ Gas prices are also high, so we should use public transportation rather than our cars. に女性が❺ I agree. と同意していることから、正解は2となります。

スクリプト 1-2-48

M: ❶ Honey, I don't know how to get through this recession. ❷ We must somehow cut unnecessary expenses.

F: ❸ Yeah, prices are getting very high these days, so we need to refrain from eating out.

M: ❹ Gas prices are also high, so we should use public transportation rather than our cars.

F: ❺ I agree. ❻ What about our daughter's education?

M: ❼ Why don't we hire a private tutor instead of sending her to prep school?

F: ❽ Well, that will cost even more. ❾ As for education, let's just keep it the way it is.

Question: What will the couple probably do?

男性: ❶あなた、この不況をどう乗り切ったらいいかわからないんだ。❷どうにかして無駄な出費を減らさないと。

女性: ❸ええ、最近は物価がとても高くなっているから、外食は控えなくちゃ。

男性: ❹ガソリン代も高いから、車より公共交通機関を使おう。

女性: ❺そうだね。❻娘の教育はどうする？

男性: ❼私立高校に通わせる代わりに、家庭教師を雇うのはどう？

女性: ❽そうすると、もっとお金がかかるでしょう。❾教育に関しては、今のままでいこう。

質問: 夫婦はおそらくどうするでしょうか。

---

❶□ get through (困難)を乗り切る □ recession 一時的な不景気
❸□ refrain from *doing* …するのを控える □ eat out 外食する ❼□ tutor 家庭教師
□ prep school (preparatory school) (大学進学を目的とした)私立高校
❾□ keep X the way it is Xをそのまま維持する

1-2-49

No.49 **1** The man's decision is a good choice.
2 The man's salary will not be increased.
3 The man should reconsider his plan.
4 The man may not be a hard worker.

Date
/ ① ② ③ ④
/ ① ② ③ ④
/ ① ② ③ ④

No.49 1 男性の決断はいい選択だ。
2 男性の給料は上がらない。
3 男性は計画を考え直すべきだ。
4 男性は勤勉ではないかもしれない。

男性は女性に、仕事を辞めることについて話しています。女性は心配して、辞めたあとはどうするのかを男性に聞いているのに対して、男性は最後の発言で❾ Actually, I've already found something. ❿ The pay is better, and the office is close to home. と答え、女性はそれに⓫ If so, go for it. と答えて男性を応援していることから、正解は1です。

スクリプト 1-2-49

M: ❶ Hi, Michelle. ❷ Listen, I'm thinking about quitting my job.
F: ❸ Really? ❹ You've only been in the job for a year.
M: ❺ I know. ❻ But I don't think I can stay here anymore. ❼ I have to do a lot of overtime and my salary isn't going up at all.
F: ❽ Do you have any idea where you'll work next?
M: ❾ Actually, I've already found something. ❿ The pay is better, and the office is close to home.
F: ⓫ If so, go for it. ⓬ I was going to disagree if you didn't have a plan.

Question: What is the woman's opinion?

男性： ❶やあ、ミシェルさん。❷実は、仕事を辞めようと思うんです。
女性： ❸本当ですか？ ❹その仕事を始めてまだ一年しか経っていませんよね。
男性： ❺わかっています。❻でも、これ以上ここにはいられないと思います。❼残業は多いですが、給料は全然上がりません。
女性： ❽次はどこに勤めるか考えているんですか？
男性： ❾実はもう見つかったんです。❿給料も良いですし、オフィスも家から近いです。
女性： ⓫それなら頑張ってください。⓬当てがないなら反対するつもりだったのですが。

質問：女性の意見は何ですか。

❼□ overtime 超過勤務　⓫□ Go for it. 頑張れ！
選択肢 3 □ reconsider …を再考する　選択肢 4 □ hard worker 勉強家、勤勉な人

1-2-50

No.50 **1** He is careful.
2 He is optimistic.
3 He is anxious.
4 He is indifferent.

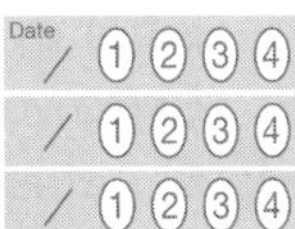

No.50 1 慎重だ。
2 楽観的だ。
3 不安だ。
4 無関心だ。

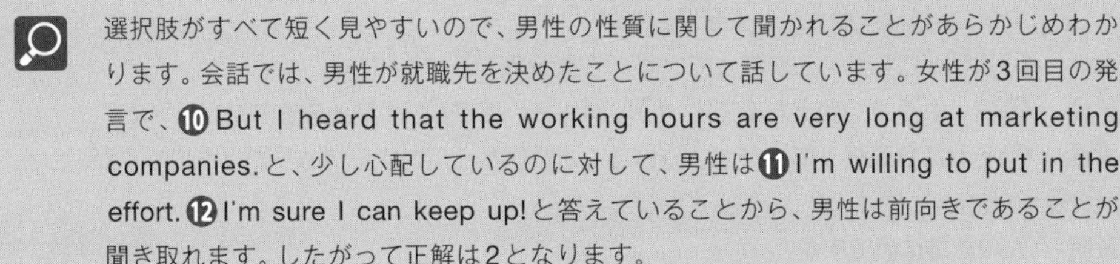

選択肢がすべて短く見やすいので、男性の性質に関して聞かれることがあらかじめわかります。会話では、男性が就職先を決めたことについて話しています。女性が3回目の発言で、⑩ But I heard that the working hours are very long at marketing companies. と、少し心配しているのに対して、男性は⑪ I'm willing to put in the effort. ⑫ I'm sure I can keep up! と答えていることから、男性は前向きであることが聞き取れます。したがって正解は2となります。

スクリプト 1-2-50

M: ❶ I've finally found a company where I can work. ❷ I'll be signing the contract tomorrow.

F: ❸ What kind of company is it?

M: ❹ It's a marketing firm that deals with international clients. ❺ I'm excited to talk with people from all over the world.

F: ❻ That sounds interesting. ❼ Do you have any experience working in that field?

M: ❽ No, but I've always been interested in it.

F: ❾ I see. ❿ But I heard that the working hours are very long at marketing companies.

M: ⓫ I'm willing to put in the effort. ⓬ I'm sure I can keep up!

F: ⓭ Well, good luck!

Question: How does the man feel about his new job?

PART 1

男性： ❶ついに就職先を見つけました。❷明日契約書にサインをしに行きます。

女性： ❸どんな会社なんですか？

男性： ❹海外のクライアントと取引しているマーケティング会社です。❺世界中の人たちと話すのが楽しみです。

女性： ❻それは面白そうですね。❼その業界で働いた経験はあるんですか？

男性： ❽いいえ、でもずっと興味があったんです。

女性： ❾そうですか。❿でも、マーケティング会社は労働時間がとても長いそうですよ。

男性： ⓫努力は惜しみません。⓬頑張れると思います！

女性： ⓭それでは、頑張ってください！

質問：男性は新しい仕事についてどのように感じていますか。

❹□ deal with …と取引する ❼□ field 分野 ⓫□ be willing to *do* …するのをいとわない
□ put in the effort 努力をする ⓬□ keep up 屈しない 選択肢2 □ optimistic 楽観的な、前向きな
選択肢3 □ anxious 心配な、不安な 選択肢4 □ indifferent 無関心な

1-2-51

No.51 **1** Change the schedule of a meeting.
2 Stay at the same hotel until Friday.
3 Put her name on the waiting list.
4 Call other hotels to check availability.

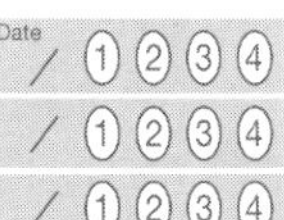

No.51 1 会議の予定を変更する。
2 金曜日まで同じホテルに泊まる。
3 キャンセル待ちリストに名前を入れる。
4 他のホテルに電話して空室を確認する。

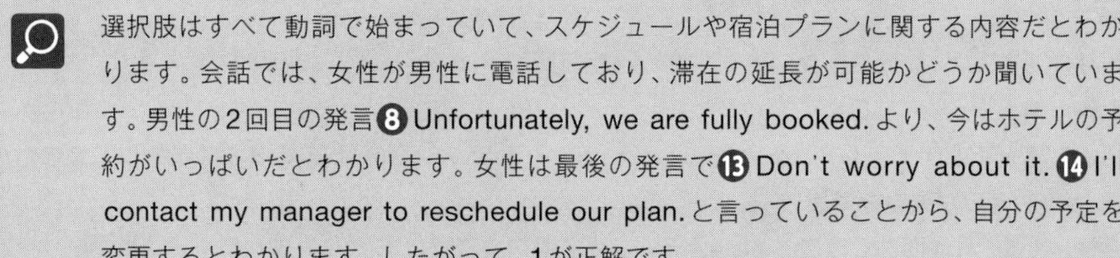

選択肢はすべて動詞で始まっていて、スケジュールや宿泊プランに関する内容だとわかります。会話では、女性が男性に電話しており、滞在の延長が可能かどうか聞いています。男性の2回目の発言❽ Unfortunately, we are fully booked. より、今はホテルの予約がいっぱいだとわかります。女性は最後の発言で⓭ Don't worry about it. ⓮ I'll contact my manager to reschedule our plan. と言っていることから、自分の予定を変更するとわかります。したがって、1が正解です。

スクリプト 1-2-51

F: ❶ Hi. ❷ My name is Patricia Smith. ❸ My reservation number is 2934.
M: ❹ Hello, Ms. Smith. ❺ What can I assist you with?
F: ❻ Is it possible to extend my stay? ❼ I have another business meeting for Friday.
M: ❽ Unfortunately, we are fully booked.
F: ❾ Ah, that's what I thought. ❿ I tried other hotels, but they all said the same thing.
M: ⓫ We're sorry. ⓬ We can tell you if there is a cancellation.
F: ⓭ Don't worry about it. ⓮ I'll contact my manager to reschedule our plan.

Question: What does the woman decide to do?

女性：❶こんにちは。❷パトリシア・スミスです。❸予約番号は2934です。
男性：❹こんにちは、スミス様。❺どのようなご用件でしょうか？
女性：❻宿泊の延長は可能でしょうか？ ❼金曜日にも会議が入ったのですが。
男性：❽申し訳ございませんが、予約でいっぱいです。
女性：❾やはり、そうですか。❿他のホテルにも聞きましたが、どこも同じことを言うんです。
男性：⓫申し訳ございません。⓬キャンセルが出た場合はご連絡いたします。
女性：⓭いいえ、結構です。⓮マネジャーに連絡して予定を変更します。

質問：女性はどうすることにしましたか。

❽□ stay 滞在　⓫□ cancellation （部屋・座席などの）予約の取り消し
⓭□ reschedule …の予定を変更する　選択肢 3 □ waiting list キャンセル待ち名簿
選択肢 4 □ availability 空室状況

 1-2-52

No.52 **1** Follow advice from classmates about his future.
2 Find out about careers other than teaching.
3 Talk to his father about working as a teacher.
4 Let the woman make decisions about his future.

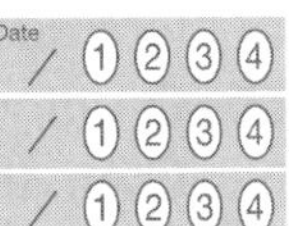

No.52 1 自分の将来についてクラスメートのアドバイスに従う。
2 教師以外のキャリアについて調べる。
3 教師として働くことについて父親に相談する。
4 女性に将来を決めさせてあげる。

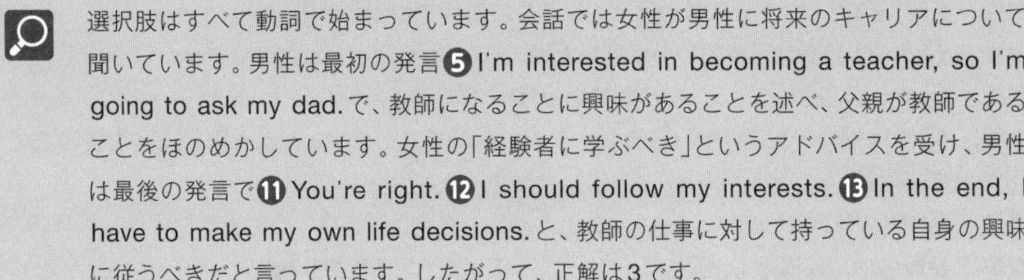

選択肢はすべて動詞で始まっています。会話では女性が男性に将来のキャリアについて聞いています。男性は最初の発言❺ I'm interested in becoming a teacher, so I'm going to ask my dad. で、教師になることに興味があることを述べ、父親が教師であることをほのめかしています。女性の「経験者に学ぶべき」というアドバイスを受け、男性は最後の発言で⓫ You're right. ⓬ I should follow my interests. ⓭ In the end, I have to make my own life decisions. と、教師の仕事に対して持っている自身の興味に従うべきだと言っています。したがって、正解は3です。

スクリプト 1-2-52

F: ❶ Hi, Jack. ❷ I've been thinking about my future career. ❸ Have you thought about yours yet?

M: ❹ Not yet. ❺ I'm interested in becoming a teacher, so I'm going to ask my dad.

F: ❻ Oh, was he a teacher? ❼ I didn't know that.

M: ❽ Yeah, he was. ❾ But my classmates tell me that it will be very difficult so I should look for other possibilities.

F: ❿ I think it's more important to learn from someone with experience, rather than the opinions of students.

M: ⓫ You're right. ⓬ I should follow my interests. ⓭ In the end, I have to make my own life decisions.

Question: What will the man probably do?

女性： ❶やあ、ジャック。❷将来のキャリアについて考えてるんだけど。❸ジャックはもう考えた？

男性： ❹まだだよ。❺教師の仕事に興味があるから、父に聞いてみようと思ってるんだ。

女性： ❻へえ、お父さんは教師だったの？ ❼知らなかった。

男性： ❽うん、そうなの。❾でも、とても難しいからほかの可能性を考えた方が良いとクラスメートには言われた。

女性： ❿私は、生徒の意見より、経験者から学ぶことのほうが大事だと思うよ。

男性： ⓫そうだね。⓬興味があることを追求するべきだよね。⓭結局、自分の人生は自分で決めるしかないから。

質問: 男性はおそらくどうするでしょうか。

⓭□ make a decision 決定する、決断する　□ life decision 人生の決断

1-2-53

No.53 **1** It might fail without hiring new people.
2 It has already hired the necessary people.
3 It is doing well in product sales.
4 It should stop developing new products.

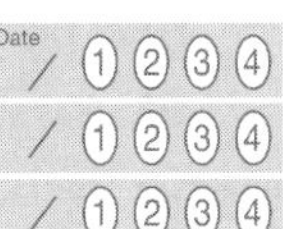

No.53 1 新しい人を雇わないとやっていけないかもしれない。
2 必要な人材はすでに採用した。
3 商品の売り上げは好調だ。
4 新製品の開発をやめるべきだ。

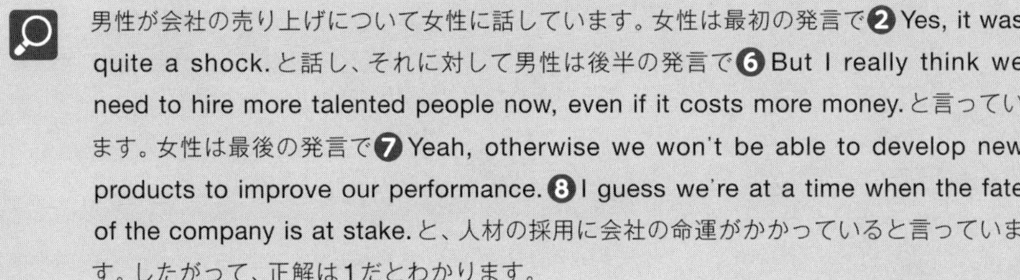

男性が会社の売り上げについて女性に話しています。女性は最初の発言で❷ Yes, it was quite a shock. と話し、それに対して男性は後半の発言で❻ But I really think we need to hire more talented people now, even if it costs more money. と言っています。女性は最後の発言で❼ Yeah, otherwise we won't be able to develop new products to improve our performance. ❽ I guess we're at a time when the fate of the company is at stake. と、人材の採用に会社の命運がかかっていると言っています。したがって、正解は1だとわかります。

郵 便 は が き

料金受取人払郵便

麹町局
承認

1441

差出有効期間
2025年9月
30日まで
(切手不要)

1 0 2 - 8 7 9 0

東京都千代田区　　225
麹町3丁目4番
トラスティ麹町ビル2F

㈱スリーエーネットワーク
愛読者カード係 行

ふりがな お名前		男・女 年 齢 歳
ご住所	〒 E-mail	
ご職業	勤務先 学校名 (専攻など)	

スリーエーネットワーク　sales@3anet.co.jp　https://www.3anet.co.jp/

お買い上げいただき、ありがとうございます。このアンケートは、より良い商品企画のための参考と致しますので、ぜひご協力下さい。ご感想などは広告・宣伝に使用する場合がありますが、個人情報は無断で第三者に提供することはありません。

アンケート

お買い上げになった本のタイトルは？（必須項目）

● **ご購入書店名**

市・区 町・村 ＿＿＿＿ 書店 ＿＿＿＿ 支店

● **本書をどのようにして知りましたか？**

□書店で実物を見て

□新聞・雑誌などの出版物で見て→出版物名＿＿＿＿

□知人のすすめ　□当社からの案内

□当社からのメールマガジン　□当社ホームページ

□当社以外のホームページ→ホームページ名＿＿＿＿

□ネット書店で検索→ネット書店名＿＿＿＿

□その他＿＿＿＿

● **本書のご感想、出版物へのご要望などをお聞かせ下さい**

価　格：□安い（満足）　□相応（まあまあ）　□高い（不満）

カバーデザイン：□良い（目立った）　□普通　□悪い（目立たなかった）

タイトル：□良い（内容がわかりやすい）　□普通　□悪い（内容がわかりにくい）

内　容：□非常に満足　□満足　□普通　□不満　□非常に不満

分　量：□少ない（薄すぎる）□ちょうどいい　□多い（ボリュームがある）

自由にご記入下さい

● **当社の出版物の案内の送付を希望されますか？**

□希望する　□希望しない

ご協力ありがとうございました

スクリプト 1-2-53

M: ❶ Did you hear about the new sales figures?

F: ❷ Yes, it was quite a shock. ❸ Sales were almost half of what they were last month. ❹ I'm sure it will have an adverse effect on recruitment.

M: ❺ I'd be surprised if it doesn't. ❻ But I really think we need to hire more talented people now, even if it costs more money.

F: ❼ Yeah, otherwise we won't be able to develop new products to improve our performance. ❽ I guess we're at a time when the fate of the company is at stake.

Question: What is the woman's opinion about the company?

男性: ❶最新の売上高について聞きましたか？

女性: ❷ええ、かなりショックでした。❸売上は先月のほぼ半分でしたよね。❹採用にも悪影響が出るでしょう。

男性: ❺そうでなければ驚きです。❻でも、たとえお金がかかっても、今は優秀な人材をもっと採用する必要があると思います。

女性: ❼そうですね、そうしないと業績を上げるための新製品を開発できませんから。❽今は会社の命運がかかっている時期なんでしょうね。

質問: 女性は会社についてどう考えていますか。

❶□ sales figures 売上高　❹□ have an effort on …に影響を及ぼす　□ adverse 不利な
□ recruitment 新入社員募集　❼□ improve …を向上させる　□ performance 業績
❽□ fate 運命　□ at stake 危うくなって

PART 2

内容一致問題

Unit 1 …… チャレンジしよう！

Unit 2 …… 練習しよう！

アイコン一覧

解説

和訳

語注

構造解析

正解

Unit 1 チャレンジしよう！

2-1-1 ～ 2-1-3

(A)

No.1
1 They are able to make paintings.
2 They are smarter than most monkeys.
3 They can sense when they are unclean.
4 They can identify themselves in a mirror.

No.2
1 Elephants can remember people who raised them.
2 Elephants communicate about dangerous people.
3 Elephants can differentiate humans by speech.
4 Elephants are more comfortable around men.

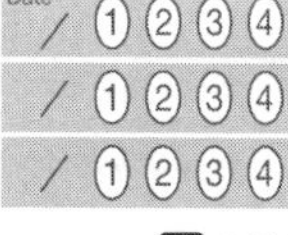

P.154

(B)

No.3
1 Holding back concerns is healthy.
2 Arguing daily can improve communication.
3 Fighting can lead to mutual understanding.
4 Disagreeing frequently leads to violence.

No.4
1 It helps couples learn from past mistakes.
2 It reduces the number of fights.
3 It lets couples forget about the issue.
4 It leads to more productive conversations.

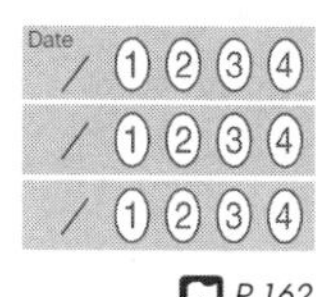

P.162

(C)

No.5 **1** She was the first female chemist.
2 She discovered artificial radioactivity.
3 Her husband was a professor in France.
4 Her daughter became a Nobel Prize winner.

No.6 **1** She was eager to educate young people.
2 She wanted to honor her husband's memory.
3 She needed new equipment to isolate radium.
4 Her old laboratory was damaged in an accident.

P.170

(A)

No.1
1 They are able to make paintings.
2 They are smarter than most monkeys.
3 They can sense when they are unclean.
4 They can identify themselves in a mirror.

No.2
1 Elephants can remember people who raised them.
2 Elephants communicate about dangerous people.
3 Elephants can differentiate humans by speech.
4 Elephants are more comfortable around men.

先読み

まず、選択肢の全体に目を通します。どちらの問題も、選択肢の主語がすべて統一されていることがわかります。No.1の「彼ら」とNo.2の「ゾウ」は同じものを指しているのだろうか、と想像することもできますが、この時点では、同じものを指しているかどうかは確定できません。Theyが何を指すかに関しては頭の中で保留にしておきましょう。

No.1の1から目を通します。このとき、文章を正確に捉える必要はありません。先読みでは以下のようなぼんやりとした理解で十分です。

1. 彼らは絵を描くことができる。
2. 彼らはサルより賢い。
3. 彼らはuncleanであることをsenseすることができる。
4. 彼らは鏡のなかの自分自身をidentifyできる。

もちろん、この読み方は一例ですので、わからなくても、そこに出ている単語を一通りなぞるように眺めておきましょう。音声を聞いている中でピンとくることがあります。

さて、No.1に少し目を通すと、Theyの指すものは絵を描いたり、サルより賢かったり、何かをsenseしたりidentifyしたりするので、ひょっとしたら、「動物」で「Elephants」ではないかと考えることができるかもしれませんね。

No.2は主語が「ゾウ」で統一されているので、この音声が「ゾウ」に関してのものだとほぼ確信することができます。

1. ゾウは育ててくれた人を覚えている。
2. ゾウは危険な人物についてcommunicateする。
3. ゾウはスピーチによって、人間を見分ける。
4. ゾウは男性の周りでcomfortableである。

これがなんとなくの訳です。ここまで理解できるのが理想ですが、できなくても初めは出ている主語をざっと目に触れさせ、動詞は違うことを確認しておく程度でよいでしょう。

この2問の選択肢はすべて覚えておく必要はありません。Part 1同様、4つの選択肢のうち正解はたった一つで、残りの3つはすべて「間違い選択肢」だからです。選択肢をすべて覚えることに大切な時間と労力を割いていたのでは、音声を聞く際の妨げになります。先読みは、選択肢すべてに共通する情報を拾い、音声を聞く準備のために行います。

選択肢に目を通すことで、これから流れてくる会話の音声は「ゾウの能力(ゾウができること)」に関するものかもしれないと予想することができたら、そのあとのリスニングが少し楽になることでしょう。

2-1-1

Elephant Intelligence

❶ Elephants have the largest brain of all land animals, and their behavior proves their intelligence. ❷ For one, they are among the few animal species that pass the mirror test. ❸ In this test, the animal is marked with paint on a body part it cannot see and is then placed near a mirror. ❹ If the animal touches the mark, researchers believe it understands the image in the mirror is its reflection. ❺ Besides elephants, only some apes and dolphins have passed.

❻ Another experiment discovered that elephants can recognize different human languages. ❼ Researchers played recordings of two African men speaking in their own languages. ❽ The first man's ethnic group is known for killing elephants. ❾ Elephants only reacted fearfully after hearing the first man speak. ❿ In addition, the elephants did not react to recordings of women, as men are more likely to hunt them. ⓫ This suggests they can also recognize human gender.

No.1 What does the speaker say about elephants?

No.2 What did researchers conclude from the recording experiment?

問題

パラグラフ 1

この音声がゾウに関する説明だとわかる部分です。

❶リスニングの音声の流れについていくポイントは、とにかく「主語」と「動詞」を確定することです。この1文目の音声を何度も聞いてみてください。最初に何が聞こえますか？ Elephantsと聞こえますね。Elephantsは名詞なので、この文の主語は「ゾウ」です！　次に動詞を確定しましょう。動詞はhaveです。

ちなみに❶の文は、真ん中あたりにコンマがあって、その次にandが続いています。この文は「主語」と「動詞」が2セットあり、それを接続詞のandでつないでいる「重文」だと考えることができます。先ほど、一つ目の主語はElephantsだと確定しました。その主語の動詞はその次のhaveです。つまり、「ゾウは、持っている」がandの前のかたまりの意味、そして、andの後ろの主語はtheir behavior（彼らの行動）で、動詞はproves（証明する）、つまり「彼らの行動が証明している」が後半部分の意味だとわかります。この「主語」と「動詞」の解釈に「目的語」を加えて、「ゾウは大きな脳みそを持っていて、ゾウの行動はゾウの頭がいいことを証明する」と理解しましょう。

もし、この解釈がしっくりこない学習者は、「一度日本語で理解してから、音声を何回も聞いて、何回も英語の構文を頭に刻み付けながら、自分の声でリピートを繰り返す」というトレーニング方法をお勧めします。

❷この文の主語は何でしょうか？　最初に聞こえる音がforなので、リスニングを苦手としている人は戸惑ってしまうかもしれません。For one（一つには）の部分は、構文の要素としては重要視しません。主語のtheyは前の文の内容に引き続いているので、「ゾウが主語である」と、主語をぶらさずに一文ずつ「ゾウが、」と意識しながら最後まで進みましょう。この文でも「ゾウは、ミラーテストをパスする数少ない種なのだ」と理解しましょう。「ゾウ」が主語であるという大前提のもとで音声を聞いていくと、この文章全体の展開を追いやすくなるでしょう。さて、「ミラーテスト」って、いったい何なのでしょうか？

❸「ミラーテスト」について注意を向けると、その次の文でしっかりと「ミラーテスト」について説明してくれます。In this test,（このテストにおいては）で文が始まりますが、主語はelephantsではなくthe animalとあります。ただ、内容的にはミラーテストの実験動物全般を指していると解釈できますが、そこに「ゾウ」が含まれていることには変わりないため、少し主語が変わっても慌てる必要はありません。主語はthe animalで、動詞の一つ目はis marked、二つ目はis placedです。つまり、文全体は、「ミラーテストでは、ゾウは自分では見られない印を付けられ、鏡の前に連れていかれる」という意味です。（→P.161参照）

❹この文では主節の主語が初めて、ゾウ以外のthe researchers（研究者）となります。If節の主語はthe animal＝ゾウ（を含む実験動物）のままです。動詞はtouchesで、主 （次頁に続く）

(前頁の続き) 節の動詞はbelieveとなります。「もし、ゾウがその印に触れれば、研究者は信じる」という意味になります。研究者が信じる内容は、believe以下の節です。(ここの主語のitもゾウです)「ゾウが鏡に映った自分を認識するという内容を研究者たちは信じることができる」と言っています。主語は「研究者」になりましたが、話の中心はずっと「ゾウ」ですよね。

No.1の答えはここからわかります。先ほど先読みのときにイメージした「彼らは鏡の中の自分自身をidentifyできる」という内容があてはまります。ただ、設問はまだ聞こえているわけではないので、正解の確定ができるわけではありません。

❺主節の主語はonly some apes and dolphinsですが、besidesを使った前置詞句「ゾウ以外には」で始まっているので、受験者は「ゾウ」に集中したまま聞き続けることができます。「ゾウ以外では、apesとdolphinsだけがパスできた」とあります。「パス」するものはこの前の部分に出てきたミラーテストなので、ここではapesとdolphinsは知能の高い動物として例示されているとわかりますね。

パラグラフ 2

別の実験の方法と結果について述べている部分です。最初の3文の主語は「ゾウ」ではありませんが、話の中心は「ゾウ」であることを意識して、引き続き主語を認識しながら聞いていきましょう。

❻主語はanother experiment（もう一つの実験）、動詞はdiscoveredです。ここを「もう一つの実験によると」と解釈してthat節の中を見ると、主語はelephantsで動詞はcan recognizeだとわかります。ミラーテストに続いてもう一つの実験を紹介し、ゾウの知性について説明しています。「ゾウは異なる言語について認識できることがわかった」と言っています。

❼実験方法について「研究者が2人のアフリカ人の発言を録音したものを再生した」とあります。

❽実験の背景について説明しています。主語は「最初の男性のグループ」です。「この男性の民族はゾウを殺すことで知られている」とあります。

❾主語はelephantsで、「ゾウ」が実験にどのように反応したかについて述べています。「ゾウがゾウを殺すとされている民族の声を聞いたときに、恐れの反応を示した」とあり、ゾウの知能を証明できる結果が得られたことを示唆しています。

❿もう一つ、ゾウの知能を証明する結果として、「ゾウが女性の声に反応しなかった」とあり、その理由として、「男性の方がゾウを狩る傾向にあるから」と述べています。 (つ)

⑪前の文を受けて、this（この実験結果）が主語で、suggests（示している）が動詞です。「この実験が示すことは」と解釈しましょう。続く節の主語はthey（ゾウ）で、動詞はcan recognize（見分ける）です。話の中心はずっと「ゾウ」であることを意識しておきましょう。「この実験ではゾウが人間の性別を理解できることが示される」と言っています。

ここでNo.2の解答が明らかになります。先読みのときにイメージした「ゾウはスピーチ（＝話し方）によって人間を見分ける」という内容があてはまります。しかし、設問を聞くまで解答は確定できません。

このあとに設問の音声が流れますが、以上の内容をしっかりと頭の中にイメージできていれば、設問を聞き、正解がわかった瞬間に誤答選択肢の可能性は自然と消えることになるでしょう。

スクリプト 2-1-1

Elephant Intelligence

❶Elephants have the largest brain of all land animals, and their behavior proves their intelligence. ❷For one, they are among the few animal species that pass the mirror test. ❸In this test, the animal is marked with paint on a body part it cannot see and is then placed near a mirror. ❹If the animal touches the mark, researchers believe it understands the image in the mirror is its reflection. ❺Besides elephants, only some apes and dolphins have passed.

❻Another experiment discovered that elephants can recognize different human languages. ❼Researchers played recordings of two African men speaking in their own languages. ❽The first man's ethnic group is known for killing elephants. ❾Elephants only reacted fearfully after hearing the first man speak. ❿In addition, the elephants did not react to recordings of women, as men are more likely to hunt them. ⓫This suggests they can also recognize human gender.

No.1 What does the speaker say about elephants?

1 They are able to make paintings.
2 They are smarter than most monkeys.
3 They can sense when they are unclean.
4 They can identify themselves in a mirror.

No.2 What did researchers conclude from the recording experiment?

1 Elephants can remember people who raised them.
2 Elephants communicate about dangerous people.
3 Elephants can differentiate humans by speech.
4 Elephants are more comfortable around men.

ゾウの知能

❶ゾウは陸上動物の中で最大の脳を持ち、その行動が知能の高さを証明している。❷例えば、ゾウはミラーテストに合格する数少ない動物である。❸このテストでは、動物は絵の具で体の見えないところに印を付けられて鏡の近くに連れてこられる。❹もし動物がその印に触れたら、鏡に映った像を自分の姿だと理解していると研究者は考えている。❺ゾウの他には、一部の類人猿とイルカだけが合格している。

❻別の実験では、ゾウが人間の異なる言語を識別できることが明らかになった。❼研究者は、2人のアフリカ人男性がそれぞれの言語で話している録音を再生した。❽最初の男性の民族はゾウを殺すことで知られている。❾ゾウが怖がる反応をしたのは、最初の男性が話すのを聞いたあとだけだった。❿加えて、ゾウは女性の声の録音には反応しなかったが、それは、男性の方がゾウを狩る可能性が高いからだ。⓫このことは、ゾウが人間の性別も識別できることを示唆している。

PART 2

No.1 話し手はゾウについて何と言っていますか。

1 絵を描くことができる。
2 ほとんどのサルよりも賢い。
3 ゾウは自分が汚れているときにわかる場合がある。
4 鏡で自分の姿を確認できる。

No.2 研究者は録音実験から何を結論付けたか。

1 ゾウは自分を育ててくれた人を覚えている。
2 ゾウは危険な人間についてコミュニケーションを取る。
3 ゾウは話し方によって人間を区別できる。
4 ゾウは男性の近くにいる方が落ち着く。

❷□ for one 例えば ❹□ reflection 像 ❺□ ape 類人猿 ❽□ ethnic group 民族
❾□ react 反応を示す □ fearfully 怖がって No.2 選択肢3 □ differentiate …を区別する

❸ In this test, the animal (S) is marked (V₁) with paint on a body part (it (S′) cannot see (V′)) and is (V₂~) then placed (~V₂) near a mirror.

(B)

No.3
1 Holding back concerns is healthy.
2 Arguing daily can improve communication.
3 Fighting can lead to mutual understanding.
4 Disagreeing frequently leads to violence.

No.4
1 It helps couples learn from past mistakes.
2 It reduces the number of fights.
3 It lets couples forget about the issue.
4 It leads to more productive conversations.

先読み

問題2問のうち、片方の選択肢の主語はすべて違う動詞のingの形、もう一方は選択肢の主語がすべて統一されていることがわかります。主語がすべて同じパターンよりも、No.3のように主語が違うほうが少し先読みに時間がかかるかもしれません。ここは主語を「～すること」と理解しましょう。「Holdingすること」「Arguingすること」「Fightingすること」「Disagreeingすること」などです。

No.3の1から目を通してみましょう。慣れないうちは、以下のイメージができるように練習してみましょう。

1. Holdingすること は健康。
2. Arguingすることはimproveできる。
3. Fightingすることは導くことができる。
4. Disagreeingすることは導く。

もちろん文章をすべて正確に捉える必要はありません。難しい場合は、目をさっと走らせてどのような単語があるかだけでも見ておきましょう。慣れている人でも、次のレベルまで読み取れれば、先読みとしては十分です。

1. 心配事を言わないほうが健康。
2. 毎日議論するとコミュニケーションが良くなる。
3. けんかをすると理解できるようになる。
4. いつも反論していると暴力につながる。

また、No.4は主語がItで統一されています。Itの指すものが何かは今のところわかりませんが、それは保留にしたまま、動詞以下を理解しましょう。

1. それにより過去の失敗から学べる。
2. それはけんかを減らす。
3. それにより問題を忘れることができる。
4. それにより会話が生産的になる。

このように選択肢に目を通すことで、全体的に「学べる」「けんかを減らす」「問題を忘れる」「生産的になる」など、「良くなる」意味合いの選択肢が並んでいることがわかりました。これから流れてくる会話の音声は、「何かによって、何かが改善される方向性で話が進む」のかもしれないと予想できたら、リスニングを有利に進めることができるでしょう。

4つの選択肢の内容は一回頭の中にイメージできたら、ずっと覚えておく必要はありません。先読みをするのは、誤答選択肢を覚えておくためではないからです。イメージに合ったものが音声を聞いている際に出てきたら、それが正解だと確定しましょう。「正しい答えが光る」ことが目標です。

2-1-2

Healthy Fights in Relationships

❶ Violence and verbal abuse are bad in any relationship. ❷ However, it is normal for couples to fight. ❸ Typical arguments are about differences in opinion and behavior. ❹ Psychologists say fighting gives partners a chance to communicate and learn about each other. ❺ In fact, one study found that married couples who avoided conflict lived shorter lives than those who could voice their negative feelings. ❻ They say that the quality of the arguments is more important than the frequency.

❼ Luckily, psychologists offer a few tips to make fights more constructive. ❽ Most disagreements happen suddenly and can escalate easily. ❾ Instead, they recommend saving the fight for later. ❿ This method also gives people time to analyze their feelings first, promoting a calmer discussion and better problem solving. ⓫ In addition, they say fighting is not only about expressing oneself well, but also being a good listener. ⓬ Repeating your partner's message back to them can help clarify misunderstandings.

No.3 What do experts claim about conflict between couples?

No.4 Why do experts suggest delaying discussions?

問題

パラグラフ 1

この音声がけんかに関する説明だとわかる段落です。

❶リスニングの基本、「主語」と「動詞」を確定することに努めて聞きましょう。主語はViolence and verbal abuseと聞こえます。動詞はareです。このように動詞がbe動詞の場合、構文は第2文型のSVCになることがあります。そのあとに続く名詞もしくは形容詞は補語となり、S＝Cの関係となります。areのあとには形容詞のbad（悪い）が続いています。in any relationshipは前置詞句で単なる修飾語なので、文の形としてはあまり重要視する必要はありません。

Violenceは「暴力」verbal abuseは「言葉の暴力」ですが、正確に意味がわからなくても、「暴力と何かはどんな関係においても良くない」と、文法的な形で理解しておいても構いません。（→P.169参照）

❷最初に出てくる単語はHoweverですが、これは「接続副詞」ですので、主語ではありません。「しかし」と、前の文から逆接の内容が続きます。さて、この文の主語はitとなりますが、形式主語ですので、これが指すものはこの文の最後のto fight（けんかをすること）です。itが主語、動詞はisで、1文目と同様にSVCの2文型ですね。ここでもC（補語）は形容詞です。for couplesは前置詞句であり、修飾語です。S＝Cですので、「それはノーマルだ」となります。文全体では「しかし、カップルにとって、けんかをするのはノーマルだ」と理解しましょう。1文目で「暴力と何かは」と一時保留にした主語は、この2文目でto fight（けんかをすること）とまとめられたようですね。

❸「主語を追いかける」という点に関していうと、この英文は主語が毎回変わるように感じて難しく聞こえるかもしれません。しかし、ここでもめげずに主語を確認しましょう。Typical arguments とはそもそも何でしょう？「典型的な議論」と直訳するとわからなくなってしまうかもしれません。「よくあるけんか」程度の、やわらかい意味合いのこなれた表現に変えて捉えられるといいですね。in opinion and behaviorもやや難しいので、「意見や態度における」という意味がすぐに出てこなければ、「考えと行動の中の」程度の理解で構いません。「よくあるけんかは意見が違ってしまうことについてだ」と理解しておきましょう。

❹主節の主語はPsychologistsです。「心理学者」とすぐに理解できるでしょうか。もしわからなくても、「ナントカ学者」程度に理解しておきましょう。Psychologists sayで、「学者が言うには」です。sayのあとに続く節の主語はfightingで動詞はgivesです。「けんかはパートナーにコミュニケートして、学ぶチャンスを与える」という意味になります。

No.3の答えはここがヒントになります。先読みの際の「けんかをすると理解できるようになる」のイメージがあてはまります。

（次頁に続く）

PART 2

（前頁の続き）❺In factで始まりますが、前置詞句ですのでこれは主語ではありません。「実際は」という意味です。主節の主語はone studyで、動詞はfoundです。「研究によると」と理解し、研究の内容についてthat節内を見てみましょう。that節内の主語はmarried couples（who avoided conflict）で、動詞はlivedです。目的語はshorter livesなので、lived（動詞）とlives（名詞）が両方あり、ややこしいですね。「衝突を避けた夫婦」と「ネガティブな感情をvoiceに出せた人たち」を比較し、「前者はshorter livesを生きた」とあります。二つ目のwhoのあとのvoiceは「声」という名詞ではなくて、「…を声に出す」という意味の動詞です。who以降で修飾している内容を踏まえて全体を簡潔に考えると、「衝突を避けた夫婦は、ネガティブな感情を声に出した夫婦よりも短い人生を生きた、という研究がある」と解釈できますね。

❻この文の主語はTheyです。一般的な人々を指して「～と言われている、～だそうだ」の意味になりますが、この文章の場合、❹の「心理学者」や❺の「研究」をした研究者を指していると考えることができそうです。that節中の主語はthe quality of the argumentsで、動詞はisです。「けんかの質はけんかの頻度よりも大事だそうだ」と解釈しておきましょう。

パラグラフ 2

この段落では、けんかをすることの良い点について話しています。

❼Luckilyで始まっていますので、けんかに関する何かラッキーな良い展開が期待できそうですね。主語は❹に出てきたpsychologists（心理学者）で、動詞はoffer、目的語はa few tipsです。to以下は「～のために」と、解釈しておきましょう。「心理学者が、けんかをもっとconstructive（建設的）にするいくつかのコツを提供してくれる」constructiveの意味がわからなくても、「けんかを～にするコツ」なので、なんとなく「良くする」とわかれば、解釈上特に問題はありません。

❽主語はMost disagreements「ほとんどの（意見の）くい違いは」で、動詞はhappen（起こる）とcan escalate（エスカレートし得る）です。「ほとんどの意見の相違は突然起こり、悪化する」と、けんかの性質について述べています。

❾主語はtheyで、❼の心理学者のことだと考えられるでしょう。前の文で「ほとんどの意見の相違は突然起こり、悪化する」と言っているのを受けてInsteadで始まっていることから、「そうではなくて、そのかわり」と、代替案や解決案を示していると予想することができます。

❿主語はThis methodですので「このメソッド」、つまり「けんかを後回しにする方法」です。動詞はgives、目的語はpeopleとtimeで、「人々に時間を与える」。コンマに続く （次）

promoting以降は分詞構文で「そしてpromotingする」と解釈しましょう。promoting（促進する）する内容は、「より穏やかなディスカッション」と、「よりよい問題解決」です。つまり、「けんかを後回しにする方法をとれば、夫婦は自分たちのフィーリングを分析する時間を与えられ、そして、穏やかな話し合いと問題解決ができる」という意味になります。

⓫In additionで始まっているので、けんかすることに関する、追加の情報が与えられると予想しましょう。主語はtheyなので心理学者です。they sayのあとの節の主語はfighting（けんかをすること）で、動詞はisです。not only A but also B（Aだけでなく、むしろB）の構文ですので、「けんかをすることは自分自身を表現するだけでなくて、むしろ、良い聞き役になることでもあると言っている」となりますが、これはどのような意味でしょうか。

⓬前の文で出てきた「良い聞き役になること」の具体的な例が挙げられています。主語がrepeating your partner's message back to themですので、「けんかしているパートナーが言いたいことを繰り返すこと」と解釈しましょう。英語の意味を取り違えたまま直訳して「けんか相手に言い返すこと」と理解してしまうと、さらに誤解を生んでしまうので、注意しましょう。前の文からのつながりで、この文が「良い聞き役になること」の例を挙げていると意識できていれば、そのような意味の取り違えは防げます。けんかしているパートナーの言いたいことを「あなたはこういう意味で言っているんだよね？」と繰り返してあげる、ということです。「言いたいことを繰り返してあげることで、誤解を明らかにすることの助けとなる」と締めくくっています。

この後半全体からNo.4の解答が明らかになっています。先読みした「会話が生産的になる」のイメージがあてはまります。

このあとに設問の音声が流れますが、内容をしっかりと頭の中にイメージできていれば、解答は難しくはないでしょう。

スクリプト 2-1-2

Healthy Fights in Relationships

❶Violence and verbal abuse are bad in any relationship. ❷However, it is normal for couples to fight. ❸Typical arguments are about differences in opinion and behavior. ❹Psychologists say fighting gives partners a chance to communicate and learn about each other. ❺In fact, one study found that married couples who avoided conflict lived shorter lives than those who could voice their negative feelings. ❻They say that the quality of the arguments is more important than the frequency.

❼Luckily, psychologists offer a few tips to make fights more constructive. ❽Most disagreements happen suddenly and can escalate easily. ❾Instead, they recommend saving the fight for later. ❿This method also gives people time to analyze their feelings first, promoting a calmer discussion and better problem solving. ⓫In addition, they say fighting is not only about expressing oneself well, but also being a good listener. ⓬Repeating your partner's message back to them can help clarify misunderstandings.

No.3 What do experts claim about conflict between couples?

1 Holding back concerns is healthy.
2 Arguing daily can improve communication.
3 Fighting can lead to mutual understanding.
4 Disagreeing frequently leads to violence.

No.4 Why do experts suggest delaying discussions?

1 It helps couples learn from past mistakes.
2 It reduces the number of fights.
3 It lets couples forget about the issue.
4 It leads to more productive conversations.

人間関係における健全なけんか

❶暴力や暴言はどんな関係においても良くない。❷しかし、カップルがけんかをするのは普通のことだ。❸典型的な口論は、意見や行動の違いについてである。❹心理学者によれば、けんかはパートナーにコミュニケーションを取り、互いについて学ぶ機会を与えるという。❺実際、ある研究によれば、争いを避ける夫婦は、否定的な感情を言葉で表せる夫婦よりも短命であった。❻彼らは、けんかの頻度よりもけんかの質の方が重要だと言う。

❼幸いなことに、心理学者はけんかをより建設的なものにするためのヒントをいくつか提示している。❽意見の相違のほとんどは突然生じ、簡単に悪化する。❾そうはせずに、けんかは後回しにすることを勧めている。❿この方法をとれば、まず自分の感情を分析する時間が与えられ、冷静な話し合いとより良い問題解決が促進される。⓫さらに、けんかとは自分をうまく表現するだけでなく、聞き上手になることでもあるという。⓬相手のメッセージを繰り返して相手に返すことで、誤解を解くことにつながる。

PART 2

No.3 夫婦間の衝突について、専門家はどのように主張していますか。

1 懸念を我慢することは健康的である。
2 日々の口論はコミュニケーションを改善する。
3 けんかは相互理解につながる。
4 意見の相違はしばしば暴力につながる。

No.4 なぜ専門家は話し合いを後回しにすることを勧めていますか。

1 夫婦が過去の過ちから学ぶのに役立つ。
2 けんかの回数が減る。
3 夫婦がその問題を忘れることができる。
4 より生産的な会話につながる。

❶☐ verbal abuse 暴言　❹☐ psychologist 心理学者　❺☐ voice …を言葉に表す
❼☐ tip (ためになる)助言　☐ constructive 建設的な　❽☐ disagreement 意見の相違
☐ escalate 悪化する、拡大する　⓬☐ clarify …を明らかにする
No.4 選択肢 4 ☐ productive 生産的な

❶ Violence and verbal abuse (S) are (V) bad (C) in any relationship.

(C)

No.5
1 She was the first female chemist.
2 She discovered artificial radioactivity.
3 Her husband was a professor in France.
4 Her daughter became a Nobel Prize winner.

No.6
1 She was eager to educate young people.
2 She wanted to honor her husband's memory.
3 She needed new equipment to isolate radium.
4 Her old laboratory was damaged in an accident.

先読み

どちらの問題も、選択肢の主語は一見統一されていないように見えます。しかし、すべての選択肢がSheもしくはHerで始まっていますね。ここから、主題は「女性」もしくは「女性に関する何か」だということがわかります。

No.5の1から目を通してみましょう。

1. 彼女は女性で最初のchemistだ。
2. 彼女は人工のradioactivityを発見した。
3. 彼女の夫はフランスで教授をしていた。
4. 彼女の娘はノーベル賞受賞者となった。

No.6も主語はSheもしくはHer で始まっています。Herで始まっている選択肢4の主語はHer old laboratory「彼女の古い研究室」ですね。

1. 彼女は若い人々を教育するのに熱心だった。
2. 彼女は夫の功績を称賛したかった。
3. 彼女はradium〈ラジウム〉をisolate〈…を分ける〉する装置が必要だった。
4. 彼女の古い研究室は事故でダメージを受けた。

先読みとしてはこの程度で十分です。これから音声を聞くにあたって、主題である女性の話なのか、彼女の身内の誰かの話なのか注意して聞き分けようという意識が持てればよいでしょう。選択肢にはもちろん誤答選択肢も含まれているので、選択肢をすべて覚えておく必要はありません。8つの選択肢の内容は、先読みの際に頭の中に一度イメージしておけば、あとで設問を聞いたときにひらめくように正解に結びつきます。

8つの選択肢に出てくる単語から、何か、歴史的な人物の説明だということが想像できそうです。

2-1-3

Marie Curie and her Laboratory

❶ Marie Curie was a physicist and chemist who conducted groundbreaking research on radioactivity with her husband, Pierre Curie. ❷ The first woman to receive a Nobel Prize, she was later awarded a second one. ❸ Marie Curie was also the first female professor at the University of Paris. ❹ Moreover, her daughter Irene received a Nobel Prize for discovering artificial radioactivity.

❺ Not having a proper laboratory, Marie and Pierre conducted their research in a small shed which had unsuitable conditions. ❻ After the couple received the Nobel Prize, they were promised access to a new laboratory in a few years, but Pierre died in an accident before that could happen. ❼ Marie Curie was determined to build a world-class laboratory as a memorial to her husband, which she was eventually able to do. ❽ It was called the Radium Institute, and it was there that she succeeded in isolating radium.

No.5 What does the speaker say about Marie Curie?

No.6 Why did Marie Curie decide to build a laboratory?

問題

パラグラフ 1

この段落ではマリー・キュリーという人物の説明をしています。

❶「主語」と「動詞」を確認しながら音声を理解していきましょう。「主語」は文の一番初めに出てくる名詞です。最初に出てくる単語Marie Curieは人物名で主語です。動詞はbe動詞wasなので、SVCの第2文型となり、補語は名詞のphysicistとchemistです。この二つの単語は「～学者」を意味します。つまり「マリー・キュリーは、物理学者で化学者だった」と言っています。physicistとchemistの意味がわからなくても、続くwho以降で「radioactivityに関して革新的な研究を行った」とあるので、何か理系の学者だとわかれば十分でしょう。また、前置詞withに続き、her husband, Pierre Curieとあるので、研究は夫であるピエール・キュリーと一緒に行っていたとわかります。（→P.175参照） （ひ）

❷前半のThe first woman to receive a Nobel Prize,までは分詞構文で、「ノーベル賞を受賞した最初の女性であり、」という意味ですので、この文の主語はsheです。「彼女は後に二つ目(のノーベル賞)も受賞した」と言っています。

❸今度の主語はMarie Curieです。動詞はwasで、「マリー・キュリーはパリ大学初の女性教授でもあった」と言っています。

❹Moreoverで始まり、her daughter Ireneが主語になります。動詞はreceivedで、目的語はa Nobel Prizeです。「彼女の娘もartificial radioactivityを発見したことでノーベル賞を受賞した」とあり、マリー・キュリーの夫が研究者であったという❶の内容に続き、娘も研究者であったことがわかります。

ここで、先読みの際の「娘がノーベル賞受賞者だった」というイメージに引っかかります。No.5の解答を導くことができますね。

パラグラフ 2

マリー・キュリーと夫がどのような場所で研究していたかについて述べられています。

❺ここでも前半は分詞構文です。「正式な研究所はなかったので(なかったけれども)」で始まり、主語はMarie and Pierre、動詞はconductedです。「正式な研究室を持っていなかったので、マリーとピエールは良くない環境の小屋で研究を行った」と解釈しましょう。

❻この文の主語はtheyですが、theyが指すものは前の文と同じくマリーとピエールです。Afterで始まる前半部分の「ノーベル賞を受賞したあとに」で文を修飾していて、「彼らは数年後の新しい研究室へのアクセスを約束されていたが、ピエールはその前に事故で亡くなった」とあります。

❼主語はMarie Curieで、動詞はwas determinedです。前の文の夫が亡くなったという内容を受けて、「マリー・キュリーは夫の記憶を留めるため世界クラスの研究所を作ることを決心した」とあります。「それは最終的に達成できた」ようです。ここで、彼女が研究所を作ろうとした目的は「夫の記憶を留めるため」だとわかり、先読みの「夫の功績を称賛したかった」と内容が重なります。これが、No.6の解答の手がかりとなります。

❽主語はItで、called以降の形から、Itは前の文の「マリーの作った研究所」だとわかります。「その研究所はRadium Instituteと呼ばれ、彼女はまさにそこでラジウムの抽出に成功した」と言っています。

スクリプト 2-1-3

Marie Curie and her Laboratory

❶Marie Curie was a physicist and chemist who conducted groundbreaking research on radioactivity with her husband, Pierre Curie. ❷The first woman to receive a Nobel Prize, she was later awarded a second one. ❸Marie Curie was also the first female professor at the University of Paris. ❹Moreover, her daughter Irene received a Nobel Prize for discovering artificial radioactivity.

❺Not having a proper laboratory, Marie and Pierre conducted their research in a small shed which had unsuitable conditions. ❻After the couple received the Nobel Prize, they were promised access to a new laboratory in a few years, but Pierre died in an accident before that could happen. ❼Marie Curie was determined to build a world-class laboratory as a memorial to her husband, which she was eventually able to do. ❽It was called the Radium Institute, and it was there that she succeeded in isolating radium.

No.5 What does the speaker say about Marie Curie?

1 She was the first female chemist.
2 She discovered artificial radioactivity.
3 Her husband was a professor in France.
4 Her daughter became a Nobel Prize winner.

No.6 Why did Marie Curie decide to build a laboratory?

1 She was eager to educate young people.
2 She wanted to honor her husband's memory.
3 She needed new equipment to isolate radium.
4 Her old laboratory was damaged in an accident.

マリー・キュリーと彼女の研究所

❶マリー・キュリーは、夫のピエール・キュリーとともに放射能に関する革新的な研究を行った物理学者、化学者である。❷女性として初めてノーベル賞を受賞し、のちに二度目の受賞も果たした。❸マリー・キュリーはパリ大学初の女性教授でもあった。❹さらに、娘のイレーヌは人工放射能の発見でノーベル賞を受賞した。

❺マリーとピエールは適切な研究室を持たず、条件の悪い小さな小屋で研究を行った。❻二人がノーベル賞を受賞した後、数年後に新しい研究室を使えることが約束されたが、それが実現する前にピエールが事故で亡くなった。❼マリー・キュリーは夫の記憶を留めるものとして、世界屈指の研究所を建設することを決意し、後にそれは実現した。❽その研究所はラジウム研究所と呼ばれ、彼女はそこでラジウムの抽出に成功した。

No.5　マリー・キュリーについて、話し手は何と言っていますか。

1　最初の女性化学者だった。
2　人工放射能を発見した。
3　夫はフランスで教授をしていた。
4　彼女の娘はノーベル賞を受賞した。

No.6　マリー・キュリーはなぜ研究所を作ろうと思ったのですか。

1　若者の教育に熱心だった。
2　夫の功績を称えたかった。
3　ラジウムを抽出するために新しい装置が必要だった。
4　彼女の古い研究室は事故により損傷した。

□ laboratory 研究室　❶□ physicist 物理学者　□ chemist 化学者
□ groundbreaking 革新的な、草分けとなる　□ radioactivity 放射能　❺□ shed 小屋、納屋
□ unsuitable 不適当な　❻□ access 利用する権利
❼□ as a memorial to …の記念として、…を追悼して

❶ Marie Curie (S) was (V) a physicist and chemist (C) (who (S′) conducted (V′) groundbreaking research (O′) on radioactivity with her husband, Pierre Curie).

Unit 2 練習しよう！

(A) 2-2-1

No.1 **1** People do not realize they are experiencing it.
2 Scientists consider it rather dangerous.
3 It often causes uncomfortable emotions.
4 It only happens when people dream.

Date ／ ①②③④
／ ①②③④
／ ①②③④

No.2 **1** It is more common in Egypt than in Denmark.
2 Half of the world's population feel afraid of it.
3 It very likely has supernatural causes.
4 Existing beliefs affect how people feel about it.

Date ／ ①②③④
／ ①②③④
／ ①②③④

No.1
1 自分が金縛りを体験していることに気づかない。
2 科学者はむしろ危険だと考えている。
3 多くの場合、不快な感情を引き起こす。
4 夢を見たときにだけ起こる。

選択肢はそれぞれがS+Vから始まっていますが、主語は統一されておらず、代わりにitという代名詞が共通しています。「物ではなく、事が主題」という程度のイメージが浮かべば十分でしょう。❸の内容はおそらくuncomfortable emotionsという言葉で言い表すことができますので、正解は3です。

No.2
1 エジプトではデンマークよりも一般的である。
2 世界の半数の人が恐怖を感じている。
3 神秘的な原因がある可能性が高い。
4 既存の信念が人の金縛りに対する感じ方に影響を与える。

この問題も主語は統一されていませんが、itの捉えられ方に注意し、「行事」「現象」のようなイメージが浮かべば、音声を聞いたときに正解とつながりやすいでしょう。❻で金縛りに対する考え方の形成には文化が関わっているとあり、❼❽でエジプトとデンマークの例について挙げています。したがってexisting beliefs「既存の信念」で始まる4が正解となります。

□ sleep paralysis 睡眠麻痺（金縛り現象） ❶□ refer to …のことを指す □ conscious 意識がある
❸□ episode 症状の発現 □ intense 激しい ❹□ numbness しびれ
□ drag A out of B AをBから引きずり出す ❺□ present（問題など）を起こす
❻□ have a role in *doing* …することに関与する ❼□ supernatural 神秘的な
□ associate A with B AをBと結びつける No.2 選択肢2 □ feel afraid of …を怖いと感じる

スクリプト 2-2-1

Sleep Paralysis

❶ Sleep paralysis refers to a state in which a person is conscious but unable to move or talk. ❷ This state can occur while awake or when falling asleep. ❸ One may see strange visions or hear unusual sounds during a sleep paralysis episode, which often causes intense feelings of fear and panic. ❹ Other symptoms may include numbness, pressure on the chest, or even feeling like one is flying or being dragged out of bed.

❺ Scientists believe that sleep paralysis generally presents no threat to humans, with great numbers of people experiencing it at some point in their life. ❻ A study has shown that culture has a role in shaping attitudes towards sleep paralysis. ❼ In Egypt, where supernatural beliefs about the condition are widespread, about 50% of people tend to associate it with significant fear. ❽ In Denmark, where there are no such common beliefs, people tend to be much less frightened when they experience it.

No.1 What does the speaker say about sleep paralysis?
No.2 What does a study about sleep paralysis show?

PART 2

金縛り(睡眠麻痺)

❶金縛りとは、意識はあるが動くことも話すこともできない状態を指す。❷この状態は、起きているときにも、眠りに落ちているときにも起こりうる。❸金縛り中は、奇妙な幻影を見たり異常な音を聞いたりすることがあり、しばしば強い恐怖感やパニックを引き起こす。❹その他の症状としては、しびれ、胸の圧迫感、あるいは飛んでいるような感じ、ベッドから引きずり出されるような感じなどがある。

❺科学者は、金縛りは一般的に人間にとって何の脅威にもならないと考えており、非常に多くの人々が人生のどこかで経験している。❻ある研究によると、金縛りに対する考え方の形成には文化が関わっているという。❼金縛り現象への神秘的な信仰が広まっているエジプトでは、約50%の人が金縛りを強い恐怖と結びつける傾向にある。❽そのような通説がないデンマークでは、人々は金縛りを経験してもあまり怖がらない傾向がある。

No.1 話し手は金縛りについて何と言っていますか。
No.2 金縛り現象に関する研究では、どのようなことがわかっていますか。

 No.1_3 No.2_4

(B) 2-2-2

No.3 **1** They grow in places rich in nutrition.
2 They only eat small insects.
3 Most of them have vivid colors.
4 Some of them disguise themselves.

Date / ①②③④
/ ①②③④
/ ①②③④

No.4 **1** They cannot digest humans because of their size.
2 Their poison is too weak to affect humans.
3 Humans seldom visit areas where they grow.
4 Humans can eat their thick leaves.

Date / ①②③④
/ ①②③④
/ ①②③④

No.3 4
1 栄養の豊富な場所で育つ。
2 小さな昆虫しか食べない。
3 鮮やかな色をしたものが多い。
4 擬態するものもある。

主語は同じではありませんが、「複数」で「生き物」というイメージが浮かびます。食虫植物について何がわかるか聞かれています。❹にある「カムフラージュしている」の部分をdisguiseという単語を用いて言い換えた4が正解です。

No.4 1
1 人間は体が大きいので消化することができない。
2 毒が弱すぎて人間には影響しない。
3 食虫植物が生育している場所を人間が訪れることはめったにない。
4 人間はその厚い葉を食べることができる。

前の問題で浮かんだ複数の生き物と人間との関係についてがここの選択肢の共通点になります。❻でthese plants do not eat humansと、人間を食べることはないと示したあとに、❼でその理由について述べています。人間は大きすぎるから、というのが理由なので、正解は1です。

□ carnivorous （植物が）食虫性の ❷□ be lacking in …を欠いている（=lack）
□ nutrient 栄養分 □ digest …を消化する ❸□ strategy 方法、戦術 □ prey 獲物、餌
❹□ camouflage …を擬装する □ trick …をだます ❺□ sticky 粘着性のある
□ slippery よく滑る、つかまえにくい □ part 身体の部分、器官 ❿□ poisonous 有毒な
□ pose （危険など）を引き起こす □ result in …という結果になる
No.3 選択肢 1 □ nutrition 栄養（の摂取） 選択肢 4 □ disguise oneself 変装する

スクリプト 2-2-2

Carnivorous plants

❶ Carnivorous plants are plants that eat small animals, usually insects. ❷ Carnivorous plants tend to grow in places where the soil is lacking in nutrients, so the plants must get nutrients through catching and digesting insects. ❸ These plants use different strategies to attract their prey. ❹ Some of them are brightly colored or have a sweet scent, while others camouflage themselves to trick the insects. ❺ They may also have sticky or slippery parts that make it hard for prey to escape.

❻ Though some carnivorous plants may capture tiny fish or even small animals like frogs or birds, these plants do not eat humans. ❼ Humans are too large to be digested. ❽ It takes a long time, often several days, for the plants to digest even small insects. ❾ Also, their leaves are too weak to hold the weight of human beings. ❿ Eating a poisonous plant could pose a much bigger danger to humans, resulting in various symptoms and sometimes even death.

No.3 What do we learn about carnivorous plants?
No.4 Why are carnivorous plants not dangerous to humans?

食虫植物

❶食虫植物は、小動物（通常は昆虫）を食べる植物である。❷食虫植物は土壌の栄養分が不足している場所に生育する傾向があるため、昆虫を捕まえて消化することで栄養分を摂取しなければならない。❸こういった植物は、獲物を引き付けるためにさまざまな方法を用いる。❹鮮やかな色をしていたり、甘い香りを放ったりするものもいれば、擬態して昆虫をだますものもいる。❺また、獲物が逃げられないように、粘着性があったりつるつるしたりしている器官を持っている場合もある。

❻食虫植物の中には、小さな魚や、カエルや鳥のような小動物を捕らえるものもあるが、これらの植物は人間を食べることはない。❼人間は大きすぎて消化できないからだ。❽小さな昆虫でさえも、植物が消化するには多くの場合、数日といった長い時間がかかる。❾また、葉も弱く、人間の体重を支えることはできない。❿毒のある植物を食べることの方が人間にはるかに大きな危険をもたらし、さまざまな症状を引き起こして、ときには死に至ることさえある。

No.3 食虫植物について何がわかりますか。
No.4 なぜ食虫植物は人間にとって危険ではないのですか。

(C) 2-2-3

No.5
1 Its eyes are largely covered by fur.
2 It tends to live in low-lying places.
3 Its behavior is similar to that of a bee.
4 It has a round shape like a pig.

Date / ① ② ③ ④
/ ① ② ③ ④
/ ① ② ③ ④

No.6
1 Many tourists visit the caves where they live.
2 They are sometimes sold as souvenirs.
3 Their breeding is affected by forest burning.
4 They are often collected for scientific research.

Date / ① ② ③ ④
/ ① ② ③ ④
/ ① ② ③ ④

No.5
1 目の大部分が毛で覆われている。
2 低地に生息する傾向がある。
3 行動がハチに似ている。
4 ブタのような丸い形をしている。

選択肢の主語は二つがIts、残りの二つはItとなっています。選択肢を見ると、生き物という共通のイメージが浮かびます。この生き物について、❷から、目と耳が毛でおおわれているとわかるので、正解は1となります。

No.6
1 キティブタバナコウモリが生息する洞窟に多くの観光客が訪れる。
2 お土産として売られることもある。
3 森林を焼くことが繁殖に影響する。
4 科学的研究のために採集されることが多い。

前の問題の「生き物」のイメージが引き続き、その生き物がどう扱われるのかがここでの焦点になりそうだと推測できます。❺で個体数が減少し、絶滅の危機に瀕していることについて、❻では生息地が乱され始めた理由について述べ、また❼から、森が焼かれることが最大の原因だとわかるので、正解は3です。

□ bumblebee bat キティブタバナコウモリ（タイ、ミャンマーに生息する世界最小のコウモリ）
❶□ mammal 哺乳動物 ❷□ relatively 比較的 □ fur 柔らかいふさふさとした毛
❸□ distinctive 特色のある ❹□ limestone cave 鍾乳洞
❺□ near- （形容詞・名詞の前につけて）ほとんど… □ threatened 絶滅の危機に直面して
❻□ habitat 生息地 □ disturb …を妨げる ❼□ burning 燃焼 □ breeding 繁殖
No.5 選択肢2 □ low-lying 低いところにある

スクリプト 2-2-3

The Bumblebee Bat

❶ The bumblebee bat is the smallest bat species and probably the smallest mammal in the world. ❷ It has relatively large ears and small eyes that are mostly hidden by fur. ❸ It is only 30 mm long and about two grams in weight, and it has a distinctive nose that looks like that of a pig. ❹ Bumblebee bats are found in limestone caves along rivers in certain regions of Thailand and Myanmar, living in groups high on walls or roof domes.

❺ According to a recent review, the bumblebee bat is now considered a near-threatened species, with its population continuing to decline. ❻ Shortly after the bats were found in the 1970s, their habitats started to be disturbed due to research, tourism, and even the sale of bats as souvenirs. ❼ However, the annual burning of forests in Thailand may be the primary threat to the population, as the burning occurs mostly during the bat's breeding season.

No.5 What do we learn about the bumblebee bat?
No.6 What is the major cause of bumblebee bat population decline?

PART 2

キティブタバナコウモリ

❶キティブタバナコウモリの仲間はコウモリの中で最も小さく、おそらく世界最小の哺乳類である。❷比較的大きな耳とほとんど柔毛に隠れた小さな目を持っている。❸体長はわずか30ミリ、体重は2グラムほどで、豚のような特徴的な鼻をしている。❹キティブタバナコウモリはタイとミャンマーの一部地域の川沿いの鍾乳洞に生息し、壁の高いところやドーム状の天井に群れをなして生活している。

❺最近の調査によると、キティブタバナコウモリの個体数は減少の一途をたどっており、現在では絶滅の危機に瀕している。❻1970年代にキティブタバナコウモリの生息が確認された直後から、調査や観光、さらには土産物としてのコウモリの売買によって生息地が乱されはじめた。❼しかし、タイで毎年、コウモリの繁殖期に森林が焼かれることが、群れに対する最大の脅威かもしれない。

No.5 キティブタバナコウモリについてわかることは何ですか。
No.6 キティブタバナコウモリの個体数減少の主な原因は何ですか。

 No.5_1 No.6_3

(D) 2-2-4

No.7 **1** It was lost in a fire before gaining popularity.
2 It was made to appeal to the people of the city.
3 Its distribution was forbidden by the city council.
4 Animated films were not yet received well.

Date ／ ①②③④
／ ①②③④
／ ①②③④

No.8 **1** It was the first film to feature an Argentine president.
2 Viewers were impressed by one of the final scenes.
3 It depicted the politicians of the time as gods.
4 Banning the film created more interest in it.

Date ／ ①②③④
／ ①②③④
／ ①②③④

No.7
1 人気が出る前に火事で失われた。
2 ブエノスアイレスの人々にアピールするために制作された。
3 市議会によって配給が禁止された。
4 アニメーション映画はまだあまり受け入れられていなかった。

共通するものが何なのか、選択肢からはわかりにくいですね。質問を聞いて初めて「この映画」が主語で、ブエノスアイレス以外ではなぜ人気がなかったのかについて聞かれているのがわかります。ここの選択肢からは「人に扱われる物」という程度の曖昧なイメージしか浮かばないかもしれません。❷で映画の公開当時のターゲットが限定されていたことについて述べているので、正解は2となります。

No.8
1 アルゼンチンの大統領を主役とする最初の映画だった。
2 観客はラストシーンの一つに感動した。
3 当時の政治家を神のように描いた。
4 映画を禁止することでそれに対する関心が高まった。

こちらは選択肢に含まれるfilm、final scenes、depictなどの語から「映像」や「物語」のようなイメージが浮かびます。❺で述べている映画の内容や評価と一致するので、正解は2です。

❶□ cutout 切り抜き □ feature film (映画館で上映される)長編映画
❷□ release (映画など)を封切りする □ distribute …を配給する □ aim at …に狙いをつける
□ primarily 初めは、主として ❹□ satire 風刺 □ mythology 神話
□ center around …に集中する ❺□ spectacular 壮観、(大々的な)見せ物 ❻□ ban …を禁止する
□ mock …をあざ笑う No.7 選択肢3 □ distribution 配給、流通 □ forbid …を禁止する
No.8 選択肢1 □ feature …を主役とする 選択肢3 □ depict (映画などで)…を描く

スクリプト 2-2-4

The First Animation Film

❶ El Apóstol, a silent film made in Argentina using cutout animation, is considered by historians to be the world's first animated feature film. ❷ While the film was received well in Buenos Aires when it was released, it was not distributed in other regions in the country or overseas, being aimed primarily at the city's residents. ❸ The film is now lost, as it was destroyed in a fire at the producer's studio in 1926.

❹ The plot of the film, which used satire and mythology, centered around the politics of Argentina, with its president at the time appearing as the main character. ❺ The scene of the capital's buildings being destroyed by a god near the end was regarded as spectacular. ❻ Because of the film's popularity, it was shown many times every day for half a year, before ending up banned by the city council for mocking politics.

No.7 Why was the film not popular outside of Buenos Aires?
No.8 What does the speaker say about the film?

最初のアニメーション映画

❶切り絵アニメーションを使ったアルゼンチンの無声映画『エル・アポストル』は、歴史家の間では世界初の長編アニメーション映画と考えられている。❷公開当時、ブエノスアイレスでは好評を博したが、主に市内の住民を対象に上映され、他の地域や海外には配給されなかった。❸この映画は1926年に制作スタジオの火事で焼失したため、現存していない。

❹風刺と神話が用いられたこの映画の筋書きの中心は、アルゼンチンの政治であり、当時の大統領が主人公として登場する。❺ラスト近くで、首都の建物が神によって破壊されるシーンは壮観と評された。❻あまりの人気に半年間毎日何度も上映されたが、政治をあざ笑ったとして興行が終わる前に市議会が上映禁止とした。

No.7 なぜこの映画はブエノスアイレス以外では人気がなかったのでしょうか。
No.8 話し手はこの映画について何と言っていますか。

No.7_2 No.8_2

(E) 2-2-5

No.9
1 The local school is closed most of the winter.
2 The temperature regularly falls below minus 55 degrees Celsius.
3 It is cold enough to break measuring instruments.
4 People were unable to live there until recently.

Date / ① ② ③ ④
/ ① ② ③ ④
/ ① ② ③ ④

No.10
1 By eating food rich in animal products.
2 By not leaving their cars outside.
3 By growing crops in greenhouses.
4 By trading fur in exchange for fish.

Date / ① ② ③ ④
/ ① ② ③ ④
/ ① ② ③ ④

No.9
1 地元の学校は冬の間ほとんど休校になる。
2 気温は定期的にマイナス55度を下回る。
3 測定器が壊れるほど寒い。
4 最近まで人が住めなかった。

選択肢からは「ある地域の生活環境」が共通イメージとして浮かびます。❷のthermometerをmeasuring instrumentsで言い換えた3が正解となります。

No.10
1 動物性食品を多く食べる。
2 車を外に置かない。
3 温室で作物を育てる。
4 魚と引き換えに毛皮で取引する。

前の問題の「生活環境」のイメージから引き続き、生活を支える手段がここでの共通点として浮かびます。オイミャコンの住民が寒い気候の中で生きていく方法については、❻から❽で説明されています。❽のmeat-based dietをrich in animal productsと言い換えた1を選びましょう。

❶□ inhabit …に住む ❷□ X degrees Celsius X ℃（摂氏X度） □ cause X to *do* Xに…させる
□ thermometer 温度計 ❺□ devise （方法など）を工夫する・考案する
❼□ well- （過去分詞と結びついて）十分に □ garage 車庫 ❽□ crop 農作物
□ diet 日常の飲食物 □ ensure that節 …を確実にする ❾□ sustain …を維持する
No.9 選択肢 3 □ instrument 計器、器具 No.10 選択肢 3 □ greenhouse 温室
選択肢 4 □ in exchange for …と引き換えに

スクリプト 2-2-5

The Coldest Place to Live

❶ The village of Oymyakon in Russia is the coldest place on Earth to be inhabited by people. ❷ The temperatures are extremely cold all year round, with a recent drop to minus 62 degrees Celsius causing the village's digital thermometer to stop working. ❸ The village's population is small, and there is only one shop and one school. ❹ Unless the temperature falls below minus 55 degrees Celsius, the school stays open.

❺ The people of Oymyakon have devised a variety of ways to survive in the severe weather conditions. ❻ They use outdoor toilets, as no traditional water supply is available in winter. ❼ They keep their cars in well-heated garages, leaving the engines running whenever they leave them outside. ❽ Since crops cannot be grown in the frozen soil, the residents have a primarily meat-based diet to ensure that they have enough energy. ❾ The economy of Oymyakon is mostly sustained by fur trading and ice fishing.

No.9 What does the speaker say about the coldness of Oymyakon?

No.10 What is one way the Oymyakon residents survive in the cold climate?

最も寒い居住地

❶ロシアのオイミャコン村は、人が住む場所としては地球上で最も寒い。❷気温は一年中極寒で、最近ではマイナス62度まで下がり、村のデジタル温度計が動かなくなったほどだ。❸村の人口は少なく、商店と学校は一つずつしかない。❹気温がマイナス55度を下回らない限り、学校は開いている。

❺オイミャコンの人々は、厳しい気象条件の中で生き延びるためにさまざまな工夫をしてきた。❻冬は従来の水道が使えないため、屋外のトイレを使う。❼車は暖房の効いたガレージで保管し、外に置いておくときはエンジンをかけたままにしておく。❽凍った土壌では作物が育たないため、住民は十分なエネルギー源を確保するために肉食中心の食生活を送っている。❾オイミャコンの経済は、毛皮取引と氷上釣りによって支えられている。

No.9 オイミャコンの寒さについて、話し手はどのように言っていますか。

No.10 オイミャコンの住民が寒い気候の中で生きていく方法は何ですか。

No.9_3 No.10_1

(F) 2-2-6

No.11
1 He successfully proved Galen's theory.
2 He found a hidden passage in the heart.
3 He clarified the true function of the blood.
4 He accurately described blood circulation.

Date ／ ①②③④
／ ①②③④
／ ①②③④

No.12
1 He should have challenged the accepted theory.
2 His discoveries are worthy and correct.
3 His achievement has been overvalued.
4 His books are no longer worth reading.

Date ／ ①②③④
／ ①②③④
／ ①②③④

No.11
1 ガレノスの理論の証明に成功した。
2 心臓の隠された通路を発見した。
3 血液の真の機能を明らかにした。
4 血液循環を正確に記述した。

選択肢はすべてHeが主語になっているので、トピックの中心はある男性だと推測できます。「それぞれの選択肢にある動作の内容から、この男性は科学者か医者だと想像できます。❶で述べられている内容を言い換えて表した4が正解だとわかります。

No.12
1 彼は定説に異議を唱えるべきだった。
2 その発見は価値があり正確だ。
3 その業績は過大評価されてきた。
4 彼の本はもはや読む価値がない。

選択肢に共通する点としては、ある男の人の「功績」や「残したもの」のようなイメージが浮かびます。❽で彼の発見は価値があると認められていることがわかるので、正解は2となります。

❶□ describe …を説明する □ flow 流れる □ lung 肺 ❷□ accepted 一般に受け入れられた
□ circulation（血液や空気などの）循環 ❸□ invisible 目に見えない □ opening 開口部、隙間
❹□ challenge …に異議を唱える ❺□ passage 体内の管・通路 □ chamber of the heart 心室
❽□ re-evaluate …を再評価する □ view A as B AをBと見なす □ observation 観察報告
□ precise 正確な、精密な □ advanced 先進的な、高度な No.11 選択肢 1 □ prove …を証明する
選択肢 3 □ clarify …を明らかにする □ function 機能、はたらき 選択肢 4 □ accurately 正確に
No.12 選択肢 2 □ worthy 価値のある 選択肢 3 □ overvalue …を過大評価する

スクリプト 2-2-6

A Forgotten Medical Scholar

❶ Over 700 years ago, a medical scholar named Ibn Al-Nafis correctly described how blood flows between the heart and lungs. ❷ Before that, the most accepted blood circulation theory was that of the Greek doctor Galen. ❸ Galen thought that the blood in the right side of the heart goes through invisible openings to the left side, where it is mixed with air and then travels throughout the body.

❹ This theory had not been challenged for a long time. ❺ However, Ibn Al-Nafis criticized it, saying that there is no passage between the left and the right chambers of the heart. ❻ Unfortunately, his knowledge was lost for centuries. ❼ The majority of his work was unknown in the West until recently. ❽ Since the beginning of the 20th century, his work has been re-evaluated, and scientists now view Ibn Al-Nafis's observations as precise and advanced for their time.

No.11 What is one achievement made by Ibn Al-Nafis?
No.12 What is one opinion about Ibn Al-Nafis today?

忘れ去られた医学者

❶700年以上前、イブン・アンナフィースという医学者が、心臓と肺の間を血液がどのように流れるかを正確に説明した。❷それ以前は、ギリシャの医師ガレノスの血液循環説が最も受け入れられていた。❸ガレノスは、心臓の右側にある血液は目に見えない開口部を通って左側に行き、そこで空気と混ざって全身を巡ると考えていた。

❹この説は長い間、疑問視されることはなかった。❺しかし、イブン・アンナフィースは、心臓の左心室と右心室の間には管はないと言って、この説を批判した。❻残念なことに、彼の知識は何世紀にもわたって忘れ去られてしまった。❼彼の研究の大部分は、最近まで西洋では知られていなかった。❽20世紀に入ってから、彼の研究は再評価され、現在では科学者はイブン・アンナフィースの観察報告はその当時としては正確で先進的なものだったと見なしている。

No.11 イブン・アンナフィースが成し遂げた功績は何ですか。
No.12 イブン・アンナフィースについての今日の見解はどうですか。

No.11_4 No.12_2

(G) 2-2-7

No.13
1 They attract small beetles that help plants grow.
2 They protect plants from other insects.
3 They feed on plants' leaves and fruits.
4 They provide nutrients to vegetable plants.

Date / ① ② ③ ④
/ ① ② ③ ④
/ ① ② ③ ④

No.14
1 They became sick due to a change in crops.
2 They moved around to escape from chemicals.
3 They competed with other insects for food.
4 They grew in numbers due to plenty of food.

Date / ① ② ③ ④
/ ① ② ③ ④
/ ① ② ③ ④

No.13
1 植物の成長を助ける小さな甲虫を引き寄せる。
2 他の昆虫から植物を守る。
3 植物の葉や果実を食べる。
4 野菜に栄養を与える。

No.13とNo.14はどちらもすべて選択肢の主語はTheyです。(それらは)「小さな甲虫をアトラクトする」「植物を守る」「葉っぱと果実を食べる」「野菜に栄養を与える」と、植物と関わり合う生き物のイメージが浮かびます。質問は「てんとう虫について話し手が言っていること」で、農家がてんとう虫を購入する理由が❸で述べられていることから、正解は2です。

No.14
1 作物の変化によって病気になった。
2 農薬から逃れるために動き回った。
3 他の昆虫と餌を争う。
4 エサが豊富なため、数が増えた。

選択肢を見ると、ある生き物の変化や動きのようなイメージが共通点として浮かびます。❻❼より、正解は4だとわかります。

□ ladybug テントウムシ　❶□ beetle 甲虫　□ spot 斑点　❷□ alike 同様に
□ actively 積極的に　❹□ leave X in peace Xをそっとしておく　□ best interest 得策
❻□ industrial agriculture 工業的農業　□ pest 害虫　❽□ get rid of …を駆除する、追い払う
❾□ keep away (害虫など)を防ぐ、近づけない　No.13 選択肢3 □ feed on …を餌にする
No.14 選択肢2 □ move around 動き回る

スクリプト 2-2-7

The Need for Ladybugs

❶ Ladybugs are much more than just cute, little red beetles with black spots. ❷ In fact, farmers and gardeners alike often actively purchase ladybugs. ❸ This is because ladybugs eat different insects that cause problems when growing fruits and vegetables. ❹ So rather than killing a ladybug, remember that leaving them in peace is actually in your best interest, especially if you don't like other insects.

❺ Fortunately, ladybugs are not endangered, but like many other animals, they have been affected by humans. ❻ As industrial agriculture spread around the world, garden pests increased as well. ❼ Naturally, ladybug populations increased along with their food source. ❽ However, the chemical sprays that farmers use to get rid of pests also kill ladybugs. ❾ In order to support a healthy ladybug population for future generations, it is important that farmers try natural solutions to keep away pests, rather than harmful chemicals.

No.13 What does the speaker say about ladybugs?
No.14 How did modern farming affect ladybugs?

てんとう虫の必要性

❶てんとう虫は、黒い斑点のあるかわいい小さな赤い甲虫というだけではない。❷実際、農家や園芸家は揃っててんとう虫を積極的に購入している。❸その理由は、てんとう虫が果物や野菜を栽培するときに問題を引き起こすさまざまな昆虫を食べてくれるからだ。❹なので、特に他の昆虫が嫌いな人は、てんとう虫を殺すよりも、彼らをそっとしておくのが実は一番得策だということを覚えておいてほしい。

❺幸いなことに、てんとう虫は絶滅の危機に瀕しているわけではないが、他の多くの動物と同様に、人間の影響を受けてきた。❻工業的農業が世界中に広がるにつれ、庭の害虫も増加した。❼当然ながら、てんとう虫の個体数は彼らの食料源とともに増加した。❽しかし、農家が害虫を駆除するために使用する薬剤散布は、てんとう虫も殺してしまう。❾次世代に健全なてんとう虫の個体数を残すためには、農家が有害な化学薬品ではなく、自然な方法で害虫を駆除することが重要なのだ。

No.13 てんとう虫について、話し手はどのように言っていますか。
No.14 現代の農業は、てんとう虫にどのような影響を与えましたか。

No.13_2 No.14_4

(H) 2-2-8

No.15 **1** To offer a new payment method on the Internet.
2 To replace government-controlled currencies.
3 To help the economy get out of a crisis.
4 To start a successful form of investment.

Date / ①②③④
/ ①②③④
/ ①②③④

No.16 **1** Banks may stop investing in risky cryptocurrency.
2 Investors may pay income tax with cryptocurrency.
3 Retailers may help cryptocurrency become stable.
4 Governments may issue their own cryptocurrency.

Date / ①②③④
/ ①②③④
/ ①②③④

No.15
1 インターネット上での新たな決済手段を提供するため。
2 政府が管理する通貨に取って代わるため。
3 経済危機からの脱出を手助けするため。
4 成功する投資を始めるため。

選択肢はすべてToで始まっています。何かの目的や特徴としてのカネや取引のイメージが共通点として浮かびます。❷でBitcoinについて触れていて、❹でその用途や特徴について述べているので、正解は「オンライン取引」をa new payment method on the Internetと表現している1です。

No.16
1 銀行はリスクの高い暗号通貨への投資を止めるかもしれない。
2 投資家は暗号通貨で所得税を支払うかもしれない。
3 小売業者が暗号通貨の安定に貢献するかもしれない。
4 政府が独自の暗号通貨を発行するかもしれない。

共通点としてcryptocurrencyの周辺の金融機関や業者というイメージが浮かびます。❼❽では、世界的な小売業者のもたらす好影響について述べられています。したがって3が正解となります。

□ cryptocurrency 暗号通貨、暗号化技術に基づいた仮想通貨
❶□ global financial crisis 世界的な金融危機　❷□ electronic money 電子マネー
❸□ central bank 中央銀行　❹□ transaction 取引　□ skyrocket 急騰する、急上昇する
□ many 多数の人々　❻□ tax …に課税する　□ holder 保有者
No.16 選択肢 2 □ income tax 所得税

スクリプト 2-2-8

Cryptocurrency

❶ Cryptocurrency was first introduced to the public during the global financial crisis in 2008. ❷ A mysterious individual by the name of Satoshi Nakamoto introduced a new form of electronic money called Bitcoin. ❸ This currency was to be independent of central banks and governments, relying instead on the individuals who use it. ❹ Although it was intended to be used for online transactions, its cash value has skyrocketed over the last decade, so Bitcoin has become a favorite investment for many.

❺ Thousands of cryptocurrencies have been developed since Bitcoin, and they have become more widely accepted in recent years. ❻ Financial institutions now offer cryptocurrency options, and the U.S. government started tracking cryptocurrency transactions to better tax its holders. ❼ Meanwhile, some global retailers are considering accepting cryptocurrency as a payment method. ❽ Experts say that this move would likely have a positive impact on its value and stability. ❾ Nonetheless, they warn investors not to rely heavily on cryptocurrency for profits, as it is still risky.

No.15 What was the purpose behind the creation of cryptocurrency?
No.16 What does the speaker say about future changes?

PART 2

暗号通貨

❶暗号通貨は2008年の世界金融危機の際に初めて世間に紹介された。❷サトシ・ナカモトという謎の人物が、ビットコインという新しい形の電子マネーを発表したのだ。❸この通貨は、中央銀行や政府から独立し、代わりにそれを使う個人に依存するものだった。❹オンライン取引に使用されることを想定していたが、その現金価値が過去10年間で急上昇したため、ビットコインは多くの人に好まれる投資となった。

❺ビットコイン以降、何千種類もの暗号通貨が開発され、近年はより広く受け入れられるようになった。❻金融機関は暗号通貨という選択肢を提供するようになり、米国政府は暗号通貨保有者への課税を強化するため、暗号通貨取引の追跡を開始した。❼一方、世界的な小売業者の中には、暗号通貨を決済手段として受け入れることを検討しているところもある。❽専門家によれば、この動きは暗号通貨の価値と安定に好影響を与える可能性が高いという。❾それでもなお、暗号通貨はまだリスクが高いため、専門家は投資家に対して利益を得るために暗号通貨に大きく依存しないよう警告している。

No.15 暗号通貨を開発した目的は何ですか。
No.16 将来の変化について、話し手は何と言っていますか。

No.15_1 No.16_3

(I) 2-2-9

No.17 **1** It is based on an ancient sport played in Asia.
2 It began in the United Kingdom around 200 years ago.
3 It was influenced by different sports around the world.
4 It was first played by people independent of an empire.

Date / ①②③④
/ ①②③④
/ ①②③④

No.18 **1** It spread to British colonies before other sports.
2 It has the highest-paid players in Europe.
3 Its players can still be successful at an older age.
4 Its players get more excited than other sports' players.

Date / ①②③④
/ ①②③④
/ ①②③④

No.17 1 アジアで古くから行われていたスポーツが元になっている。
2 200年ほど前にイギリスで始まった。
3 世界中のさまざまなスポーツの影響を受けている。
4 最初はある帝国から独立した人々によってプレーされた。

選択肢に共通するitが指すものは、動詞以降の部分からどうやらスポーツらしいというイメージが浮かびます。❸にフットボールの起源を述べている文があり、そこにある、「19世紀」をaround 200 years agoと言い換えている2が正解です。

No.18 1 他のスポーツより先にイギリスの植民地に広まった。
2 ヨーロッパで最も高給取りの選手がいる。
3 選手が高齢でも活躍できる。
4 その選手は、他のスポーツの選手よりも興奮する。

引き続き、あるスポーツのイメージが浮かび、それが地域や競技者に対してどのような性質を持っていたかが焦点になりそうです。❼でこの競技では30代後半までキャリアを続けるスター選手もいると述べているので、これをcan still be successful at an older ageという表現で言い換えた3が正解となります。

❷□ date back さかのぼる　❸□ historian 歴史家　□ independently of …とは別に、…に無関係で
❺□ great popularity 大人気　❻□ clash 対戦、激突　❼□ age inclusive 年齢層を含んだ

スクリプト 2-2-9

Football Popularity

❶ Football, known as soccer in the United States, is widely recognized as the most popular sport in the world. ❷ There is historical evidence that ball-kicking games date back thousands of years to Asia. ❸ However, historians say these sports developed independently of football, which was invented in 19th-century England. ❹ The most recent surveys estimate that more than 250 million individuals regularly play football all over the world.

❺ One reason for football's great popularity is Britain's successful colonization of countries across the globe, in addition to its quick spread among other European nations. ❻ What's more, historic clashes between teams make matches more exciting for fans, who are some of the most passionate fans of all team sports. ❼ Lastly, while most top professional athletes in other sports are relatively young, football is more age inclusive, with some star players' careers continuing late into their thirties.

No.17 What do we learn about football's origins?
No.18 What does the speaker say about football's uniqueness?

フットボールの人気

❶アメリカではサッカーとして知られるフットボールは、世界で最も人気のあるスポーツとして広く認知されている。❷ボールを蹴る競技は、数千年前のアジアにまでさかのぼるという歴史的証拠がある。❸しかし、歴史家によれば、これらのスポーツは19世紀のイングランドで発明されたフットボールとは無関係に発展したという。❹最新の調査では、世界中で2億5000万人以上が定期的にフットボールをプレーしていると推定されている。

❺フットボール人気の理由の一つは、イギリスが世界各国の植民地化に成功したことに加え、他のヨーロッパ諸国にも急速に広まったことである。❻さらに、歴史に残るチーム同士の対戦は、チームスポーツの中で最も熱狂的であるファンにとって、試合をより熱くさせる。❼最後に、他のスポーツのトップアスリートは比較的若い選手が多いが、フットボールは年齢層がより広く、スター選手の中には30代後半までキャリアを続ける選手もいる。

No.17 フットボールの起源について何がわかりますか。
No.18 話し手はフットボールの独自性についてどのように言っていますか。

 No.17_2 No.18_3

(J) 2-2-10

No.19 **1** Young men avoid the color black in their clothing.
2 Only people of high social status wear red.
3 They often travel outside their region.
4 They tend to physically alter their bodies.

Date / ① ② ③ ④
/ ① ② ③ ④
/ ① ② ③ ④

No.20 **1** It gives someone prestige in their tribe.
2 It was once banned but is now allowed again.
3 It has never been a tradition in the culture.
4 It has to be done to be considered an adult.

Date / ① ② ③ ④
/ ① ② ③ ④
/ ① ② ③ ④

No.19
1 若い男性は衣服に黒が入ることを避ける。
2 社会的地位の高い人だけが赤い服を着る。
3 彼らはしばしば自分たちの地域の外を旅行する。
4 彼らは身体を改造する傾向がある。

選択肢に目を通すと、人々の行動の傾向について書かれているようです。❷のうち、body modificationsをphysically alter their bodiesと言い換えた、4が正解です。

No.20
1 部族の威信を与える。
2 かつては禁止されていたが、現在は再び許可されている。
3 それが伝統だったことは一度もない。
4 成人とみなされるために行わなければならない。

選択肢に共通するイメージとして儀式や慣習が浮かびます。❻から、若い男性がライオンを殺さないと大人になれないというマサイ族の神話について述べています。❽で部族内では尊敬と地位を得られると述べているので、正解は1となります。

❷□ abundant たくさんの、豊富な □ body modification 身体改造 □ pierce …に穴をあける
□ earlobe 耳たぶ ❸□ garment 衣服 □ social status 社会的地位
❹□ manhood 男性の成人期 □ symbolize …を象徴する □ hardship 困難、苦労
❺□ undergo …を受ける、経験する □ a rites of passage 通過儀礼 □ ritual 儀式
❻□ myth 神話 ❼□ customary 習慣的な、しきたりの □ prohibit …を禁止する
❽□ celebrity 名声 No.19 選択肢 4 □ physically 身体上 No.20 選択肢 1 □ prestige 名声、威信
選択肢 2 □ ban …を禁止する

スクリプト 2-2-10

The Maasai Customs

❶ The Maasai people live in several regions of Kenya and northern Tanzania and are widely recognized internationally due to their unique clothing and customs. ❷ The Maasai have abundant body modifications, such as pierced and stretched earlobes. ❸ They favor red colors in their garments, although the preferred color changes depending on age and social status. ❹ Young men, for example, wear black after having entered manhood, as the color symbolizes the hardships that they must face.

❺ Both Maasai boys and girls have to undergo special rites of passage, or rituals, to mark their transition into adulthood. ❻ A common myth about the Maasai is that every young man has to kill a lion to be considered a grown-up. ❼ In the past, lion hunting was customary, but it is currently prohibited in East Africa. ❽ Even so, a man will still gain respect and celebrity status within their tribe for killing a lion.

No.19 What do we learn about the Maasai people?
No.20 What does the speaker say about killing lions in Maasai culture?

マサイ族の習慣

❶マサイ族はケニアとタンザニア北部のいくつかの地域に住んでおり、その独特な服装や習慣から国際的に広く知られている。❷マサイ族は、耳たぶに穴を開けたり、伸ばしたりするなど、体にたくさんの装飾を施している。❸衣服は赤を好むが、年齢や社会的地位によって好ましい色は変わる。❹例えば、若い男性は成人してから黒を着るようになるが、これは彼らがいずれ直面する困難を象徴している。

❺マサイの男の子も女の子も、大人への移行を記念して特別な通過儀礼、もしくは儀式を受けなければならない。❻マサイ族にまつわるよくある神話に、すべての若い男性はライオンを殺さなければ大人になれないというものがある。❼かつてはライオンを狩ることが通例であったが、現在東アフリカでは禁止されている。❽それでも、男はライオンを殺すことで部族内で尊敬を集め、名声を得ようとする。

No.19 マサイ族について何がわかりますか。
No.20 マサイ文化におけるライオン殺しについて、話し手は何と言っていますか。

No.19_4 No.20_1

(K) 2-2-11

No.21 **1** People stay active even during the winter.
2 People enjoy a high standard of living.
3 There are plenty of national parks to explore.
4 There are large police forces to prevent crime.

Date ／ ① ② ③ ④
／ ① ② ③ ④
／ ① ② ③ ④

No.22 **1** Getting a job at a large company.
2 Keeping up with current fashion trends.
3 Having time to meet with loved ones.
4 Enjoying long vacations in nature.

Date ／ ① ② ③ ④
／ ① ② ③ ④
／ ① ② ③ ④

No.21
1 人々は冬でも活動的である。
2 人々は高い生活水準を享受している。
3 探検できる国立公園がたくさんある。
4 犯罪を防ぐために大規模な警察組織がある。

選択肢は人々の生活環境について書いてあるようです。❸で生活水準の高さについて言っています。これをa high standard of livingの表現で言い換えた2が正解です。

No.22
1 大企業に就職すること。
2 最近の流行についていくこと。
3 愛する人と会う時間を持つこと。
4 自然の中で長い休暇を楽しむこと。

選択肢はすべて動詞のing形で始まっており、生活のスタイルに関わることが共通点として浮かびます。フィンランド人が重要だと思うことは主に❾で語られていることから、正解は3です。

❶□ in a row 連続して ❷□ have nothing but …しかない □ Nordic 北欧の
□ abundance 多数、豊富 ❸□ tuition 授業料 □ accessible 利用しやすい □ decent 一定水準の
□ result in (結果的に)…をもたらす ❹□ Finn フィンランド人
❺□ Finnish フィンランドの、フィンランド人の ❼□ fancy 高級な
No.21 選択肢 2 □ standard of living 生活水準
No.22 選択肢 2 □ keep up with (人や時勢)に遅れない

スクリプト 2-2-11

Finland, the World's Happiest Country

❶ Finland has been ranked as the happiest country in the world for many years in a row. ❷ Despite its long winters, visitors to Finland have nothing but praise for the Nordic nation, such as for its abundance of beautiful nature. ❸ It is also known worldwide for its tuition-free schools, accessible health care, and decent wages, which result in a great quality of life. ❹ In addition, there is little crime or poverty, so Finns feel secure in their daily lives.

❺ Despite these facts, the Finnish idea of happiness may be quite special. ❻ Many people may seem happy if they wear expensive clothes and have a successful career. ❼ However, some Finns say they are not concerned with getting rich or having fancy things. ❽ Instead, they enjoy the small things in life. ❾ Simply having free time to spend with family on holidays or going for walks in nature is enough.

No.21 What is one thing we learn about Finland?
No.22 What does the speaker say Finns think is important?

世界一幸せな国、フィンランド

❶フィンランドは、世界で最も幸せな国として何年も連続でランクインしている。❷冬が長いにもかかわらず、フィンランドを訪れる人々は、その豊かで美しい自然など、この北欧の国に対する称賛の言葉しか口にしない。❸また、授業料が無料の学校、利用しやすい医療制度、適正な賃金などで世界中に知られ、それが生活の質の高さに結びついている。❹さらに、犯罪や貧困が少ないため、フィンランド人は日々の生活に安心感を抱いている。

❺こうした事実があるにもかかわらず、フィンランド人が考える幸せはかなり特殊かもしれない。❻多くの人は、高価な服を着てキャリアを積めば幸せそうに見えるかもしれない。❼しかし、フィンランド人の中には、金持ちになることや派手なものを持つことには関心がないと言う人もいる。❽その代わり、人生におけるささやかなことを楽しんでいる。❾休日に家族と過ごす自由時間を楽しんだり、自然の中を散歩したりするだけで十分なのだ。

No.21 フィンランドについてわかることは何ですか。
No.22 フィンランド人が重要だと思うことは何だと話し手は言っていますか。

No.21_2 No.22_3

(L) 2-2-12

No.23 **1** Its tracks run deep underground like subways.
2 Powerful cables allow it to move quickly.
3 Closed tubes let it move quietly through cities.
4 Its pods are lifted up with magnets.

Date / ①②③④
/ ①②③④
/ ①②③④

No.24 **1** Its construction will take too long.
2 It is not as fast as expected.
3 It is less fuel efficient than airplanes.
4 It is made of hard-to-find materials.

Date / ①②③④
/ ①②③④
/ ①②③④

No.23 1 線路は地下鉄のように地下深くを走る。
2 強力なケーブルによって素早く移動できる。
3 密閉されたチューブによって、都市の中を静かに移動できる。
4 ポッドは磁石で持ち上げられる。

選択肢に共通するイメージとして機械の構造が浮かびます。❺のhoverが「ホバリングする」という意味だとわかれば、それをlifted up withの表現で言い換えた4を正解に選ぶことができます。

No.24 1 建設に時間がかかりすぎる。
2 期待されたほど速くない。
3 飛行機より燃費が悪い。
4 手に入りにくい材料でできている。

選択肢から不都合な点が述べられるのではないかと予想できます。ハイパーループの問題点について、❽ではこのシステムがmaglev trainの2倍の速度になる可能性があると言っていますが、❿から、これが思ったより速くないとわかり、正解は2となります。

□hyperloop ハイパーループ ❶□maglev（リニアモーターカーなどの）磁気浮上式鉄道
□magnetic 磁気の ❷□entrepreneur 起業家 □promote …を促進する
❹□pod ポッド（流線型の容器） ❺□magnet 磁石 □hover 空中に留まる、ホバリングする
❻□vacuum-sealed 真空密閉の □remove …を取り除く □air resistance 空気抵抗
⓫□critic 評論家 □argue that節 …と主張する □cost-effective 費用対効果の良い
⓬□improve …を改善する No.23 選択肢4 □lift up A with B AをBで持ち上げる
No.24 □issue 問題点 選択肢3 □fuel efficient 燃費の良い

スクリプト 2-2-12

The Hyperloop

❶ Maglev trains are the world's fastest, using magnetic technology to achieve high speeds. ❷ Since 2012, entrepreneur Elon Musk has been promoting an even faster type of train known as a hyperloop. ❸ Long tubes are raised above the ground. ❹ Pods run inside the tubes to transport people or goods. ❺ Similar to maglev trains, a hyperloop uses electricity and magnets to make the pods hover. ❻ However, the tubes are vacuum-sealed to remove air resistance. ❼ In theory, this should greatly increase speeds.

❽ The project is still being developed, but Musk says the system could be double the speed of maglev trains. ❾ This is about the same speed as airplanes. ❿ There have been several test runs, but the top speeds were still much lower than Musk's goal. ⓫ Critics argue that the hyperloop system's construction will not be cost-effective. ⓬ On the other hand, a successful hyperloop could greatly improve transportation in countries without high-speed trains.

No.23 What does the speaker say about the hyperloop?
No.24 What is an issue with the hyperloop?

ハイパーループ

❶磁気浮上式鉄道は、磁気技術を利用して高速走行を実現する世界最速の列車である。❷2012年以降、起業家のイーロン・マスク氏は、ハイパーループと呼ばれるさらに高速の列車の開発を推し進めている。❸長いチューブは地面から浮いている。❹チューブの中をポッドが走り、人や物資を輸送する。❺磁気浮上式鉄道と同様、ハイパーループは電気と磁石を使ってポッドをホバリングさせる。❻ただし、チューブは空気抵抗をなくすために真空密閉されている。❼理論的には、これによって速度が大幅に向上するはずだ。

❽このプロジェクトはまだ開発中だが、マスク氏によれば、このシステムは磁気浮上式鉄道の2倍の速度になる可能性があるという。❾これは飛行機とほぼ同じ速度である。❿何度かテスト走行が行われたが、最高速度はマスク氏の目標よりはるかに遅かった。⓫評論家は、ハイパーループシステムの建設は費用対効果が見込めないと主張している。⓬その一方で、ハイパーループが成功すれば、高速鉄道のない国の輸送手段が大幅に改善される可能性がある。

No.23 話し手はハイパーループについて何と言っていますか。
No.24 ハイパーループの問題点は何ですか。

 No.23_4 No.24_2

(M) 2-2-13

No.25
1 Workers are not guaranteed a shorter work week.
2 Companies require employees to use all their paid holidays.
3 The government increased the length of work shifts.
4 Employers must accept all applications regarding working hours.

Date / ① ② ③ ④
/ ① ② ③ ④
/ ① ② ③ ④

No.26
1 Workers were unhappy to receive less pay.
2 Reduced hours did not improve stress levels.
3 Employee output did not decrease.
4 Companies believed a shorter work week was ineffective.

Date / ① ② ③ ④
/ ① ② ③ ④
/ ① ② ③ ④

No.25
1 労働者には週労働日数の短縮を保証されていない。
2 会社は有給休暇をすべて消化することを従業員に求めている。
3 政府は勤務シフトの時間を延ばした。
4 雇用主は労働時間に関する申請をすべて受け入れなければならない。

選択肢から労働時間の規定や制度が共通するイメージとして浮かびます。❸でベルギーについて「週４日勤務を従業員は要求できる」とありますが、❹からそれは保証されているものではないとわかります。したがって正解は１です。

No.26
1 労働者は給与が減ることに不満を抱いていた。
2 労働時間を短縮してもストレスレベルは改善しなかった。
3 従業員の生産量は減らなかった。
4 企業は週労働日数の短縮は効果がないと考えていた。

選択肢では労働環境における何かの減少が共通点として浮かびますが、一部にnotが含まれるので、増減や維持も含めた広い範囲のイメージができるとよいでしょう。❾のproductivity was not negatively affectedをoutput did not decreaseと言い換えた、3が正解となります。

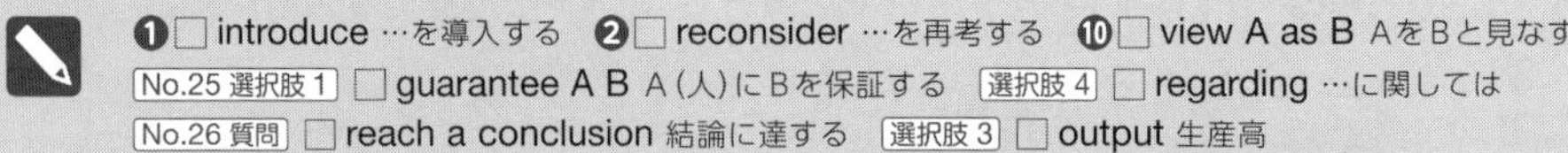
❶□ introduce …を導入する ❷□ reconsider …を再考する ❿□ view A as B AをBと見なす
No.25 選択肢1 □ guarantee A B A(人)にBを保証する 選択肢4 □ regarding …に関しては
No.26 質問 □ reach a conclusion 結論に達する 選択肢3 □ output 生産高

スクリプト 2-2-13

A Four-Day Work Week

❶ In recent years, a number of countries have introduced a four-day work week. ❷ Working five days a week is normal in many countries, but now companies and governments are reconsidering their systems. ❸ In Belgium, the government allows employees to request a four-day work week from their companies. ❹ Companies can reject the request, but they have to give a good reason why. ❺ Employees who only work four days a week have to work longer hours in order to have a three-day weekend.

❻ Iceland tried out a four-day work week from 2014 to 2019. ❼ Those who participated were paid their usual salary but worked fewer hours. ❽ They said they felt less stressed and were able to achieve a better work-life balance. ❾ Companies said that productivity was not negatively affected. ❿ The trial was viewed as a great success, and now around 85% of Icelandic workers have a four-day week.

No.25 What do we learn about Belgium?
No.26 What conclusion was reached from Iceland's experiment?

PART 2

週4日勤務

❶近年、いくつかの国で週4日勤務が導入されている。❷多くの国では週5日勤務が普通だが、現在、企業や政府は制度を見直しつつある。❸ベルギーでは、従業員が会社に週4日勤務を要求することを政府が認めている。❹企業はその要求を拒否できるが、正当な理由を示さなければならない。❺週4日だけ働く従業員は、週休3日を確保するために長めの勤務時間が必要になる。

❻アイスランドは2014年から2019年まで週4日勤務を試行した。❼参加した従業員には通常の給与が支払われたが、労働時間は短縮された。❽その結果、ストレスが減り、ワークライフバランスが取れたという。❾企業側は、生産性に悪影響はなかったと述べている。❿この試みは大成功とみなされ、現在ではアイスランドの労働者の約85%が週4日勤務をしている。

No.25 ベルギーについて何がわかりますか。
No.26 アイスランドの実験からどのような結論が得られましたか。

No.25_1 No.26_3

(N) 2-2-14

No.27 **1** To give prisoners a second chance in life.
2 To keep dangerous people locked away.
3 To provide work opportunities while imprisoned.
4 To lower the country's crime rate to zero.

Date ／ ①②③④
／ ①②③④
／ ①②③④

No.28 **1** They only have guards at night.
2 They offer a variety of accommodation.
3 They provide university-level educational programs.
4 They allow day trips out of the facilities.

Date ／ ①②③④
／ ①②③④
／ ①②③④

No.27 1 1 人生をやり直す機会を受刑者に与えること。
2 危険な人物を閉じ込めておくこと
3 収監中に働く機会を提供すること。
4 国の犯罪率を0まで低下させること。

選択肢はすべてToで始まっており、囚人や犯罪への対応というイメージが浮かびます。ノルウェーの刑務所の目的について聞かれているので、❸から、これをgive prisoners a second chance in lifeの表現で言い換えた1が正解だとわかります。

No.28 2 1 夜間は看守だけがいる。
2 種々の収容施設がある。
3 大学レベルの教育プログラムを提供している。
4 施設外への日帰り旅行ができる。

選択肢のTheyは団体や機関で、それが整える体制という大まかな共通点が考えられます。open prisonsという言葉は❽で聞こえてきます。続いて❾とあるので、これをa variety of accommodationの表現で言い換えた2が正解となります。

❷□ lock away …を刑務所に入れる ❸□ help X *do* Xが…するのを手助けする
□ criminal 犯罪者 ❹□ philosophy 基本理念、原則 □ rarely めったに…しない
□ release …を釈放する ❺□ crime rate 犯罪率 ❻□ lawbreaker 法律違反者 □ vote 投票する
□ take away …を剥奪する □ commit (罪など)を犯す ❿□ a range of さまざまな…
No.27 選択肢 3 □ imprison …を刑務所に入れる No.28 選択肢 2 □ accommodation 収容設備

スクリプト 2-2-14

Norway's Prisons

❶ Norway is known for having one of the best prison systems in the world. ❷ Prisoners may spend their whole lives locked away in many countries. ❸ However, Norway's goal is to help criminals return to society as productive members. ❹ And their philosophy seems to be working, as criminals rarely return to prison once they've been released. ❺ What's more, the country has a very low crime rate.

❻ Lawbreakers in Norway are allowed to vote, just like regular citizens, as the country does not take away rights after a crime has been committed. ❼ The majority of prisons are similar to those in other countries, with walls, fences, and guards. ❽ However, there are also open prisons with less security. ❾ Some prisoners in Norway live in their own rooms or houses, which are only locked up at night. ❿ During the day, they can take a range of courses to help them find work once they are released.

No.27 What is the goal of Norway's prisons?
No.28 What does the speaker say about open prisons?

ノルウェーの刑務所

❶ノルウェーは世界で最も良い刑務所制度の一つを持つことで知られている。❷多くの国では、受刑者は一生を刑務所で過ごすこともある。❸しかしノルウェーの目標は、犯罪者が生産的な社会の構成員として社会復帰できるようにすることだ。❹その理念はうまく機能しているようで、犯罪者が出所後に刑務所に戻ることはほとんどない。❺しかも、この国の犯罪率は非常に低い。

❻ノルウェーでは、犯罪を犯した人から権利を取り上げることはないため、一般市民と同じように選挙で投票することが許されている。❼刑務所の大半は他の国の刑務所と同様で、塀があり、フェンスがあり、看守がいる。❽しかし、警備の手薄な開放型の刑務所もある。❾ノルウェーの受刑者の中には、自分の部屋や家に住み、夜間だけ施錠される者もいる。❿釈放後に仕事を見つけられるように、日中はさまざまな講習を受けることができる。

No.27 ノルウェーの刑務所が目指していることは何ですか。
No.28 開放型刑務所について、話し手は何と言っていますか。

 No.27_1 No.28_2

(O) 2-2-15

No.29 **1** It has less fat than natural meat.
2 It will provide higher-income jobs for farmers.
3 It can be produced easily in large amounts.
4 It can provide food without relying on animals.

Date / ①②③④
/ ①②③④
/ ①②③④

No.30 **1** It requires rare plant materials to grow.
2 It is difficult to produce cheaply for consumers.
3 The process to create solid meat is time-consuming.
4 There is too much competition between companies.

Date / ①②③④
/ ①②③④
/ ①②③④

No.29 1 天然の肉より脂肪が少ない。
2 農家にとって高収入の仕事になる。
3 簡単に大量生産できる。
4 動物に依存せずに食料を供給できる。

選択肢から農作物や食料品の扱われ方に関する話題だとわかります。❸❹で肉を食べる人が増えて環境に負荷がかかっているとあり、続く❺の to reduce our dependence on animals for meatの箇所より、4が正解だとわかります。

No.30 1 成長させるのに希少な植物原料を必要とする。
2 消費者向けに低コストで製造することが難しい。
3 固形肉を作る工程に時間がかかる。
4 企業間の競争が激しすぎる。

前の問題に引き続いて、選択肢からはある物の生産や処理についての話ではないかと考えることができます。❽のreducing high production costsをproduce cheaply for consumersと言い換えている、2が正解となります。

□lab 実験室、研究所（laboratory） □-grown …産の ❹□place a burden on …の負担となる
❺□invest A into B AをBに投資する ❻□simply put 簡単に言えば（= to put it simply）
□cell 細胞 ❼□form A into B AをBに形成する □solid 固形体の ❽□solve …を解決する
❿□it is not long before じきに…になる No.29 選択肢 1 □fat 脂肪
No.30 選択肢 1 □require …を必要とする □rare 珍しい 選択肢 4 □competition 競争

スクリプト 2-2-15

Lab-grown Meat

❶ Meat grown in a laboratory may not sound appealing to many people. ❷ However, there is actually increasing interest in this field. ❸ As the human population continues to grow, so does the number of people who eat meat. ❹ This places a burden on both farmers and our environment. ❺ More and more companies are investing a significant amount of money into researching ways to reduce our dependence on animals for meat.

❻ Simply put, lab-grown meat starts with cells taken from animals. ❼ Scientists develop them until they can be formed into a solid piece of meat. ❽ There are several issues that need to be solved, such as reducing high production costs and increasing overall production. ❾ Although it may seem like science fiction, lab-grown chicken has already been served at a restaurant in Singapore. ❿ As almost 100 companies around the world continue experimenting, it may not be long before lab-grown meat arrives on our plates.

No.29 Why is interest in lab-grown meat rising?

No.30 What is one problem with developing lab-grown meat?

実験室の培養肉

❶実験室で培養された肉というのは、多くの人にとって魅力的に聞こえないかもしれない。❷しかし、実際はこの分野への関心は高まっている。❸人類の人口が増え続けるにつれて、肉を食べる人の数も増えている。❹これは農家にも環境にも負担をかけている。❺食肉用の家畜への依存を減らす方法の研究に、多額の資金を投じる企業が増えている。

❻簡単に言えば、実験室の培養肉は動物から採取した細胞から始まる。❼科学者は、その細胞を固形肉になるまで成長させる。❽高い生産コストの削減や全体的な生産量の増加など、解決しなければならない問題がいくつかある。❾SFのように思えるかもしれないが、実験室で培養された鶏肉はすでにシンガポールのレストランで提供されている。❿世界中で100社近くが実験を続けており、実験室で培養された肉が私たちの食卓に並ぶ日もそう遠くないかもしれない。

No.29 なぜ実験室で培養された肉への関心が高まっているのですか。

No.30 実験室の培養肉を開発することの問題点は何ですか。

No.29_4 No.30_2

(P) 2-2-16

No.31 **1** The construction of sewers during a hot summer.
2 An outbreak of illnesses that infected the city's poor.
3 The city's waste combined with hot weather.
4 An increase in industrial pollution in the air.

Date / ①②③④
/ ①②③④
/ ①②③④

No.32 **1** It is now completely free of all waste.
2 It is much deeper due to recent construction efforts.
3 It has been separated from the city's sewers.
4 It has become home to a variety of aquatic animals.

Date / ①②③④
/ ①②③④
/ ①②③④

No.31 1 暑い夏に下水道が敷設されたこと。
2 都市の貧困層が感染した病気の発生。
3 暑い気候と都市の廃棄物が重なった。
4 工業がもたらす大気汚染の増加。

選択肢から、広範囲にわたる汚染や公害が共通点としてイメージできます。問われているThe Great Stinkという表現は❸に出てきます。❸の後半にextreme heat worsened the problem of sewage left out in the open airと言っていたのをしっかり聞き取れていたかどうかがポイントです。それを言い換えた3が正解です。

No.32 1 テムズ川から廃棄物は完全になくなった。
2 近年の河川工事により、かなり深くなった。
3 都市の下水道から切り離された。
4 さまざまな水生動物が生息するようになった。

選択肢から、ある対応がなされた状況の説明が共通点として見えてきます。テムズ川の水質について❼とあります。したがって、species of fishをvariety of aquatic animalsと言い換えた4が正解です。

❷□ sewer 下水道 ❸□ stink 強い悪臭 □ worsen …を悪化させる □ rubbish ごみ、廃物
□ leave X out Xを出しっぱなしにする ❹□ blame A for B BをAのせいにする
❺□ seek to *do* …しようと努める ❻□ device 装置、仕掛け □ introduce …を導入する
□ oxygen 酸素 □ content 含有量 □ wildlife 野生生物 □ flourish（動植物が）生育する
❼□ restoration 復活、回復 ❽□ pollute …を汚染する □ improvement 改良、改善
□ sewage 下水の汚物 No.31 選択肢 2 □ outbreak（突然の）発生 □ infect（病気が）…に感染する
選択肢 3 □ combine with …を結びつける No.32 選択肢 4 □ effort 活動 □ aquatic 水生の

スクリプト 2-2-16

The River Thames

❶ London's famous river, the Thames, has recently been named one of the world's cleanest. ❷ In the mid 19th century, however, London was known for its bad smell due to pollution from sewers connected to the Thames. ❸ The summer of 1858 is known as the Great Stink, when extreme heat worsened the problem of sewage left out in the open air. ❹ Many blamed the polluted river for spreading disease throughout the city.

❺ London's government has sought to clean up the river ever since. ❻ Devices have been introduced to increase the oxygen content of the water, which is necessary for wildlife to flourish. ❼ Its restoration has continued to this day, and the Thames now supports around 125 species of fish. ❽ The Thames continues to face challenges, however, as the river's depths are still highly polluted and require major improvements to London's current sewage system.

No.31 What caused the Great Stink in London?
No.32 How has the condition of the Thames changed over time?

テムズ川

❶ロンドンの有名なテムズ川は最近、世界で最もきれいな川の一つに選出された。❷しかし、19世紀半ばのロンドンは、下水道からテムズ川に流れる汚染水が原因となる悪臭で知られていた。❸1858年の夏は「大悪臭」と呼ばれ、猛暑によって野外に残された廃棄物の問題が悪化した。❹汚染された川が街中に病気を蔓延させたと、多くの人々は非難した。

❺それ以降、ロンドン当局は川の浄化に取り組んできた。❻野生生物が生育するために必要な水中の酸素濃度を高めるために数々の装置が導入された。❼その再生は現在も続いており、テムズ川は現在、約125種の魚が生息するのを支えている。❽しかし、テムズ川の水底は依然として高濃度に汚染されており、現在のロンドンの下水システムを大幅に改良する必要があるため、テムズ川は難題に直面し続けている。

No.31 ロンドンの「大悪臭」の原因は何ですか。
No.32 テムズ川の状態は時代とともにどのように変化しましたか。

No.31_3 No.32_4

(Q) 2-2-17

No.33 **1** They were able to run faster than professionals.
2 They were much more healthy than Swedish youth.
3 They only began training after starting high school.
4 They copied techniques used by world-class runners.

Date ／ ① ② ③ ④
／ ① ② ③ ④
／ ① ② ③ ④

No.34 **1** They jog to school instead of riding buses.
2 Their local environment makes competing in other countries easier.
3 They have a body type suitable for running.
4 Their genes allow them to use oxygen more efficiently.

Date ／ ① ② ③ ④
／ ① ② ③ ④
／ ① ② ③ ④

No.33 1 プロ選手よりも速く走ることができた。
2 スウェーデンの若者よりもずっと健康的だった。
3 高校に入ってからトレーニングを始めた。
4 世界トップクラスのランナーが使う技術を真似た。

選択肢から、あるグループの身体的なパフォーマンスの特徴が共通のイメージとして浮かびます。ケニアの若者についての研究者たちの発見について、❹にa series of studies...とあり、これに続くcomparing professional Swedish runners with Kenyan high schoolers showed that the amateur Kenyans consistently defeated the Swedes.より、1が正解です。

No.34 1 バスではなくジョギングで通学している。
2 地元の環境が他国での競技を楽にしている。
3 ランニングに適した体型である。
4 遺伝子によって酸素を効率よく利用できる。

前の問題から引き続いて、あるグループの優れた身体的特徴の背景が共通点となりそうです。❾に遺伝的なものがその理由で、具体的にはKenyans have developed the ideal runner's physiqueとあります。the ideal runner's physiqueを a body type suitable for runningと言い換えた3が正解だとわかります。

❷□ make up (部分が割合)を占める ❸□ take center stage 注目を集める
❹□ a series of 一連の… □ consistently 終始一貫して ❼□ argument 主張、理由
□ altitude 標高 □ lung 肺 ❽□ mountainous 山地の、山の多い ❾□ genetic 遺伝の
□ physique 体格 No.34 選択肢 2 □ compete 競争する 選択肢 4 □ gene 遺伝子

スクリプト 2-2-17

Runners from Kenya

❶ Since the 1980s, the majority of long distance running champions have come from Kenya. ❷ In fact, Kenyan men and women make up more than 70% of the world's fastest runners. ❸ Before Kenyans took center stage in the world of competitive running, Sweden was known for its runners. ❹ But a series of studies comparing professional Swedish runners with Kenyan high schoolers showed that the amateur Kenyans consistently defeated the Swedes.

❺ There are several theories to explain the success of Kenyan runners, often based on environmental conditions. ❻ Many believed that Kenyans run to and from school every day, which is simply untrue. ❼ Another argument is that the higher altitude where Kenyan runners live means their lungs require less oxygen. ❽ However, there are other mountainous countries, and their runners do not perform the same. ❾ Researchers have found that Kenyans' success may actually be genetic, as they discovered that Kenyans have developed the ideal runner's physique.

No.33 What did researchers discover about Kenyan youth?

No.34 What may be the reason for Kenyan runners' success?

ケニア出身のランナー

❶1980年代以降、長距離走の優勝者の大半はケニア出身である。❷実際、世界最速ランナーの70%以上を男女のケニア人選手が占めている。❸ケニア人選手が陸上競技の世界で注目を浴びる前は、スウェーデンがランナーの国として知られていた。❹しかし、スウェーデンのプロランナーとケニアの高校生ランナーを比較した一連の研究では、ケニアのアマチュアランナーが常にスウェーデン人ランナーに勝っていた。

❺ケニア人ランナーの成功を説明する説はいくつかあり、その多くは環境条件に基づくものである。❻ケニア人は毎日登下校で走っているという説を信じた人は多かったが、これは事実ではない。❼また、ケニア人ランナーの住む場所は標高が高いため、肺が必要とする酸素が少なくて済むという別の説もある。❽しかし、山が多い国は他にもあるが、それらの国のランナーが同じような結果を残しているわけではない。❾研究者は、ケニア人の活躍は実は遺伝的なものなのかもしれない、ということを発見した。それは、ケニア人はランナーとして理想的な体格を持っていることがわかったからだ。

No.33 研究者はケニアの若者について何を発見しましたか。

No.34 ケニア人ランナーの成功の理由は何だと思われますか。

No.33_1 No.34_3

(R) 2-2-18

No.35 **1** Competition increased between hamburger restaurants.
2 Ordering from cars became more widespread.
3 Local restaurants were often replaced by chain stores.
4 Menus began including options for children.

Date / ① ② ③ ④
/ ① ② ③ ④
/ ① ② ③ ④

No.36 **1** Groups promoting eco-friendly lifestyles.
2 Employees quitting due to poor pay.
3 Customers demanding healthier food choices.
4 Governments creating laws to protect workers.

Date / ① ② ③ ④
/ ① ② ③ ④
/ ① ② ③ ④

No.35 1 ハンバーガー店同士の競争が激化した。
2 車からの注文が普及した。
3 地元のレストランがたびたびチェーン店に取って代わられた。
4 メニューに子ども向けのメニューが含まれるようになった。

選択肢から身近な飲食店に関する変化という共通点がイメージできます。❸と言っているので、「ドライブスルーが一般的になった」という意味の2が正解です。

No.36 1 団体が環境に優しいライフスタイルを推進する。
2 賃金が低いために従業員が辞める。
3 顧客がより健康的な食品の選択を求める。
4 政府が労働者を保護する法律を作る。

選択肢を見ると、前の問題から引き続き飲食店に関わるとイメージできますが、動作主と思われる名詞が「グループ」（おそらく企業）、「被雇用者」、「顧客」「政府」と立場に大きな違いがあるため、主語と目的語に注意したいところです。ファストフード業界への反応に関しては後半の段落で説明されています。❾の内容をeco-friendlyと適切に言い換えている1が正解です。

❸□ affordable 入手可能な、手ごろな □ common sight よく見る光景 ❼□ obesity 肥満
❾□ seasonal 季節の [No.35 選択肢 3] □ replace …に取って代わる
[No.36 選択肢 1] □ eco-friendly 環境にやさしい

スクリプト 2-2-18

The Fast Food Industry

❶ Founded in 1921, White Castle was the first fast food burger restaurant in the United States. ❷ It began a new era of fast food chains providing speedy service at a low cost. ❸ As cars became more affordable for families, the industry adapted, with drive-through restaurants a common sight by the 1970s. ❹ The United States leads the fast food industry to this day, with American chain restaurants in more than 100 countries.

❺ The fast food industry is a huge part of the global economy, but it also causes concerns. ❻ In 2014, fast food workers across 230 cities protested low salaries and lack of benefits. ❼ Fast food is also directly linked to an increase in obesity rates. ❽ Due to its negative health impact, the "slow food" movement is growing in popularity. ❾ Educating people about eating seasonal local foods and reducing waste are among their goals to promote sustainability.

No.35 What does the speaker say about changes to the fast food industry?

No.36 What is one reaction to the fast food industry?

ファストフード業界

❶ 1921年創業のホワイトキャッスルは、米国初のファストフードのバーガー店である。❷このとき低価格でスピーディーなサービスを提供するファストフードチェーンの新時代が始まった。❸自動車が一般家庭でも買えるようになると、業界もそれに対応し、1970年代にはドライブスルー・レストランが一般的な光景となった。❹アメリカは今日に至るまでファストフード業界をリードしており、アメリカのチェーン・レストランは100か国以上にある。

❺ファストフード産業は世界経済の大きな部分を占めているが、同時に懸念も引き起こしている。❻ 2014年には230の都市でファストフード労働者が低賃金と福利厚生の欠如を抗議した。❼ファストフードは肥満率の増加にも直結している。❽その健康への悪影響から、「スローフード」運動の人気が高まっている。❾地元の旬の食材を食べ、廃棄物を減らすことを人々に啓蒙することは、持続可能性を促進するその運動の目標の一つである。

No.35 ファストフード業界の変化について、話し手はどのように言っていますか。

No.36 ファストフード業界に対する反応の一つは何ですか。

No.35_2 No.36_1

(S) 2-2-19

No.37 **1** Different groups living in the same region.
2 A united society with a strict social order.
3 Several kingdoms competing for control.
4 Religious people living in rural villages.

Date / ①②③④
/ ①②③④
/ ①②③④

No.38 **1** A neighboring tribe declared war.
2 Earthquakes destroyed temples and homes.
3 Climate change reduced their food supply.
4 A disease infected many of their workers.

Date / ①②③④
/ ①②③④
/ ①②③④

No.37 1 同じ地域に住む異なる集団。
2 厳格な社会秩序を持つ統一社会。
3 支配権を争ういくつかの王国。
4 農村に住む信心深い人々。

選択肢からは集落やコミュニティなどの人の集まりが共通点として浮かびます。❷で「マヤ」が文化の異なる複数の部族を総称しているとわかります。正解は1となります。

No.38 1 近隣の部族が宣戦布告した。
2 地震によって寺院や家屋が破壊された。
3 気候変動により食料供給が減少した。
4 感染症が多くの労働者に広まった。

選択肢からは共同体を破壊する要因となるものという共通点がイメージできます。❺にマヤ族が街を離れていったとあり、続く文で理由を述べています。いくつかの理由のうち、最近の研究でわかったのは❽のsudden environmental factors, such as a lack of rainfall, may have severely impacted food production. と述べているので、正解は3です。

❶□ once かつて □ stretch (土地が)広がる ❷□ term 用語 ❺□ abandon …を放棄する
❻□ archaeologist 考古学者 ❼□ infectious diseases 感染症 □ tropical 熱帯の
No.37 選択肢 2 □ strict 厳格な □ social order 社会組織、社会秩序

スクリプト 2-2-19

The Fall of the Maya

❶ The Maya civilization once stretched from southern Mexico to Honduras. ❷ The term "Maya" describes the numerous tribes who lived there, each with their own distinct cultures and traditions. ❸ In the second century, the Maya started building grand temples, and dozens of cities supported a population of several million people. ❹ By the 9th century, however, development in southern Maya urban areas had stopped, and people moved away to more northern areas.

❺ Historians do not agree about why the Maya abandoned their great cities. ❻ Some archaeologists believe a foreign group invaded the region, but this does not explain how the whole area collapsed. ❼ Another theory is that infectious diseases common in tropical climates spread throughout the population and caused a large number of deaths over time. ❽ Yet another explanation, based on the newest data, is that sudden environmental factors, such as a lack of rainfall, may have severely impacted food production.

No.37 How does the speaker describe the Maya people?

No.38 What do recent studies suggest about the Maya leaving their cities?

マヤの滅亡

❶マヤ文明は、かつてメキシコ南部からホンジュラスにかけて広がっていた。❷「マヤ」という用語は、そこに住んでいた多数の部族を指し、それぞれが独自の文化と伝統を持っていた。❸2世紀、マヤは壮大な神殿を建て始め、数十の都市が数百万人の人口を支えた。❹しかし9世紀になると、マヤ南部の都市部の開発は止まり、人々はより北の地域へと移っていった。

❺マヤが大都市を放棄した理由について、歴史家の意見は一致していない。❻一部の考古学者は、外国人の集団がこの地域に侵入したと考えているが、これでは地域全体が崩壊した理由を説明できない。❼別の説では、熱帯気候でよく見られる伝染病が住民全体に広がり、時間の経過とともに多数の死者を出したという。❽さらに、最新のデータに基づくもう一つの説明には、降雨不足などの突発的な環境要因が食糧生産に深刻な影響を与えたかもしれないというものがある。

No.37 話し手はマヤ族をどのように表現していますか。

No.38 最近の研究では、マヤが都市から離れていったことについて、どのようなことを示唆していますか。

No.37_1 No.38_3

(T) 2-2-20

No.39 **1** To find a use for abandoned spaces.
2 To grow crops in urban areas.
3 To reduce the amount of water used in farming.
4 To combine farms with apartment buildings.

Date / ①②③④
/ ①②③④
/ ①②③④

No.40 **1** The plants cannot grow as well as expected.
2 The facilities consume a lot of electricity.
3 The plants are more likely to get sick.
4 The facilities have to be located near water.

Date / ①②③④
/ ①②③④
/ ①②③④

No.39
1 放棄されたスペースの用途を見つけるため。
2 都市部で作物を栽培するため。
3 農業で使用する水の量を減らすため。
4 農場と集合住宅を組み合わせるため。

選択肢それぞれがS+Vの節ではなく、Toで始まっており、選択肢から土地の利用方法というイメージが共通する点として浮かびます。垂直農法の本来の目的は❶のコロンビア大学の授業の紹介に続き❷とあるので、2が正解となります。

No.40
1 植物が思うように育たない。
2 施設の消費電力が大きい。
3 植物が病気になりやすい。
4 施設を水辺に設置しなければならない。

選択肢を見ると大まかな共通点として何かの不都合な面がイメージとして浮かびます。垂直農法の欠点については、❽で明らかになっています。垂直農法の欠点はコストがかかることと多くの電力を消費することであると述べていることから、正解は2です。

□ vertical 垂直の ❺□ layer …を層にする、重ねる ❻□ consumption 消費
❼□ year-round 一年中の No.39 選択肢 1 □ abandon …を捨てる、放棄する

スクリプト 2-2-20

Vertical Farming

❶ In 1999, a professor at Columbia University was teaching his students about environmental issues. ❷ The class tried to design a system to grow food for a large number of residents in New York, which led to the idea of a vertical farm. ❸ These farms can be in buildings, tunnels, and large containers. ❹ They use technologies such as climate-controlled environments and the plants can grow in water or air.

❺ While traditional farms require large areas of land, vertical farming saves space by layering plants on shelves. ❻ In addition, growing plants without soil reduces water consumption. ❼ Another advantage is that the indoor conditions protect plants from bad weather, allowing for year-round production. ❽ Starting a vertical farm is extremely expensive, however, and requires a lot of energy to keep the lights on. ❾ As this method is still relatively new, there are plenty of challenges that still need to be solved before it can be widely adopted.

No.39 What was the original purpose of vertical farms?
No.40 What is a disadvantage of vertical farming?

垂直農法

❶1999年、コロンビア大学の教授が環境問題について学生たちに教えていた。❷その授業では、ニューヨークの多数の住民のために食料を栽培するシステムの設計を試み、それが垂直農場というアイデアにつながった。❸垂直農場は、ビルやトンネル、大型コンテナなどを利用する。❹気候制御された環境といった技術を活用し、植物は水中でも空気中でも育つ。

❺従来の農場は広大な土地を必要とするが、垂直農法は棚に植物を層状に配置することでスペースを節約する。❻さらに、土を使わずに植物を育てることで、水の消費量を減らすことができる。❼もう一つの利点は、屋内という環境が悪天候から植物を守り、一年中生産できることだ。❽しかし、垂直農場を始めるには非常にコストがかかり、電気を付けたままにしておくために多くの電力を必要とする。❾この方法はまだ比較的新しいため、広く採用されるまでには解決すべき課題が山積みである。

No.39 垂直農場の本来の目的は何でしたか。
No.40 垂直農法の欠点は何ですか。

(U) 2-2-21

No.41 **1** A greater variety of produce can be grown together.
2 Growing large amounts of food is easier.
3 Less workers are needed to care for plants.
4 Spraying crops in long rows saves time.

Date / ① ② ③ ④
/ ① ② ③ ④
/ ① ② ③ ④

No.42 **1** A long drought damaged the crops.
2 The soil could no longer grow potatoes.
3 Chemicals killed many plants.
4 The main food source became infected.

Date / ① ② ③ ④
/ ① ② ③ ④
/ ① ② ③ ④

No.41 1 より多くの種類の農産物を一緒に栽培できる。
2 大量の食物を栽培することが容易である。
3 植物の世話をする労働者が少なくてすむ。
4 長い列に植えた作物に散布することで、時間を節約できる。

選択肢から農作物の手入れの仕方が共通点としてイメージできます。単一栽培の利点に関しては、❹に作業を単純化して食料の生産量を増やすとあり、文中のsimplerとほぼ同義のeasierを用いた2が正解となります。

No.42 1 長い干ばつで作物が被害を受けた。
2 土壌がジャガイモを育てられなくなった。
3 化学薬品が多くの植物を枯らした。
4 主要な食料源が病気に感染した。

選択肢に共通する点として、農作物が受けた被害状況というイメージが浮かびます。設問でGreat Famineと聞こえます。❽で同じThe Great Famine of Irelandという主語で始まっていたことを覚えていて、しかも続く文を聞いたときにその内容をはっきりとイメージできていれば、簡単に正解を導くことができます。❾❿で多くの人を養っていたジャガイモが単一栽培だったために病気にかかったとあるので、正解は4です。

❷□ Caribbean カリブ海の ❽□ The Great Famine of Ireland アイルランド大飢饉
⓫□ practice 慣習 No.42 選択肢 4 □ infected 感染した

スクリプト 2-2-21

Monocultures

❶ Monoculture is when farmers only grow a single plant species. ❷ Its history goes back to Caribbean sugar farms in the 17th century. ❸ High demand for sugar in Europe and cheap slave labor established this profitable agricultural system. ❹ Monoculture makes the farming process simpler, which results in increased food production. ❺ Nowadays, large machines and chemical sprays are used to maintain growing conditions and further improve harvests.

❻ At the same time, monocultures cause environmental issues and food security risks. ❼ Although it is a cheap way to provide food for populations, growing the same plant every year destroys the soil quality. ❽ The Great Famine of Ireland is one historical example. ❾ A single type of potato fed the majority of people. ❿ However, the lack of variation allowed a disease to spread easily, damaging potato plants and leading to a million deaths. ⓫ However, despite its negative effects, the practice is still widely used in industrial farming.

No.41 What is one benefit of monocultures?
No.42 What caused the Great Famine in Ireland?

単一栽培

❶単一栽培とは、農家が単一の植物種のみを栽培することである。❷その歴史は17世紀のカリブ海の砂糖農場にさかのぼる。❸ヨーロッパでの砂糖の需要の高さと安価な奴隷労働力により、この収益性の高い農業システムが確立された。❹単一栽培は農作業を単純化し、結果として食糧増産につながる。❺現在では、栽培環境を維持し、収穫をさらに増加させるために、大型機械や散布用化学薬品が使用されている。

❻その一方で、単一栽培は環境問題や食糧安全保障上のリスクを引き起こす。❼それは人々に安価に食料を供給する方法ではあるが、毎年同じ植物を栽培すると土壌の質を破壊してしまう。❽アイルランドの大飢饉はその歴史的な例の一つである。❾単一品種のジャガイモが大多数の人々を養っていた。❿しかし、品種が少なかったために病気が蔓延しやすくなり、ジャガイモが駄目になって、100万人もの死者が出た。⓫しかし、このような弊害にもかかわらず、この方法は工業型農業で今も広く行われている。

No.41 単一栽培の利点の一つは何ですか。
No.42 アイルランドの大飢饉の原因は何ですか。

No.41_2 No.42_4

(V) 2-2-22

No.43 **1** There is an increase in people with memory loss.
2 People are in better physical condition in their old age.
3 Researchers are working on medicine to prevent mental decline.
4 Signs of dementia are being found in younger people.

Date ／ ① ② ③ ④
／ ① ② ③ ④
／ ① ② ③ ④

No.44 **1** By reducing intake of alcohol and sweets.
2 By avoiding activities which raise one's heart rate.
3 By keeping a strict daily routine.
4 By going out to meet friends.

Date ／ ① ② ③ ④
／ ① ② ③ ④
／ ① ② ③ ④

No.43 1 1 記憶力の低下した人が増えている。
2 人々は高齢になっても体調が良い。
3 研究者は精神的な衰えを防ぐ薬の研究に取り組んでいる。
4 認知症の徴候が若い人にも見つかっている。

選択肢から、年齢と身体的なパフォーマンスの低下に関する何かを含む話題ではないかと予想できます。❷の発言から、dementiaやinability to rememberをmemory lossと言い換えている1が正解となります。

No.44 4 1 アルコールや甘いものの摂取を控える。
2 心拍数を上げるような活動を避ける。
3 日課をきちんと守る。
4 友だちに会うために外出する。

選択肢から、身体的なパフォーマンスを向上するための手段という共通点が浮かびます。脳の健康を改善する方法については、❻以降で話されています。❽に具体的な内容があり、このうちhanging out with friendsの部分を表現している4が正解です。

❷□ dementia 認知症 □ inability to *do* …することができないこと
□ be on the rise 数量が増えつつある ❸□ aging 老化 ❹□ mental decline 精神機能の退化
❺□ market …を売りに出す □ mental functioning 精神機能 ❻□ mental exercise 頭の体操
□ continued 連続した ❽□ hang out with …と付き合う No.44 選択肢 1 □ intake 摂取

スクリプト 2-2-22

Brain Health

❶ As people age, it is important to not only consider maintaining physical health but also a strong mind. ❷ Studies show that dementia, or the inability to remember or think clearly in everyday life, is on the rise. ❸ However, researchers believe that dementia is not a natural part of aging. ❹ In fact, experts agree that a balanced lifestyle can protect your brain from memory loss and mental decline.

❺ "Brain fitness" is a popular concept promoted by companies that market games to improve mental functioning. ❻ In addition to mental exercises, any continued physical movement which stimulates your heart is said to also protect the brain. ❼ Of course, limiting alcohol consumption and not smoking can both reduce your risk of poor brain health as well. ❽ Finally, research shows that a healthy social life is important, so joining a class or hanging out with friends can actually keep you young.

No.43 What is a current trend among aging populations?
No.44 How can people help improve brain health?

脳の健康

❶年齢を重ねるにつれて、身体の健康を維持することだけでなく、心の健康を維持することも大切になってくる。❷研究によると、認知症、つまり日常生活で明瞭に記憶したり思考したりすることができなくなることが増えているという。❸しかし研究者は、認知症は加齢に伴う当然の現象ではないと考えている。❹実際には、バランスの取れた生活習慣によって、記憶力の低下や精神的な衰えから脳を守ることができるというのが専門家の見解だ。

❺「ブレイン・フィットネス」は、メンタル機能を向上させるためのゲームを販売する会社によって提唱されている注目の概念である。❻頭の体操に加え、心臓を刺激するような運動を続けることも脳を保護すると言われている。❼もちろん、飲酒の制限や禁煙でも、脳の健康が損なわれるリスクを減らすことができる。❽最後に、健康的な社会生活も重要で、教室に参加したり、友人と遊んだりすることは、実際に若さを保つことにつながることが研究によってわかった。

No.43 高齢化における現在の傾向は何ですか。
No.44 脳の健康を改善するにはどうすればよいでしょうか。

 No.43_1 No.44_4

(W) 2-2-23

No.45 **1** More people wish to experience unfamiliar cultures.
2 More travel companies offer nature tours.
3 Remote areas are now easier to get to.
4 There is a new nature park in Chile.

Date ／ ① ② ③ ④
／ ① ② ③ ④
／ ① ② ③ ④

No.46 **1** She wants to construct beach resorts in Patagonia.
2 She wants to clean wildlife areas damaged by tourism.
3 She wants to expand public transportation for rural Chileans.
4 She wants to create a healthy tourism industry with locals.

Date ／ ① ② ③ ④
／ ① ② ③ ④
／ ① ② ③ ④

No.45 1 知らない文化を体験したいと思う人が増えた。
2 自然体験ツアーを提供する旅行会社が増えた。
3 遠隔地へのアクセスが容易になった。
4 チリに新しい自然公園ができた。

選択肢から旅行と最近の変化という共通するイメージが浮かびます。エコツーリズムが一般的になった理由を述べている❸のaccess to remote placesの部分を言い換えた3を正解に選びましょう。

No.46 1 パタゴニアにビーチリゾートを建設したいと考えている。
2 観光業によってダメージを受けた野生動物の生息地をきれいにしたいと考えている。
3 チリの農村部の人々のために公共交通機関を拡大したいと考えている。
4 地元の人々とともに健全な観光産業を作りたいと考えている。

選択肢に共通する情報から、女性が特定の土地に何らかの働きかけをしようとしていることが予想できます。❺で初めて女性の名前が聞こえます。❺から❿までで、彼女の使命が語られているので、これを端的にまとめた4が正解となります。

□ ecotourism エコツーリズム（環境保護の認識を高めるための旅行） ❷□ exotic 異国情緒のある
□ destination 目的地 □ hurt …を害する ❸□ concern 関心 □ remote 遠方の
❺□ conservationist 環境保護主義者 ❼□ sustainable 持続可能な ❽□ trail ハイキングコース
❾□ envision （未来のこと）を心に描く No.45 選択肢1 □ unfamiliar よく知らない

スクリプト 2-2-23

Ecotourism in Patagonia

❶ The term “ecotourism” was first used in the 1980s. ❷ It is a kind of travel for people who wish to enjoy exotic destinations without hurting the environment. ❸ It continues to gain popularity as concerns for the health of the environment and access to remote places both grow. ❹ One such place is Chilean Patagonia, a vast region in Southern Chile rich in wildlife and beautiful nature. ❺ A conservationist named Kris Tompkins wants to bring ecotourism there.

❻ Tompkins has been working for the last 25 years to expand this area. ❼ Now, she is working together with local communities to develop sustainable businesses to attract ecotourists. ❽ Her organization has already constructed hiking trails and campgrounds in several parks. ❾ She envisions more transportation and lodgings across Patagonia to reduce overcrowding in popular areas. ❿ Tompkins believes that giving locals a sense of pride and responsibility will be the best way to protect their home.

No.45 What is one reason for ecotourism becoming more common?

No.46 What is true about Kris Tompkins' mission?

パタゴニアのエコツーリズム

❶「エコツーリズム」という言葉が初めて使われたのは1980年代のことである。❷エコツーリズムとは、環境に負担をかけることなく異国の地を楽しみたいと願う人々のための旅行である。❸環境の保護と人里離れた場所へのアクセスの両方に対する関心が高まるにつれて、エコツーリズムの人気も高まり続けている。❹そのような場所の一つが、野生動物と美しい自然に恵まれたチリ南部の広大な地域である、チリ領パタゴニアである。❺クリス・トンプキンスという自然保護活動家は、そこでエコツーリズムを実現したいと考えている。

❻トンプキンスは過去25年間、この地域の発展に取り組んできた。❼現在、彼女は地元コミュニティと協力し、エコツーリストを呼び込むための持続可能なビジネスを展開している。❽彼女の組織はすでにいくつかの公園にハイキングコースやキャンプ場を建設した。❾彼女は人気エリアでの過密状態を解消するため、パタゴニア全土に交通機関と宿泊施設を増やすことを構想している。❿地元の人々に誇りと責任感を与えることが、その故郷を守る最善の方法だとトンプキンスは信じている。

No.45 エコツーリズムが一般的になった理由の一つは何ですか。

No.46 クリス・トンプキンスの使命について正しいことは何ですか。

 No.45_3 No.46_4

(X) 2-2-24

No.47 **1** They spread diseases from eating human waste.
2 They make loud calls when they are thirsty.
3 They have a special sense for finding water.
4 They are able to solve problems creatively.

Date / ① ② ③ ④
/ ① ② ③ ④
/ ① ② ③ ④

No.48 **1** They let humans get close and touch them.
2 They communicate with a variety of sounds.
3 They can adapt to any environment.
4 They spend most of their time alone.

Date / ① ② ③ ④
/ ① ② ③ ④
/ ① ② ③ ④

No.47 1 人間のごみを食べることにより病気を広める。
2 喉が渇くと大きな声で鳴く。
3 水を見つけるための特別な感覚がある。
4 創造的に問題を解決することができる。

選択肢から特定の生物の特徴的な行動というイメージが浮かびます。音声の最初の文がCrowsで始まっているので、ここで「カラス」の話だとわかります。❸と❹でカラスにまつわる昔話について言及していて、これを❺で結論付けていることから、正解は4だとわかります。

No.48 1 人間を近寄らせて触らせる。
2 さまざまな鳴き声でコミュニケーションを取る。
3 どんな環境にも適応できる。
4 ほとんどの時間を単独で過ごす。

前の問題から引き続いて、生物の特徴的な行動という共通点が浮かびます。カラスの行動について、❽のuse hundreds of different calls to communicateをcommunicate with a variety of soundsという表現で言い換えた2が正解です。

❶□ search through …の中をくまなく探す □ litter 散乱したゴミ ❷□ reputation 評判
❹□ take a drink 飲み物を飲む ❺□ observe …を観察する □ exact まさにその
□ confirm that節 …を立証する ❻□ experiment with …で実験する
❾□ recognize …の見分けがつく □ threaten …を脅す
No.47 選択肢 1 □ disease 病気 No.48 選択肢 3 □ adapt to …に順応する

スクリプト 2-2-24

Clever Crows

❶ Crows are often seen searching through litter and can be heard noisily calling from above. ❷ As such, they have a bad reputation and are widely misunderstood. ❸ There is an old tale about a thirsty crow that finds a container with a little water in it. ❹ The crow drops small rocks into it until the water level is high enough that it can take a drink. ❺ Scientists have in fact observed this exact behavior, confirming that crows are among the smartest bird species.

❻ A wildlife professor found that crows experiment with their surroundings, such as by using tools to find food. ❼ They are social animals that live in large families and even play games alone and in groups. ❽ These birds use hundreds of different calls to communicate with other crows. ❾ Their strong memory helps them recognize people who have threatened them. ❿ On the other hand, crows may also bring gifts to people who have shown them kindness.

No.47 What do researchers know about crows?
No.48 What is mentioned about crows' behavior?

PART 2

賢いカラス

❶ゴミを探しているカラスをよく見かけることもあれば、頭上から騒々しいカラスの鳴き声が聞こえることもある。❷そういうこともあり、カラスの評判は悪く、誤解が広がっている。❸喉の渇いたカラスが、水が少し入った容器を見つける、という昔話がある。❹その昔話のカラスは、水を飲めるように水位が十分高くなるまで小さな石を容器の中に落とす。❺科学者は正にこの行動を実際に観察し、カラスが最も賢い鳥類の一種であることを立証した。

❻ある野生動物学の教授は、カラスは餌を見つけるために道具を使うなど、周囲の環境を利用していることを解明した。❼カラスは大家族で生活する社会的な動物であり、単独で、あるいは集団でゲームをすることもある。❽カラスは何百種類もの鳴き声を使って他のカラスとコミュニケーションを取る。❾カラスの優れた記憶力は、脅威となった人間を認識するのに役立っている。❿一方、カラスは親切にしてくれた人に贈り物をすることもある。

No.47 カラスについて研究者がわかっていることは何ですか。
No.48 カラスの行動について何が述べられていますか。

 No.47_4 No.48_2

(Y) 2-2-25

No.49 **1** A resort with swimming facilities.
2 A sports club for weekly exercise.
3 A daycare for rest and relaxation.
4 A restaurant serving all-natural meals.

Date / ①②③④
/ ①②③④
/ ①②③④

No.50 **1** They help owners live longer.
2 They reduce symptoms of social anxiety.
3 They improve owners' overall health.
4 They can prevent heart disease.

Date / ①②③④
/ ①②③④
/ ①②③④

No.49 1 スイミング施設のあるリゾート。
2 週に一度の運動のためのスポーツクラブ。
3 休息とリラクゼーションのための預かり所。
4 自然食を提供するレストラン。

選択肢に共通点として健康に良さそうな施設というイメージが浮かびます。❹のコンマの前の部分より、正解は1だとわかります。

No.50 1 飼い主が長生きできる。
2 社会不安がもたらす症状を軽減する。
3 飼い主の健康を全般的に増進する。
4 心臓病の予防になり得る。

選択肢から健康に良いサービスを提供するという共通のイメージが浮かびます。先読みの時点ではownersは正体不明ですが、やや気になってもとにかく目を走らせてざっと読み通すという程度で良いでしょう。❻からペットを飼うことの利点について話し始めています。❼から⓫までで述べられた利点をimprove owners' overall healthという表現でまとめている3が正解になります。

❶□ extension of …の拡張 ❷□ companionship 仲間づきあい
❸□ spoil A with B AをBで甘やかしてだめにする ❺□ extreme 極端な、例外的な
❻□ explore (問題など)を探究する ❽□ socialization 社交的になること ❾□ evidence 証拠
No.49 選択肢 1 □ facilities 施設 選択肢 3 □ relaxation 息抜き No.50 選択肢 2 □ symptom 症状
□ anxiety 不安

スクリプト 2-2-25

Owning Pets

❶ Pets are commonly considered an extension of one's family. ❷ Especially for people who live alone, having a cat or dog can provide much-needed love and companionship. ❸ Some pet owners even spoil their pets with luxurious services. ❹ Take one pet hotel in Singapore where dogs can swim in the pool, enjoy bedtime massages, and eat organic meals. ❺ This may be an extreme example, but it is an obvious truth for pet owners that living with an animal brings daily joy.

❻ Only recently though has research begun exploring the health benefits of owning pets. ❼ One study found that regular walks with pets could assist with weight loss without any diet changes. ❽ Dog owners also benefit from socialization with other owners. ❾ In addition, there is evidence that pets can reduce the risk of mental illness. ❿ Science says that physical touch has powerful effects. ⓫ Simply holding a loving animal releases hormones in your brain to make you feel happy.

No.49 What pet service is described by the speaker?
No.50 What benefit of having pets is mentioned?

ペットを飼うこと

❶ペットは一般的に家族の延長として考えられている。❷特に一人暮らしの人にとっては、猫や犬を飼うことで、必要不可欠な愛情や交友関係が得られる。❸ペットの飼い主の中には、贅を尽くした世話でペットを甘やかしてしまう人さえいる。❹シンガポールのあるペットホテルを取ると、そこでは犬がプールで泳いだり、就寝時のマッサージを楽しんだり、オーガニック料理を食べたりすることができる。❺これは極端な例かもしれないが、動物との暮らしによって日々の喜びがもたらされるというのは、飼い主にとっては明らかな事実だ。

❻しかし、ペットを飼うことが健康にもたらすメリットが研究されはじめたのは最近のことだ。❼ある研究によると、ペットとの毎日の散歩は、食事を変えなくても体重を減らすのに役立つという。❽また、犬を飼っている人は、他の飼い主との交流ができるという恩恵を受ける。❾さらに、ペットが精神疾患のリスクを軽減するという証拠もある。❿科学的には、身体的な触れ合いに強力な効果があると言われている。⓫愛している動物を抱きしめるだけで、脳内でホルモンが分泌され、幸せな気分になれるのだ。

No.49 話し手はどのようなペットサービスについて述べていますか。
No.50 ペットを飼うことの利点は何ですか。

 No.49_1 No.50_3

(Z) 2-2-26

No.51 **1** Its first god is unknown today.
2 It evolved from different beliefs.
3 It was the first global religion.
4 Its founder was born in India.

Date / ①②③④
/ ①②③④
/ ①②③④

No.52 **1** Conflicts with another religion restricted their freedom.
2 Their important texts were destroyed in wars.
3 A disagreement of values split them into two groups.
4 Their main temple burned down during construction.

Date / ①②③④
/ ①②③④
/ ①②③④

No.51 1 創始神は今日では知られていない。
2 さまざまな信仰から発展した。
3 最初の世界的な宗教だった。
4 創始者はインドで生まれた。

選択肢を見ると、共通するイメージとして「ある宗教の集まり」が浮かびます。起源については❹と❺の内容からヒンドゥー教にはさまざまな信仰が組み込まれていることがわかるので、2を正解に選びましょう。

No.52 1 他の宗教との対立によって自由が制限された。
2 重要な教典が戦争で消失した。
3 価値観の不一致で二つの派に分かれた。
4 主となる寺院が建設中に焼失した。

前の問題から引き続き、特定の宗教の共同体が受けた被害が共通点として浮かんできます。❽の「イスラム教徒のアラブ人によりヒンドゥー教の信仰が禁止された」がヒンドゥー教徒が直面した問題であると考えられることから、1が正解となります。

□ Hinduism ヒンドゥー教 ❶□ in practice 実施中で、実際に行われて ❷□ karma カルマ、業（ごう）
❹□ have trouble *doing* …するのが難しい ❺□ incorporate …を組み込む
❻□ reach a peak 頂点に達する □ philosophy 哲学体系、理念 ❽□ set fire to …に火を放つ
□ forbid X from *doing* Xが…するのを禁じる No.52 選択肢3 □ disagreement 不一致
□ split A into B AをBに分割する

スクリプト 2-2-26

Hinduism, the World's Oldest Religion

❶ Hinduism is more than 4,000 years old, making it the oldest religion still in practice. ❷ One of Hinduism's main concepts is karma, the idea that people's actions directly affect their life circumstances. ❸ There are more than a billion Hindus living around the world today, although the majority live in India. ❹ Scholars have trouble saying exactly when Hinduism began because there is no single person responsible for its creation. ❺ Instead, Hinduism incorporates various faiths which have mixed over centuries, so most Hindus believe in hundreds of gods.

❻ Hinduism reached its peak around 2,000 years ago, when new religious texts were written and Hindu philosophy became fully formed. ❼ In the 7th century, the spread of Islam reached India. ❽ As Muslim Arabs took control of India, they set fire to temples and forbade Indians from practicing their religion. ❾ It is likely Hinduism's lack of central control has allowed it to survive to this day.

No.51 What does the speaker say about Hinduism's origins?
No.52 What is one problem Hindus faced in the past?

世界最古の宗教、ヒンドゥー教

❶ヒンドゥー教は4000年以上の歴史があり、現在も信仰されている最も古い宗教である。❷ヒンドゥー教の主な概念の一つにカルマという、人の行いがその人の人生の境遇に直接影響するという考え方がある。❸現在、世界中に10億人以上のヒンドゥー教徒がいるが、大多数はインドに住んでいる。❹ヒンドゥー教がいつ始まったのか、正確なところを学者が語るのは難しい。なぜなら、ヒンドゥー教の創始者は一人ではないからだ。❺それどころか、ヒンドゥー教には何世紀にもわたって混ざり合ってきたさまざまな教義が組み込まれているため、ほとんどのヒンドゥー教徒は何百もの神々を信じている。

❻ヒンドゥー教が最盛期を迎えたのは、新しい教典が書かれ、ヒンドゥー哲学が完全に形成された約2000年前である。❼7世紀には、イスラム教がインドに伝播した。❽イスラム教徒のアラブ人がインドを支配下に置くと、彼らは寺院に火を放ち、インド人が自分たちの宗教を信仰することを禁じた。❾ヒンドゥー教が今日まで存続できたのは、一元的な統制が存在しなかったからだろう。

No.51 ヒンドゥー教の起源について、話し手は何と言っていますか。
No.52 ヒンドゥー教徒が過去に直面した問題は何ですか。

 No.51_2 No.52_1

(a) 2-2-27

No.53 **1** It did not provide the expected results.
2 It was only conducted in Massachusetts.
3 People were not excited to write letters.
4 Many letters reached their targets.

Date ／ ①②③④
／ ①②③④
／ ①②③④

No.54 **1** Our world can be called a small world.
2 About 35% of people are closely connected.
3 There is a close connection between people in certain groups.
4 The number of our closest relationships is usually six.

Date ／ ①②③④
／ ①②③④
／ ①②③④

No.53 1 期待された結果は得られなかった。
2 マサチューセッツ州でのみ実施された。
3 人々は手紙を書くことに乗り気ではなかった。
4 多くの手紙が宛先に届いた。

選択肢からは、手紙を用いた実験というイメージが大まかな共通点として浮かびます。❶からThe Small World Experimentの説明が始まっています。❷では「6人のつながりを主張した」とありますが、最初の実験によると、❺よりそれは証明できなかったようです。したがって、1が正解となります。

No.54 1 私たちの世界は小さな世界と言えるだろう。
2 約35%の人々が密接なつながりを持っている。
3 あるグループの人々の間には密接なつながりがある。
4 私たちの最も親密な人間関係の数は通常6人である。

選択肢から浮かぶ大まかな共通点として「人とのつながりの近さの度合い」がイメージできます。❻を受けて実験によって示されたことが❼❽で述べられています。これらをまとめて言い表している3が正解です。

❷□ psychologist 心理学者 □ conduct an experiment 実験を行う □ a string of …のつながり
□ acquaintance 知り合い ❹□ be supposed to *do* …することになっている
❻□ initial 最初の □ completion 完成、完了 ❼□ uncertain 確信のない、不確実な
□ demonstrate that節 …を証明する ❽□ indeed 本当に

スクリプト 2-2-27

The Small World Experiment

❶ The Small World Experiment attempted to prove that it is possible to reach any person in the world through a short series of social contacts. ❷ In 1967, social psychologist Stanley Milgram conducted an experiment, proposing that any two random American people are typically connected by a string of about six acquaintances. ❸ He had participants pass letters by hand to people they knew. ❹ The letters were supposed to reach a specific person in the faraway state of Massachusetts. ❺ While one letter reached the target person in four days, the majority of these letters failed.

❻ Milgram later made some adjustments to the initial experiment and raised the completion rate to 35 percent, making some discoveries. ❼ Although it remains uncertain if the whole world is a small world, the experiment has demonstrated that there are numerous small worlds, or communities, where people are in fact closely connected. ❽ Interestingly, the number of connections in successful experiments was indeed often six.

No.53 What do we learn about the first Small World Experiment?
No.54 What is one thing the experiment showed?

スモール・ワールド実験

❶スモール・ワールド実験は、短い社会的接触を経れば、世界中のどんな人とも接触することが可能であると証明しようとしたものである。❷1967年、社会心理学者のスタンレー・ミルグラムは、無作為に選ばれたどの2人のアメリカ人も、通常6人ほどの知人のつながりによって結ばれていると主張し、実験を行った。❸彼は参加者に、知り合いに手紙を手渡すようにさせた。❹手紙は遠く離れたマサチューセッツ州にいる特定の人物に届くはずだった。❺ある手紙は4日で目的の人物に届いたが、大半の手紙は失敗に終わった。

❻その後、ミルグラムが最初の実験に若干の調整を加えたところ、達成率が35%に上がり、そしていくつかの発見をした。❼世界全体がスモール・ワールドであるかどうかは依然として不明だが、この実験によって、人々が実際に密接に結びついているスモール・ワールド(共同体)が数多く存在することが実証された。❽興味深いことに、成功した実験におけるつながりの数は、実際に6人であることが多かった。

No.53 最初のスモール・ワールド実験についてわかることは何ですか。
No.54 この実験で示されたことは何ですか。

 No.53_1 No.54_3

内容一致問題

Real-Life 形式

アイコン一覧

解説　和訳　語注　構造解析　正解

3-1-1 ～ 3-1-5

(A)

No.1 ***Situation:*** You work at a snack company. You want to sell more cheese-flavored snacks. Your sales manager tells you the following.

Question: What should you do first?

1 Stop promoting the salsa flavor.
2 Do a survey with your customers.
3 Revise your marketing strategy.
4 Change the flavor of the snack.

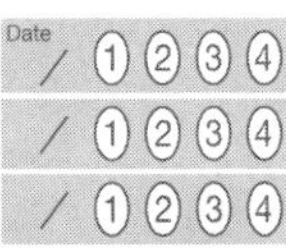

P.234

(B)

No.2 ***Situation:*** You are at a sporting goods store. You want the limited edition cap, and you do not mind waiting for it. A staff member tells you the following.

Question: What should you do?

1 Buy the cap from the partner store.
2 Complain to another staff member.
3 Call the store again in two weeks.
4 Fill in the form.

P.240

(C)

No.3 ***Situation:*** You are going to hike a mountain and are listening to the following guidance. You want to visit Iris Pond and reach the summit within three hours.

Question: Which route should you take?

1 Route Flower.
2 Route Breeze.
3 Route Sunrise.
4 Route Nature.

P.246

(D)

No.4 ***Situation:*** You are a private yoga teacher. You are fully booked Friday afternoon and Saturday morning. A student leaves you the following voice message.

Question: When should you reschedule the lesson for?

1 Thursday evening.
2 Friday morning.
3 Saturday evening.
4 Sunday afternoon.

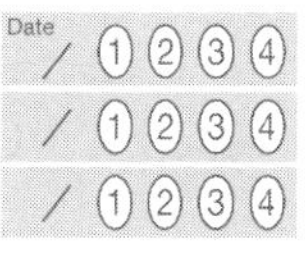

(E)

No.5 ***Situation:*** You hear the following announcement shortly after boarding your flight to Chicago. You need to transfer there for a flight to Florida.

Question: Where should you go after getting off the plane?

1 Gate G.
2 The information desk.
3 The boarding gate for flight A320.
4 The departure lobby.

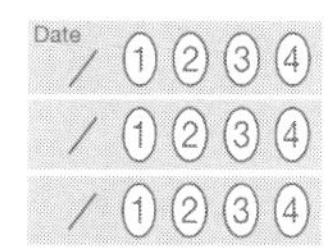

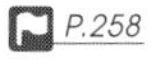

(A)

No.1 ***Situation:*** You work at a snack company. You want to sell more cheese-flavored snacks. Your sales manager tells you the following.

Question: What should you do first?

1 Stop promoting the salsa flavor.
2 Do a survey with your customers.
3 Revise your marketing strategy.
4 Change the flavor of the snack.

先読み

まず、「状況」を把握しましょう。この英文自体は準1級の受験者にとっては難しいものではないはずです。「あなたは①スナック菓子の会社で働いていて、②チーズ味のスナックをもっと売りたいと考えていて、③営業部長から次のように言われた。」という内容です。

質問も特に難易度が高いわけではありません。ここでは「あなたは何を最初にするべきですか」です。

選択肢の全体に目を通します。この選択肢の内容をできるだけ、頭の中でイメージしたままキープしておき、音声が流れている中で、あてはまるものがあったら、それが正解だと覚えておきましょう。しかし、Part 1で説明したように、逆説的ですが、間違い選択肢をすべて覚えていなければいけないというわけではありません。

選択肢のイメージはざっと以下のような感じになるでしょう。

1. サルサ味のプロモーションをやめる。
2. 顧客のサーベイをする。
3. マーケティングストラテジーをやり直す。
4. スナック菓子の味を変える。

ここで音声が流れます。

3-1-1

You have 10 seconds to read the situation and Question No.1.

❶ It seems like our sales strategy has been successful. ❷ We've been able to achieve almost double the profit of last year. ❸ Even so, our cheese-flavored snacks aren't selling nearly as well as the salsa or onion ones. ❹ There could be several reasons for this, but for now I'd recommend conducting a survey with our customers to see what they think about the flavor. ❺ If they don't like it, we could work on ways to improve the taste. ❻ If they do, then poor marketing is most likely the cause of the problem.

Now mark your answer on your answer sheet.

問題

❶「状況」で覚えておくべきことは、流れる音声は「マネジャーがあなたに伝えている」ということです。ここでも「主語」と「動詞」を確定することは大切です。ここでは主語はIt、動詞はseemsです。マネジャーは「～のようですね」とあなたに話しかけています。その内容は「我々の販売戦略が成功している」ですので、マネジャーの発言の1文目は「我々の販売戦略が成功してきたようですね」だとわかります。(→P.239参照)

❷マネジャーの発言が続きます。主語はwe（我々）、動詞部分はhave beenです。「我々は昨年の2倍の業績を達成してきました」と言っているので、❶の販売戦略が成功しているという内容を数字で裏付けていることになりますね。

❸Even so,（それでも）で始まり、主語はour cheese-flavored snacks（我々のチーズ味のスナック）、動詞部分はaren't sellingです。as well as は「～と同じくらい」という意味です。否定文に同格表現や比較級が同時に入ると、理解が難しくなる傾向があります。nearlyは「ほとんど」ですので、文全体の意味は「それでも、チーズ味のスナックはサルサ味やオニオン味とほとんど同じくらいには、売れていません」となります。(→P.239参照)

❹前半はThere is構文を使って、「いくつかの理由があります」で始まっています。But for nowは「しかし、今のところ」です。そのあとの主語はIで、動詞はwould recommend（私は推薦する）になります。このあとでマネジャーが推薦する内容について説明されるとわかります。もちろん、受験会場内や、初めて音声を聞く場合は緊張していたり、音声が速く感じたりするため（このあとに推薦する内容が来る！）などと意識することは困難でしょう。だからこそ、自宅学習やリピート練習中に構文をしっかりマスターして、それを理解しながら聞いて、声に出す練習をする必要があります。「顧客に調査をして、そのフレーバー（チーズ味）についてどう思っているのか知ることを勧める」とマネジャーは言っているようです。

質問の答えはここからわかりますね。

❺If節の主語はtheyで、動詞はdon't likeです。主節の主語はweで、動詞はcould workです。つまり「もし彼ら（顧客）がチーズ味を好きでなければ、私たちは味を改良する方法を考える」と言っています。ここで注意すべきなのは、If節に「もし、顧客が好きでなければ」と条件が述べられているので、「味を改良する」のは条件付きだということです。一番最初にあなたがすべきことは、あくまで「顧客調査」ですので、味を改良することではありません。選択肢4を正解に選ばないようにしましょう。

❻ 条件節がもう一度出てきています。「もし彼ら（顧客）がチーズ味を好きであるのなら、私たちの不十分でないマーケティングが問題（チーズ味が売れないこと）の理由だと考えられます」とあるので、早とちりして、選択肢3を選ばないようにしましょう。

スクリプト 3-1-1

You have 10 seconds to read the situation and Question No.1.

❶It seems like our sales strategy has been successful. ❷We've been able to achieve almost double the profit of last year. ❸Even so, our cheese-flavored snacks aren't selling nearly as well as the salsa or onion ones. ❹There could be several reasons for this, but for now I'd recommend conducting a survey with our customers to see what they think about the flavor. ❺If they don't like it, we could work on ways to improve the taste. ❻If they do, then poor marketing is most likely the cause of the problem.

Now mark your answer on your answer sheet.

Situation: You work at a snack company. You want to sell more cheese-flavored snacks. Your sales manager tells you the following.
Question: What should you do first?

1 Stop promoting the salsa flavor.
2 Do a survey with your customers.
3 Revise your marketing strategy.
4 Change the flavor of the snack.

「状況」と「質問」（Question No.1）を読む時間が10秒あります。

❶私たちの販売戦略は成功したようです。❷昨年の２倍近くの業績を達成することができました。❸ただ、チーズ味のスナックはサルサ味やオニオン味ほど売れていません。❹理由はいくつか考えられますが、今のところは、お客様にアンケートをとって、この味についてどう思うか調査するようにしてください。❺もし気に入られていなければ、味を改善する方法を考えることができます。❻もし気に入られていれば、不十分なマーケティングが問題の原因として考えられるでしょう。

答えを解答用紙に記入してください。

状況： あなたはスナック菓子の会社で働いています。あなたはチーズ味のスナックをもっと売りたいと考えています。営業部長はあなたに次のように言います。
質問： まず何をすべきですか。

1　サルサ味の宣伝をやめる。
2　顧客にアンケートを取る。
3　マーケティング戦略を見直す。
4　スナックの味を変える。

❶□ strategy 戦略　❸□ -flavored …の味を付けた　❹□ conduct …を実施する
❺□ work on a way to *do* …する方法を考える　❻□ poor 不十分な
選択肢 3　□ revise …を見直す

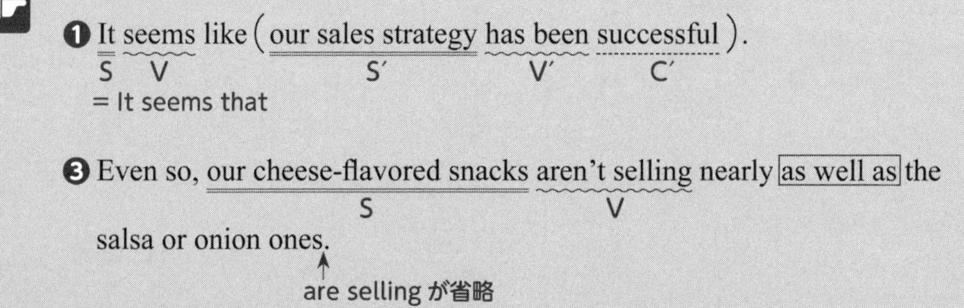

PART 3

(B)

No.2 ***Situation:*** You are at a sporting goods store. You want the limited edition cap, and you do not mind waiting for it. A staff member tells you the following.

Question: What should you do?

1 Buy the cap from the partner store.
2 Complain to another staff member.
3 Call the store again in two weeks.
4 Fill in the form.

先読み

まず、「状況」を把握しましょう。「あなたは①スポーツ用品店にいて、②限定版の帽子が欲しくて待ってもいいと思っている。③一人のスタッフに何かを伝えられた」という内容です。質問の内容は「あなたは何をするべきですか」です。

選択肢の全体に目を通します。この選択肢の内容をできるだけ、頭の中でイメージしたままキープしておきます。しかし、Part 1と同様、間違い選択肢をすべて覚えていなければいけないというわけではありません。音声が流れている中で、あてはまるものがあったら、それが正解となります。

選択肢は以下のようなイメージでしょう。

1. 姉妹店から帽子を買う。
2. 他のスタッフに文句を言う。
3. 2週間後にもう一度問い合わせる。
4. フォームに記入する。

ここで音声が流れます。

3-1-2

You have 10 seconds to read the situation and Question No.2.

❶ This cap is a limited edition product, so we will only be selling a set amount for the time being. ❷ Our partner store has a similar design, if you don't mind that. ❸ The store is located just 15 minutes away from here. ❹ If you are only interested in this cap, please fill out this question sheet and submit it to any of our staff members. ❺ If there is enough demand for the cap, we will order more within two weeks. ❻ We will contact those customers first if we order another batch of caps.

Now mark your answer on your answer sheet.

問題

❶「状況」から覚えておくべきことは、流れる音声は「スポーツ店の店員があなたに何かを伝えている」ということです。つまりこの音声は「店員のセリフ」です。ここでも「主語」と「動詞」を確定することは大切です。ここでは主語はThis cap、動詞はisで、soという接続詞に続き、二つ目の主語はwe、動詞はwill be sellingです。「この帽子は限定品ですので、私たちは当面は一定の数だけ売るつもりです」と言っています。

❷主語はour partner store（私たちの姉妹店）、動詞はhasです。「私たちの姉妹店がsimilar designを持って（売って）います」と言っています。そしてif節が続き、主語はyouで動詞はdon't mindです。「もし、あなたがそれを気にしなければ」と言っているけれども、何を気にすると言っているのでしょうか。これは、「similar design（似たようなデザイン）でも気にしなければ」の意味だと解釈しましょう。「状況」のところで、あなたは「限定版」の帽子が欲しい、と認識したので、おそらく「似たようなデザイン」は購入しないはずだと、推測しておきましょう。もし「似たようなデザイン」でもよいと勘違いしてしまったら、1と誤答してしまうことになります。

❸主語はThe store（その店）、動詞はis locatedで、その姉妹店の場所について説明をしています。もし、似たようなデザインの帽子でもよいのならば、あなたにその店に行くように促している発言と捉えることができるでしょう。

❹しかし、あなたはこの、限定版の帽子だけに興味があるので、前半のIf節を聞いた時点で、後半の主節で述べられるであろう指示に従うと正解にたどり着くとわかるでしょう。Ifのあとはyouが主語で動詞はareです。「もし、あなたがこの帽子だけに興味があれば」で始まっています。主節はpleaseで始まり、丁寧ですが主語のない命令文の形になっています。動詞がfill outとsubmitですので、「シートに記入して、そして、提出してください」と依頼していますね。つまり、ここで4の「フォームに記入する」が正解だとわかります。(→P.245参照)

❺If節は、there is構文です。主節の主語はweで、動詞はwill orderです。「もし、この（限定品の）帽子が欲しい人が十分にいれば、私たちは2週間以内に発注します」と言っています。within two weeksを部分的に聞いたからといって、3と誤答しないようにしましょう。

❻主語はweで動詞はwill contactです。条件節が後半に出てきています。「もしさらに帽子のセットを発注したら、those customers（限定品が欲しいお客様）に連絡を取ります」とあります。限定品が欲しいお客様がいることを店側が把握するための手段としてフォームへの記入があると考えられるので、正解は4だと確定できるでしょう。

スクリプト 3-1-2

You have 10 seconds to read the situation and Question No.2.

❶This cap is a limited edition product, so we will only be selling a set amount for the time being. ❷Our partner store has a similar design, if you don't mind that. ❸The store is located just 15 minutes away from here. ❹If you are only interested in this cap, please fill out this question sheet and submit it to any of our staff members. ❺If there is enough demand for the cap, we will order more within two weeks. ❻We will contact those customers first if we order another batch of caps.

Now mark your answer on your answer sheet.

Situation: You are at a sporting goods store. You want the limited edition cap, and you do not mind waiting for it. A staff member tells you the following.

Question: What should you do?

1 Buy the cap from the partner store.
2 Complain to another staff member.
3 Call the store again in two weeks.
4 Fill in the form.

「状況」と「質問」（Question No.2）を読む時間が10秒あります。

❶このキャップは限定商品ですので、当面は決まった数量のみの販売となります。❷もしよろしければ、当店の提携店にも似たデザインのものがあります。❸そちらの店舗はここから15分のところにございます。❹このキャップにのみ興味がある方は、このアンケートにご記入の上、スタッフにお渡しください。❺キャップの需要が十分にある場合は、2週間以内に追加で発注いたします。❻追加でキャップをいくつかまとめて注文する際はそちらのお客様にまずご連絡いたします。

答えを解答用紙に記入してください。

状況：あなたはスポーツ用品店にいます。あなたは限定版のキャップが欲しくて、待たせられても構いません。一人のスタッフがあなたに次のことを伝えます。
質問：あなたはどうしますか。

1　提携店でキャップを買う。
2　別のスタッフに苦情を言う。
3　2週間後にもう一度店に電話する。
4　用紙に記入する。

❶□ limited edition 限定販売品　□ set 定められた、決まった　□ for the time being 当分の間
❹□ fill out …に記入する　❺□ enough demand 十分な需要　❻□ a batch of ひとかたまりの

❹ If you (S′) are (V′~) only interested (~V′) in this cap, please fill out (V₁) this question sheet (O₁) and submit (V₂) it (O₂) to any of our staff members.

PART 3

(C)

No.3 ***Situation:*** You are going to hike a mountain and are listening to the following guidance. You want to visit Iris Pond and reach the summit within three hours.

Question: Which route should you take?

1 Route Flower.

2 Route Breeze.

3 Route Sunrise.

4 Route Nature.

まず、「状況」を把握しましょう。「あなたは①これから登山をします。②今からガイダンスを聞きます。③Iris Pondに行きたくて、頂上には3時間以内で登りたい」という内容です。

質問の内容は「どのルートで行くべきですか」です。

選択肢の全体に目を通します。この問題の4つの選択肢は特徴的で、見た瞬間に頭の中に状況をイメージするというよりも、固有名詞が並んでいるので、この4つのルートのどれかが答えになるわけです。ルートを示す固有名詞が出てきたところで、正解かどうかを判断するべきだということがあらかじめわかり、心の準備ができます。

選択肢に出てくるルートは以下の通りです。

1. Flowerルート。
2. Breezeルート。
3. Sunriseルート。
4. Natureルート。

ここで音声が流れます。

PART 3

3-1-3

You have 10 seconds to read the situation and Question No.3.

❶Route Flower is the fastest way. ❷It takes about two hours to reach the summit without visiting Iris Pond. ❸Route Breeze takes about two and a half hours to reach the top, with stops at Iris Pond and the ruins of the castle. ❹Route Sunrise includes the visit to the observatory, but this route is currently not accessible due to a fallen tree. ❺Lastly, the most popular route is Route Nature. ❻It takes more than three hours to reach the peak, which includes visiting Iris Pond, the observatory, and the ruins of the castle.

Now mark your answer on your answer sheet.

問題

❶ここで流れている音声は「登山のガイダンス」です。まず、この文の主語はRoute Flower、動詞はisです。「Flowerルートが最短です」と言っています。まだ1文目ですので、ここで音声を聞くのをやめて、Flowerルートの1に早とちりしてしまう人は少ないでしょう。第1文で「Flower ルートが最短です」と言っているということは、問題の展開としても、おそらくFlowerルートは「状況」にあてはまらず、あなたの「状況」に適した他のルートの説明があるだろうと考えて、気を引き締めて次を聞きましょう。

❷登山ガイダンスが続きます。主語はItで動詞はtakes、その後ろにtwo hoursがあり、それが何かをする(to 不定詞)にかかっているので「2時間で頂上に着く」と言っています。しかし、文末にwithout visiting Iris Pondとあるので、「Iris Pondに立ち寄らずに頂上まで2時間で着く」ルートだとわかります。「状況」のところで、「あなたはIris Pondに立ち寄りたい」とあったので、結局❶で「Flowerルートが最短です」と言っていましたが、Flowerルートの選択肢は不正解だとわかりますね。

❸次の文の主語はRoute Breezeで、動詞部分はtakesです。Breezeルートでは、頂上に着くまで2時間半かかると言っています。with stops at Iris Pondとありますので、「状況」で確認した、あなたの希望であるIris Pondに立ち寄ることもできそうです。この選択肢2のBreezeルートが正解だと考えられますが、まだ音声が続きそうですので、他の選択肢が正解の可能性はないかどうか、頭の片隅におきながら聞きましょう。

❹主語はRoute Sunriseで動詞はincludesです。Sunriseルートでは、展望台に立ち寄ることができるようです。接続詞butで続く後半の節の主語はthis routeで動詞はis notです。「このルートは現在アクセスできない」とあります。その理由はdue to 以下に「fallen treeのため」とあります。つまり、「Sunriseルートは展望台へ立ち寄るが、現在は使用できない」とあるので、Sunriseルートの選択肢は正解から除外されます。(→P.251参照)

❺Lastlyで始まっていて、主語はthe most popular routeで、動詞はisです。「一番人気のルートはNatureルートです」とあります。すでに❸で、Breezeルートの正解の可能性を頭においていますので、このあと、Natureルートを選ぶべきかどうか、むしろ選ばない理由を特定するつもりで聞きましょう。

❻more than three hours to reach the peakとあるので、Natureルートだと山頂まで3時間以上かかることがわかります。そのあとを聞くとIris Pondと展望台、城跡を巡るとありますが、「状況」で確認した「あなたは3時間以内で山頂まで行きたい」という希望がかなえられないことになります。したがってNatureルートも不正解ということになります。ここで自信をもって、2を正解に選ぶことができますね。

スクリプト 3-1-3

You have 10 seconds to read the situation and Question No.3.

❶ Route Flower is the fastest way. ❷ It takes about two hours to reach the summit without visiting Iris Pond. ❸ Route Breeze takes about two and a half hours to reach the top, with stops at Iris Pond and the ruins of the castle. ❹ Route Sunrise includes the visit to the observatory, but this route is currently not accessible due to a fallen tree. ❺ Lastly, the most popular route is Route Nature. ❻ It takes more than three hours to reach the peak, which includes visiting Iris Pond, the observatory, and the ruins of the castle.

Now mark your answer on your answer sheet.

Situation: You are going to hike a mountain and are listening to the following guidance. You want to visit Iris Pond and reach the summit within three hours.

Question: Which route should you take?

1 Route Flower.
2 Route Breeze.
3 Route Sunrise.
4 Route Nature.

「状況」と「質問」（Question No.3）を読む時間が10秒あります。

❶Flowerルートが一番速く行ける道です。❷アイリス池に立ち寄らずに頂上まで約2時間かかります。❸Breezeルートですと、アイリス池と城跡に立ち寄り、頂上まで約2時間半かかります。❹Sunriseルートには展望台への立ち寄りが含まれますが、現在は倒木のため、このルートに立ち入ることができません。❺そして、最も人気のあるルートはNatureルートです。❻アイリス池、展望台、城跡を巡り、山頂まで3時間以上かかります。

答えを解答用紙に記入してください。

状況：あなたは山登りに行く予定で、次のようなガイダンスを聞いています。あなたはアイリス池に立ち寄り、3時間以内に山頂に着きたいと思っています。
質問：どのルートを通ればいいですか。

1 Flowerルート。
2 Breezeルート。
3 Sunriseルート。
4 Natureルート。

❷□ summit 頂上　❸□ ruins 遺跡　❹□ observatory 展望台、観測所
□ accessible 行ける　□ due to …が原因で　❻□ peak 山頂

❹ Route Sunrise (S_1) includes (V_1) the visit (O_1) to the observatory, but this route (S_2) is (V_2~) currently not ($\sim V_2$) accessible (C_2) due to a fallen tree.

PART 3

(D)

No.4 ***Situation:*** You are a private yoga teacher. You are fully booked Friday afternoon and Saturday morning. A student leaves you the following voice message.

Question: When should you reschedule the lesson for?

1 Thursday evening.
2 Friday morning.
3 Saturday evening.
4 Sunday afternoon.

まず、「状況」を把握しましょう。「あなたは①ヨガのプライベートレッスンの先生です。②金曜の午後と土曜の午前は予約でいっぱいです。③一人の生徒から音声メッセージが入っています」という内容です。

質問の内容は「レッスンの変更をいつにしますか」です。

選択肢の全体に目を通します。4つの選択肢は、見た瞬間に頭の中に状況をイメージするというよりも、曜日と時間が並んでいるので、この4つの時間枠のどこかに予定を変更するのだとわかります。

選択肢に出てくる時間枠は以下の通りです。

1. 木曜の夜。
2. 金曜の午前。
3. 土曜の夜。
4. 日曜の午後。

ここに出てくる日時のうち、正しいものを選ぶわけですが、このうちの一つだけが音声で流れるという可能性は低いです。問題の作成者は、受験者にいくつかの音声から正しいものを選ばせるために、言い換えると、簡単に解答できないように、正答以外の選択肢も音声で流れるような出題をするわけです。したがって、聞こえた日時はすぐに正解だと考えるのではなく、間違いである可能性も高いと考えておいてください。

では、音声を聞きましょう。

3-1-4

You have 10 seconds to read the situation and Question No.4.

❶Hi, this is Daniela. ❷I'm sorry, but I have some urgent work and need to reschedule my Thursday evening lesson. ❸I'll be busy until Friday morning, but anytime in the afternoon that day would be fine. ❹I'm scheduled to have a lunch meeting on Saturday, but I think I can find time before lunch or in the evening. ❺I have to go on a business trip on Sunday morning, so I hope to take your class before then. ❻Please call me back when you know the date and time. ❼Thank you!

Now mark your answer on your answer sheet.

問題

❶ここで流れている音声は「生徒からの録音メッセージ」です。1文目の主語はthis、動詞はisです。「こんにちは、ダニエラです」と言っているので、ダニエラという生徒からのメッセージだということがわかります。

❷ダニエラがI'm sorryと言って謝罪をしています。butのあとの主語はIで、動詞はhaveとneedです。謝罪をしている理由は、「急用ができて、木曜の夜のレッスンの予定を変更しなければならない」からですね。もとからある予定が木曜の夜だとわかるので、ここで選択肢1は除外されます。

❸文の主語はIで、動詞はwill be です。butのあとのanytimeが主語、動詞はwould beと続きます。「私は金曜の午前中まで忙しいです」と言っているので、選択肢2のFriday morningも正解から除外できますね。続いて「その日の午後なら大丈夫です」と言っていますので、金曜の午後は大丈夫そうですが、選択肢には金曜日の午後というのはありませんね。まだ音声は続きそうですので、他の選択肢が正解だと考えて、集中して聞きましょう。(→P.257参照)

❹主語はIで、動詞はam scheduledです。ダニエラは土曜にランチミーティングがあるようです。接続詞butで続く後半の節の主語はIで、動詞はthinkです。「ランチの前か夜なら時間があります」と言っているので、選択肢のうち、3の土曜の夜が正解になります。

❺まだ英文が続いているので、3が正解かどうか確認するためにも引き続き音声を聞きましょう。前半は「日曜の午前に出張に向かわなければいけません」と言っていて、接続詞soで続く後半は「その前にレッスンを取りたい」という内容です。ここで、選択肢4の日曜の午後も正解でないことが確定できますね。

❻ダニエラは日時の通知のために電話をしてほしいとあなたに頼んでいます。

❼そして、このThank you!でこのメッセージの録音が終わったことがわかります。

スクリプト 3-1-4

You have 10 seconds to read the situation and Question No.4.

❶ Hi, this is Daniela. ❷ I'm sorry, but I have some urgent work and need to reschedule my Thursday evening lesson. ❸ I'll be busy until Friday morning, but anytime in the afternoon that day would be fine. ❹ I'm scheduled to have a lunch meeting on Saturday, but I think I can find time before lunch or in the evening. ❺ I have to go on a business trip on Sunday morning, so I hope to take your class before then. ❻ Please call me back when you know the date and time. ❼ Thank you!

Now mark your answer on your answer sheet.

Situation: You are a private yoga teacher. You are fully booked Friday afternoon and Saturday morning. A student leaves you the following voice message.

Question: When should you reschedule the lesson for?

1　Thursday evening.
2　Friday morning.
3　Saturday evening.
4　Sunday afternoon.

「状況」と「質問」（Question No.4）を読む時間が10秒あります。

❶こんにちは、ダニエラです。❷申し訳ありませんが、急な仕事が入り、木曜日の夜に予約しているレッスンを変更しなければなりません。❸金曜日の午前中までは忙しいのですが、その日の午後ならいつでも大丈夫です。❹土曜日はランチミーティングの予定がありますが、ランチの前か夕方なら時間が取れると思います。❺日曜日の朝に、出張で出かけなければならないので、それまでにレッスンを受けられればと思っています。❻日時が決まりましたら、折り返しご連絡ください。❼よろしくお願いいたします。

答えを解答用紙に記入してください。

状況: あなたはプライベートヨガの先生です。金曜日の午後と土曜日の午前中は予約でいっぱいです。ある生徒があなたに次のようなボイスメッセージを残します。
質問: レッスンの予定をいつに変更すればいいですか。

1　木曜日の夜。
2　金曜日の午前。
3　土曜日の夜。
4　日曜日の午後。

❹□ be scheduled to *do* …する予定になっている　❺□ go on a business trip 出張に行く
状況 □ yoga ヨガ

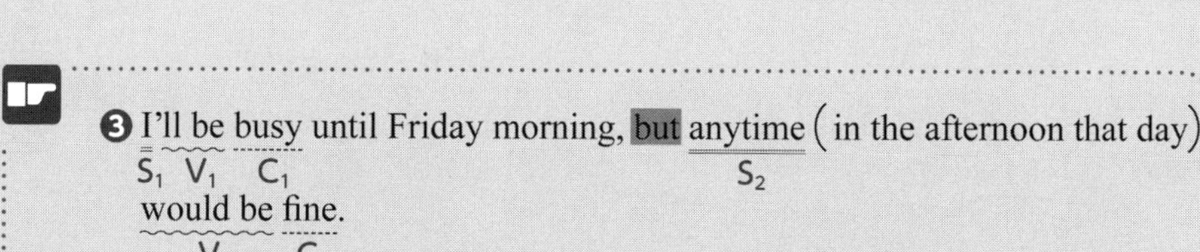

❸ I'll be busy until Friday morning, but anytime (in the afternoon that day) would be fine.
S_1 V_1 C_1 S_2 V_2 C_2

PART 3

(E)

No.5 ***Situation:*** You hear the following announcement shortly after boarding your flight to Chicago. You need to transfer there for a flight to Florida.

Question: Where should you go after getting off the plane?

1 Gate G.
2 The information desk.
3 The boarding gate for flight A320.
4 The departure lobby.

先読み

まず、「状況」を把握しましょう。「あなたが①次のアナウンスを聞くのはシカゴ行きへの便に搭乗した直後です。②シカゴでフロリダ行きの便に乗り換える必要があります」という内容です。

質問の内容は「飛行機を降りたらどこへ行くべきですか」です。

選択肢の全体に目を通します。この問題の4つの選択肢には場所が並んでいるようです。

選択肢に出てくる場所は以下の通りです。

1. Gゲート。
2. インフォメーションデスク。
3. A320便の搭乗口。
4. 出発ロビー。

どの選択肢も空港にある場所なので、イメージしやすいですね。

ここで音声が流れます。

3-1-5

You have 10 seconds to read the situation and Question No.5.

❶ We are very sorry to inform you that we have experienced an engine malfunction. ❷ We will ask you to leave the plane now. ❸ If your final destination is Chicago, you can board the flight scheduled to depart in 30 minutes from Gate G. ❹ If you are flying from Chicago to California, please ask at the information desk for flight A320, which is scheduled to take off in a few hours. ❺ For passengers connecting to other flights in Chicago, please wait in the departure lobby until the next announcement is made. ❻ We sincerely apologize for the inconvenience.

Now mark your answer on your answer sheet.

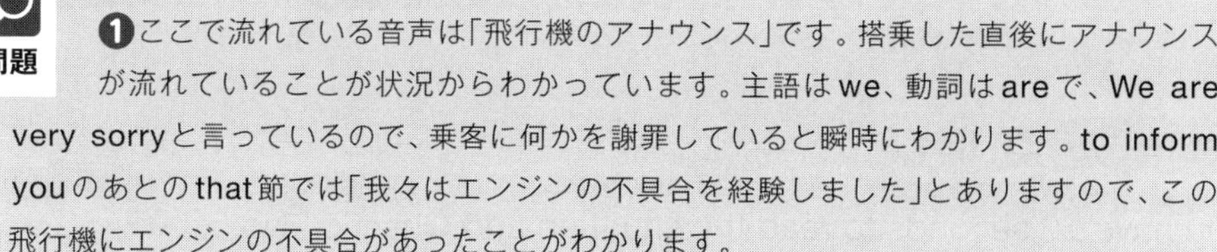

問題

❶ここで流れている音声は「飛行機のアナウンス」です。搭乗した直後にアナウンスが流れていることが状況からわかっています。主語はwe、動詞はareで、We are very sorryと言っているので、乗客に何かを謝罪していると瞬時にわかります。to inform youのあとのthat節では「我々はエンジンの不具合を経験しました」とありますので、この飛行機にエンジンの不具合があったことがわかります。

❷アナウンスが続きます。主語はwe、動詞はwill askで、「我々はお客様に飛行機を降りることをお願いします」と言っています。

❸If節で始まり、主語はyour final destinationで動詞はisです。「もしあなたの目的地がシカゴなら」と、「シカゴ」という地名が聞こえましたが、あなたの状況は「シカゴでフロリダ行きに乗る」ですので、あてはまりません。主節の主語はyouで、動詞はcan boardです。「もし目的地がシカゴなら、Gゲートから出発する予定のフライトに乗ることができます」と言っています。選択肢1のGゲートは不正解だと考えられます。まだ音声が続きそうですので、正解が出てくるのを待ちながら、集中して聞きましょう。(→p.263参照)

❹次もIf節で始まります。「もしシカゴからカリフォルニアに行くのなら」と言っているので、これもあなたの状況にはあてはまらないようです。主節では「案内所でA320便について聞いてください」とあります。したがって、選択肢2も正解から削除できそうです。選択肢3のA320便の搭乗口もおそらく不正解だと推測できます。

❺この文では「シカゴで他の便に乗り継ぐお客様は」と言っているので、ようやくあなたの状況があてはまりそうです。主節に「出発ロビーで次のアナウンスを待ってください」とありますので、4のThe departure lobbyが正解だとわかります。

❻ここで再度お詫びをしていることで、このアナウンスが終了だとわかります。

スクリプト 3-1-5

You have 10 seconds to read the situation and Question No.5.

❶ We are very sorry to inform you that we have experienced an engine malfunction. ❷ We will ask you to leave the plane now. ❸ If your final destination is Chicago, you can board the flight scheduled to depart in 30 minutes from Gate G. ❹ If you are flying from Chicago to California, please ask at the information desk for flight A320, which is scheduled to take off in a few hours. ❺ For passengers connecting to other flights in Chicago, please wait in the departure lobby until the next announcement is made. ❻ We sincerely apologize for the inconvenience.

Now mark your answer on your answer sheet.

Situation: You hear the following announcement shortly after boarding your flight to Chicago. You need to transfer there for a flight to Florida.

Question: Where should you go after getting off the plane?

1 Gate G.
2 The information desk.
3 The boarding gate for flight A320.
4 The departure lobby.

「状況」と「質問」（Question No.5）を読む時間が10秒あります。

❶誠に恐れ入りますが、エンジンの不具合がありましたことをお知らせいたします。❷今から当機をお降りいただくよう、お願いいたします。❸最終目的地がシカゴのお客様は30分後にGゲートから出発予定の便にご搭乗いただけます。❹シカゴからカリフォルニアへ向かわれるお客様は案内所にてA320便についてお問い合わせください。そちらは数時間後に出発する予定になっております。❺シカゴでその他の便にお乗り継ぎのお客様は次のご案内まで出発ロビーにてお待ちください。❻ご不便をおかけしますこと、お詫び申し上げます。

答えを解答用紙に記入してください。

状況：あなたはシカゴ行きの便に搭乗した直後に次のアナウンスを聞きます。あなたはシカゴでフロリダ行きの便に乗り継ぐ必要があります。
質問：あなたは飛行機を降りてからどこへ行きますか。

1　Gゲート。
2　案内所。
3　A320便の搭乗口。
4　出発ロビー。

❶□ malfunction 故障、機能不全　❸□ final destination 最終目的地　□ board …に搭乗する
❹□ take off 離陸する　❺□ connect to （乗客が）…に乗り換える　□ departure 出発
❻□ sincerely 心から　□ inconvenience 不便、迷惑　状況 □ shortly after …の直後に
質問 □ get off （乗物）から降りる

❸ If your final destination (S′) is (V′) Chicago (C′), you (S) can board (V) the flight (O) (scheduled to depart in 30 minutes from Gate G).

(A) 3-2-1

No.1 ***Situation:*** You are at a driving school applying for a truck license. An announcement says the following.

Question: What should you do first?

1 Complete a medical examination.
2 Show the staff your criminal record.
3 Talk with the staff.
4 Pay the application fee.

Date
/ ① ② ③ ④
/ ① ② ③ ④
/ ① ② ③ ④

No.1 **状況：**あなたは自動車教習所でトラックの免許を申請しています。次のようにアナウンスが流れます。

質問：まず何をすべきですか。

1 健康診断をすべて受ける。
2 スタッフに犯罪歴を見せる。
3 スタッフと話す。
4 申請料を支払う。

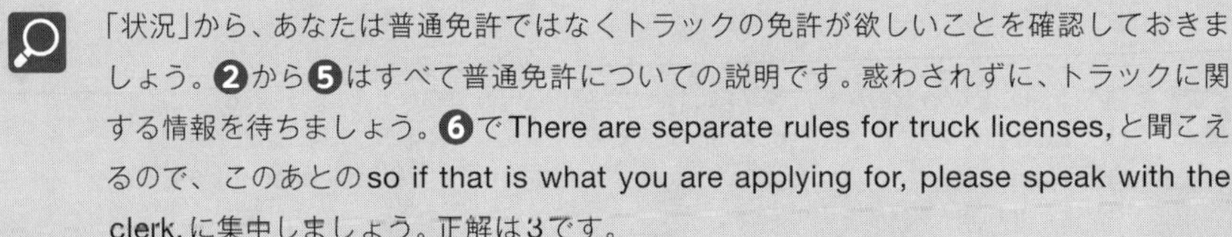

「状況」から、あなたは普通免許ではなくトラックの免許が欲しいことを確認しておきましょう。❷から❺はすべて普通免許についての説明です。惑わされずに、トラックに関する情報を待ちましょう。❻でThere are separate rules for truck licenses, と聞こえるので、このあとのso if that is what you are applying for, please speak with the clerk. に集中しましょう。正解は3です。

スクリプト 3-2-1

You have 10 seconds to read the situation and Question No.1

❶ Thank you for coming to Lighthouse Driving School. ❷ Before applying for a regular license, you must fulfill several requirements. ❸ First, please bring your driver's license test results. ❹ You will then have to provide us with a clean criminal record. ❺ After that, please submit the results of a medical examination showing that you have no medical conditions that would interfere with your driving. ❻ There are separate rules for truck licenses, so if that is what you are applying for, please speak with the clerk. ❼ Please note that a $50 application fee must be paid at the end of the process for either license.

Now mark your answer on your answer sheet.

「状況」と「質問」(Question No.1)を読む時間が10秒あります。

❶ライトハウス・ドライビング・スクールにお越しいただきありがとうございます。❷普通免許を申請する前に、いくつかの条件を満たしていただく必要があります。❸まず、運転免許試験の結果をお持ちください。❹そして、犯罪歴のない証明書をご提出ください。❺その後、運転に支障のある持病がないことを示す健康診断の結果を提出してください。❻トラック免許については別途規定がありますので、申請される方は係員にご相談ください。❼なお、どちらの免許を申請する場合も、最後に申請料50ドルをお支払いいただく必要があることに注意してください。

答えを解答用紙に記入してください。

---

❷□ regular license 普通免許　□ fulfill (要件など)を満たす　□ requirements 必要条件
❹□ clean 前科のない、違反していない　□ criminal record 前科、犯罪歴
❺□ medical examination 健康診断　□ medical condition 健康状態、病気
□ interfere with …を妨げる　❼□ note that節 …を心に留める、…に注意する

(B) 3-2-2

No.2 ***Situation:*** You are joining a gym. You do not want to work with a personal trainer. The staff tells you the following.

Question: What should you do to save the most money?

1 Find someone to join with this month.
2 Become a member next month.
3 Join by yourself this month.
4 Take the premium course next month.

Date
/ ①②③④
/ ①②③④
/ ①②③④

No.2 **状況:** あなたはスポーツジムに入会します。あなたはパーソナルトレーナーと一緒に運動したくありません。スタッフはあなたに次のように言います。

質問: 最もお金を節約するためにはどうすればいいでしょうか。

1 今月一緒に入会する人を見つける。
2 来月から会員になる。
3 今月、一人で入会する。
4 来月、プレミアムコースを受講する。

「状況」から、あなたはパーソナルトレーナーを付けたくないことが、質問からはできるだけ安く入会するためにはどうすればいいのか聞かれているとわかります。❹ By joining with a friend, you will get a 30% discount. とありますので、1が正解です。❺❻のプランは割引率が大きいですが、「状況」に合わないので、プレミアムコースのプランは不正解です。

スクリプト 3-2-2

You have 10 seconds to read the situation and Question No.2.

❶ Welcome to Bronze Gym. ❷ We are currently running a campaign for new members. ❸ If you join by yourself before the end of this month, you will receive a 20% discount on next month's fee. ❹ By joining with a friend, you will get a 30% discount. ❺ There is a premium course that offers one month of support from a personal trainer. ❻ This plan is 50% off this month. ❼ Our campaign is only for this month, so those who join next month will be enrolled at the regular price.

Now mark your answer on your answer sheet.

「状況」と「質問」（Question No.2）を読む時間が10秒あります。

❶ブロンズジムへようこそ。❷現在、新規入会キャンペーンを実施中です。❸今月末までにお一人で入会された場合、来月分の月会費が20%割引になります。❹お友達とご一緒に入会されると30%割引となります。❺パーソナルトレーナーが1か月間サポートするプレミアムコースもあります。❻このプランは今月50%割引です。❼このキャンペーンは今月限りですので、来月入会される方は通常価格での入会となります。

答えを解答用紙に記入してください。

❷□ run …を行う、運営する　❸□ discount 割引
❺□ trainer （人や動物を）訓練する人、コーチ、トレーナー　❼□ enroll …を登録する、会員にする

PART 3

(C) 3-2-3

No.3 ***Situation:*** You are at a fair with your four-year-old daughter. You want her to experience as many attractions as possible in one of its areas. You hear the following announcement.

Question: Where should you go?

1 The North area.
2 The South area.
3 The East area.
4 The West area.

Date
/ ① ② ③ ④
/ ① ② ③ ④
/ ① ② ③ ④

No.3 **状況:**あなたは4歳の娘と遊園地に来ています。そのエリアの一つで、できるだけ多くのアトラクションを体験させたいと考えています。次のようなアナウンスが聞こえます。

質問:どこに行くべきですか。

1 北エリア。
2 南エリア。
3 東エリア。
4 西エリア。

「状況」を読んでから、あなたは4歳の娘と遊園地に来ていて、多くのアトラクションを体験させたいことを確認しておきましょう。❷から❸では北エリアが混雑していること、❹では、南エリアにはアトラクションが少ないこと、❺には東エリアは動物と触れ合うところやメリーゴーランドの他に3つのアトラクションがあり、本日は空いていることがわかります。❻の西エリアの対象年齢は5歳以上なので、正解は3の東エリアだとわかります。

スクリプト 3-2-3

You have 10 seconds to read the situation and Question No.3.

❶ The fair has four areas. ❷ The North area is the most popular area with three attractions, and it is often crowded. ❸ You may find yourself waiting in line for a long time there. ❹ The South area has the smallest number of attractions, however it does have a new swimming pool. ❺ The East area is popular with families because they can interact with animals and ride the merry-go-round. ❻ There are three other attractions too, and it's relatively empty today. ❼ The West area includes a roller coaster, go-karts, and a haunted house. ❽ It's the area with the most attractions, but it's only for ages five and up.

Now mark your answer on your answer sheet.

「状況」と「質問」（Question No.3）を読む時間が10秒あります。

❶遊園地には4つのエリアがあります。❷北エリアは3つのエキサイティングなアトラクションがあって最も人気があり、混雑することが多いです。❸気づいたら長時間列に並んで待っているでしょう。❹南エリアはアトラクションの数が最も少ないですが、新しいスイミングプールがあります。❺東エリアは動物と触れ合ったり、メリーゴーランドに乗ったりできますので、家族連れに人気があります。❻他にも3つのアトラクションがあり、本日は比較的空いております。❼西エリアにはジェットコースター、ゴーカート、お化け屋敷などがあります。❽一番アトラクションが多いエリアですが、対象年齢は5歳以上です。

答えを解答用紙に記入してください。

❶□ fair 移動遊園地　❷□ attraction アトラクション
❸□ find oneself *doing* 自分が…であると気づく、気づいたら…している　□ in line 列になって
❺□ interact with …と触れ合う、交流する　❼□ haunted 幽霊の出る　❽□ and up 以上

(D) 3-2-4

No.4 ***Situation:*** You are an employee at a busy company. You receive the following voice message from one of your colleagues.

Question: What does the woman want you to do?

1 Get involved in product development.
2 Continue to work on the sales report.
3 Prepare materials for her presentation.
4 Help Michael with his marketing research.

Date	
/	① ② ③ ④
/	① ② ③ ④
/	① ② ③ ④

No.4 **状況:**あなたは忙しい会社の社員です。同僚の一人から次のようなボイスメッセージを受け取ります。

質問:女性はあなたに何をしてほしいのですか。

1 商品開発に携わる。
2 営業報告書の作成を続ける。
3 女性のプレゼンテーションの資料を準備する。
4 マイケルのマーケティング調査を手伝う。

「状況」から、あなたは同僚の女性からメッセージを受け取っていることがわかります。女性があなたに何をしてほしいのかが質問です。❹ Now, I have a favor to ask you. と言ったあとに❺ I'd like you to take on the product development project I've asked Michael to do. とありますので、正解は1だとわかります。❽ I asked Michael to do some marketing research last month, but he seems to be a little too busy to come up with new product ideas. より、マイケルが抱えているマーケティング調査は頼まれていないとわかるので4は選ばないようにしましょう。

スクリプト 3-2-4

You have 10 seconds to read the situation and Question No.4.

❶ Hi, this is Emily. ❷ Thanks for your advice! ❸ I organized my materials in the way you suggested, and my presentation today went very smoothly. ❹ Now, I have a favor to ask you. ❺ I'd like you to take on the product development project I've asked Michael to do. ❻ Oh, don't worry about the sales report I asked you to do the other day. ❼ I'll take over that. ❽ I asked Michael to do some marketing research last month, but he seems to be a little too busy to come up with new product ideas. ❾ I know you're busy too, but I'd appreciate it if you could help.

Now mark your answer on your answer sheet.

「状況」と「質問」（Question No.4）を読む時間が10秒あります。

❶こんにちは、エミリーです。❷アドバイスをありがとうございました。❸ご指摘の通りに資料を整理したところ、今日のプレゼンはとてもスムーズに進みました。❹ところで、お願いしたいことがあります。❺マイケルに頼んでおいた商品開発のプロジェクトを引き受けてもらいたいのです。❻ああ、先日頼んだ営業報告書のことは心配しないでください。❼そちらは私が引き継ぎます。❽先月、マイケルにマーケティング調査を頼んだのですが、ちょっと忙しすぎて新商品のアイデアが浮かばないみたいなんです。❾お忙しいとは思いますが、手伝っていただけるとありがたいです。

答えを解答用紙に記入してください。

❸□ organize （資料など）を整理する　□ material 資料、データ　□ suggest …を提案する
❹□ favor 親切な行為　❺□ take on （仕事など）を引き受ける
❻□ the other day 先日、この間　❼□ take over （責任など）を引き継ぐ
❽□ come up with （アイデアなど）を思いつく
❾□ I'd appreciate it if節 …だとありがたいのですが　選択肢1 □ get involved in …に関与する
選択肢4 □ help A with B　BのことでAを手伝う

PART 3

(E) 3-2-5

No.5 ***Situation:*** You are at a job information fair. You are interested in IT-related work and want to obtain as much information as possible about that field.

Question: Which booth should you be sure to visit?

1 Red booth.
2 Blue booth.
3 Yellow booth.
4 Green booth.

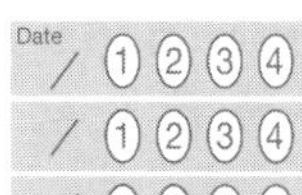

No.5 **状況:** あなたは就職説明会に来ています。あなたはIT関連の仕事に興味があり、その分野についてできるだけ多くの情報を得たいと思っています。

質問: あなたが必ず訪れるべきブースはどこですか。

1 赤のブース。
2 青のブース。
3 黄色のブース。
4 緑のブース。

「状況」から、就職説明会であなたはITの仕事についてできるだけ多くの情報を得たいと考えていることがわかります。❷から❺で各ブースに関しての説明があり、❸で青のブースで、three companies on software developmentのpresentationがあるとわかります。したがって正解は2となります。

スクリプト 3-2-5

You have 10 seconds to read the situation and Question No.5.

❶ We are pleased to inform you about our booths at today's job fair. ❷ At the Red booth, you will hear from six food-related companies. ❸ At the Blue booth, there will be presentations from two companies on marketing and three companies on software development. ❹ There will be presentations at the Yellow booth from one company related to Internet services and three companies related to foreign trade. ❺ If you are not sure what kind of job you are looking for, please visit the Green booth. ❻ Specialists from staffing agencies will be available to give you advice on finding the right job for you.

Now mark your answer on your answer sheet.

「状況」と「質問」（Question No.5）を読む時間が10秒あります。

❶本日の合同企業説明会のブースについてお知らせいたします。❷赤のブースでは、食品関連企業6社の話を聞くことができます。❸青のブースでは、マーケティング関連企業2社、ソフトウェア開発関連企業3社のプレゼンテーションがあります。❹黄色のブースでは、インターネットサービス関連企業1社、外国貿易関連企業3社のプレゼンテーションがあります。❺どのような仕事を探すかまだ決まっていない方は、緑のブースへお越しください。❻人材派遣会社のスペシャリストが、あなたに合った仕事探しのアドバイスをいたします。

答えを解答用紙に記入してください。

❶□ job fair 合同就職説明会　❻□ staffing agency 人材派遣会社

(F) 3-2-6

No.6 ***Situation:*** You are a new student majoring in dance. You are at your college orientation and hear the following instructions.

Question: What should you do?

1 Check your documents and line up accordingly.
2 Meet Mr. White to learn more about your subject.
3 Exit the building and look for the main hall.
4 Go to the meeting room on the second floor.

Date
/ ①②③④
/ ①②③④
/ ①②③④

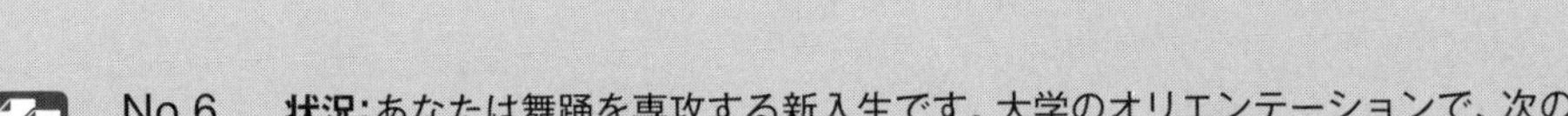

No.6 **状況：**あなたは舞踊を専攻する新入生です。大学のオリエンテーションで、次のような説明を聞きます。

質問：あなたは何をすべきですか。

1 書類をチェックし、それに従って整列する。
2 ホワイト先生に会い、科目についてもっと知る。
3 建物を出て、メインホールを探す。
4 2階の会議室へ行く。

「状況」から、あなたはダンスを専攻している新入生であることがあらかじめわかっています。オリエンテーションにて、さまざまな専攻の学生に指示があり、ダンス専攻についての指示は❻で絵画専攻の学生と同じ階の会議室に移動するようにとあります。❸で絵画専攻の学生は2階の講義室に行くように指示があったので、4が正解だとわかります。

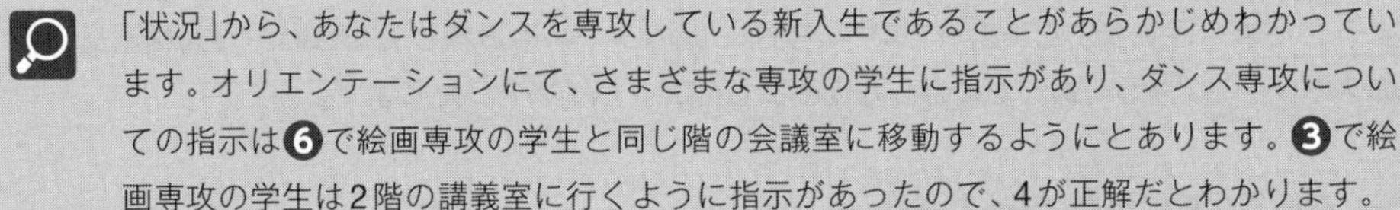

スクリプト 3-2-6

You have 10 seconds to read the situation and Question No.6.

❶ Welcome to all new students. ❷ Today's orientation will provide you with information on class assignments and annual events. ❸ Painting students should meet Mr. White in the lecture room on the second floor. ❹ He will give you more detailed information about your subject. ❺ Sculpture and photography students should stay on this floor and line up in the order of the list you have been given. ❻ Music and dance students should move to the conference room on the same floor as the painting students. ❼ Students majoring in other subjects should gather in the main hall of the building next door.

Now mark your answer on your answer sheet.

「状況」と「質問」(Question No.6)を読む時間が10秒あります。

❶新入生の皆さん、ようこそ。❷本日のオリエンテーションでは、授業の課題や年間行事について説明します。❸絵画専攻の学生は、2階の講義室でホワイト先生と待ち合わせてください。❹ホワイト先生から科目についての詳しい説明があります。❺彫刻専攻と写真専攻の学生はそのままこの階で、渡されたリストの順番に並んでください。❻音楽専攻と舞踊専攻の学生は、絵画専攻の学生と同じ階の会議室に移動してください。❼その他の専攻の学生は、隣の建物の大ホールに集まってください。

答えを解答用紙に記入してください。

❷□ provide A with B AにBを提供する　□ assignment 宿題、課題　□ annual 1年間の、例年の
❹□ detailed 詳細な　□ subject 科目　❺□ sculpture 彫刻　□ line up 整列する
□ order 順番　❻□ performing art 舞台芸術　□ conference 会議　❼□ gather 集まる
選択肢1 □ accordingly それに応じて

(G) 3-2-7

No.7 ***Situation:*** You are a new employee being shown around the office. You want to know about your computer.

Question: Who should you talk to?

1 Alex Burt.
2 The receptionist.
3 Nancy Packard.
4 People in the back room.

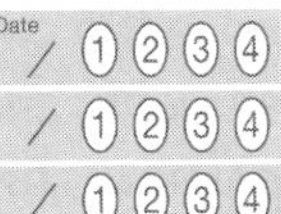

No.7 **状況:**あなたは新入社員で、職場を案内してもらっています。あなたは自分のコンピューターについて知りたいと思っています。

質問:あなたは誰と話すべきですか。

1 アレックス・バート。
2 受付の人。
3 ナンシー・パッカード。
4 奥の部屋にいる人々。

「状況」から、あなたは新入社員で職場を案内してもらっており、コンピューターについて知りたいと思っているとわかります。あなたを案内しているのは、❶よりAlex Burtという人です。❼Oh, and as for any company equipment, I'm in charge of it.とありますので、コンピューターは備品の一つだと判断し、話し手のAlex Burtに話すべきだとわかります。正解は1です。

スクリプト 3-2-7

You have 10 seconds to read the situation and Question No.7.

❶ Hi, my name is Alex Burt, and I'll be showing you around today. ❷ Let's start here in the lobby. ❸ Our receptionist works here and handles all scheduling and deliveries. ❹ See her if you need to send any mail. ❺ Off to the side are the managers' offices. ❻ You'll be reporting directly to Nancy Packard in Room 1 here. ❼ Oh, and as for any company equipment, I'm in charge of it. ❽ The room at the back is the HR department. ❾ They can answer questions about company rules and other labor issues.

Now mark your answer on your answer sheet.

「状況」と「質問」（Question No.7）を読む時間が10秒あります。

❶こんにちは、アレックス・バートです。今日は社内をご案内します。❷こちらのロビーから始めましょう。❸受付の人がここで作業をして、スケジュールと配送品の管理をします。❹郵送する物がある際は彼女を訪ねてください。❺わきの方は、経営陣の執務室が並んでいます。❻あなたは1号室のナンシー・パッカードの直属の部下になります。❼ああ、それから会社の備品に関しては、私が担当しています。❽奥の部屋は人事部です。❾社内規定やその他の労働問題についての質問に答えます。

答えを解答用紙に記入してください。

PART 3

❶□ show A around B Aを連れてBを案内する ❸□ receptionist 受付係
□ handle …を担当する、管理する □ delivery 配達、配達品
❺□ off to the side わきに、かたわらに ❻□ report directly to A Aの直属の部下である
❼□ in charge of …を担当している ❾□ labor issue 労働問題

(H) 3-2-8

No.8 ***Situation:*** You purchased a camera online a few days ago, but it arrived broken. You call the customer center and hear the following automated voice guidance.

Question: What should you do?

1 Press 1.
2 Press 2.
3 Press 3.
4 Hold the line.

No.8 **状況:**あなたは数日前にオンラインでカメラを購入しましたが、壊れた状態で届きました。お客様センターに電話をかけると、次の自動音声案内が流れます。

質問:あなたはどうするべきですか。

1 1番を押す。
2 2番を押す。
3 3番を押す。
4 しばらく待つ。

「状況」から、あなたは数日前にオンラインでカメラを購入しましたが、届いたものは壊れていたのでカスタマーセンターに電話していることがわかります。あなたは何をするべきかという質問です。❸ If you are calling for information about new products online or in-store sales, please press 1. には「新商品」とあり、「状況」にあてはまらないので選択肢1は不正解です。❺ に Please press 3 if you are calling about a damaged item purchased within the past two weeks. とあるので、選択肢3の「3番を押す」が正解です。

スクリプト 3-2-8

You have 10 seconds to read the situation and Question No.8.

❶ Thank you for calling the Ovation Electronics Customer Center. ❷ We are committed to providing the best possible service to our customers. ❸ If you are calling for information about new products online or in-store sales, please press 1. ❹ For questions about how to use your cell phone, computer, camera, or any other appliance, please press 2. ❺ Please press 3 if you are calling about a damaged item purchased within the past two weeks. ❻ If you wish to ask for other information, please hold for a moment.

Now mark your answer on your answer sheet.

「状況」と「質問」(Question No.8)を読む時間が10秒あります。

❶お電話ありがとうございます。オベーションエレクトロニクスのお客様センターです。❷私どもはお客様に最良のサービスをご提供できるよう努めております。❸オンライン販売または店舗販売の新商品の情報につきましては1番を押してください。❹お客様の携帯電話、コンピューター、カメラ、その他の電気製品の操作方法につきましては2番を押してください。❺お買い上げから2週間以内の損傷のある商品につきましては3番を押してください。❻その他のご案内をご希望のお客様はそのまま今しばらくお待ちください。

答えを解答用紙に記入してください。

❸□ in-store 店内の　❹□ appliance 電気製品　❻□ hold 電話を切らずに待つ
状況 □ automate …を自動化する　選択肢4 □ hold the line 電話を切らずに待つ

(I) 3-2-9

No.9 ***Situation:*** You are scheduled to stay at a hotel tomorrow, but you got injured and have been hospitalized. The hotel staff tells you the following on the phone.

Question: What should you do?

1 Pay the reservation fee.
2 Check the cancellation policy again.
3 Email the hotel to reschedule your stay.
4 Show the hotel your doctor's note.

Date				
/	①	②	③	④
/	①	②	③	④
/	①	②	③	④

No.9 **状況：**あなたは明日あるホテルに泊まる予定ですが、けがをして入院しています。ホテルの従業員はあなたに次のことを電話で伝えます。

質問：あなたはどうするべきですか。

1 予約の代金を支払う。
2 キャンセル規定を再度確認する。
3 ホテルにEメールを送り、宿泊日を変更してもらう。
4 ホテルに医師の診断書を提示する。

「状況」から、あなたは明日ホテルに泊まる予定でしたが、怪我をして入院しており、ホテルのスタッフと電話をしていることがわかります。あなたは何をするべきなのかが質問です。❹ However, if you had to cancel due to unforeseen circumstances, such as an illness or accident, let us know and we can discuss giving you a refund. とあり、条件にあてはまりそうです。❺ You will need to present proof to be eligible for this. と言っているため、証明書が必要だとわかります。したがって正解は4になります。

スクリプト 3-2-9

You have 10 seconds to read the situation and Question No.9.

❶ I'm sorry to hear about your situation, but I have a couple of things to mention regarding our cancellation policy. ❷ You may cancel for free up to two days before your scheduled reservation. ❸ As a rule, you have to pay the full cost of your reservation for cancellations after that. ❹ However, if you had to cancel due to unforeseen circumstances, such as an illness or accident, let us know and we can discuss giving you a refund. ❺ You will need to present proof to be eligible for this.

Now mark your answer on your answer sheet.

「状況」と「質問」（Question No.9）を読む時間が10秒あります。

❶お客様の状況をお伺いしてお気の毒に存じますが、私どものキャンセル規定に関していくつかご連絡事項がございます。❷ご予約の2日前までは無料でキャンセルすることができます。❸通常、それ以降のキャンセルは予約料金の全額を支払っていただくことになっております。❹しかし、病気や事故などの不測の事態でキャンセルしなければならない場合は、ご連絡いただければ、返金について検討いたします。❺この条件を適用するには証明書のご提出が必要となります。

答えを解答用紙に記入してください。

PART 3

---

❶□ a couple of 2，3の、いくつかの　□ regarding …に関しては
□ cancellation 取り消し、キャンセル　□ policy 方針　❷□ for free 無料で　□ up to …まで
❸□ as a rule 通例、通常　❹□ unforeseen 予期せぬ、不慮の　□ refund 払い戻し、返金
❺□ present …を提出する　□ eligible 資格がある、必要な条件を満たしている
状況 □ hospitalize …を入院させる　選択肢 3 □ reschedule …の予定を変更する
選択肢 4 □ doctor's note 医師の診断書

(J) 3-2-10

No.10 ***Situation:*** You are planning to move and are looking for a place which is close to a station and has a balcony. A real estate agent tells you the following.

Question: Which apartment should you choose?

1 Skyline.
2 Casa Bright.
3 Grand Forest.
4 Oceanic View.

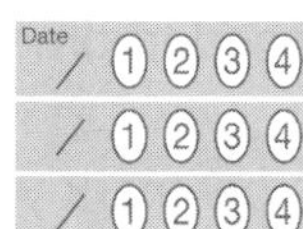

No.10 **状況:**あなたは引っ越しを予定していて、駅から近い、バルコニー付きの物件を探しています。不動産業者が次のことを伝えてきます。

質問:どのマンションにするべきですか。

1 スカイライン。
2 カサ・ブライト。
3 グランド・フォレスト。
4 オーシャニック・ビュー。

「状況」から、あなたは駅から近いバルコニー付きの物件を希望しています。不動産業者が伝えてくる条件から、どの物件を選ぶべきかが質問です。❷から❾にかけて物件の紹介があります。❸Casa Bright is close to a station in the downtown area. ❹It can be a little noisy at night, but it also has a small balcony. から、選択肢2のCasa Brightを正解に選びましょう。

スクリプト 3-2-10

You have 10 seconds to read the situation and Question No.10.

❶ There are several apartments we recommend. ❷ Skyline has a large, beautiful balcony, but it is a little far from the nearest station. ❸ Casa Bright is close to a station in the downtown area. ❹ It can be a little noisy at night, but it also has a small balcony. ❺ The one I recommend the most is Grand Forest. ❻ This is a new property and is only a five-minute walk from the closest station. ❼ Although there isn't a balcony, it has a large bedroom and is pet friendly. ❽ The last one is Oceanic View. ❾ This one is in the suburbs and has a garden and parking.

Now mark your answer on your answer sheet.

「状況」と「質問」（Question No.10）を読む時間が10秒あります。

❶お薦めのマンションがいくつかございます。❷スカイラインは大きくて美しいバルコニーがありますが、最寄り駅からは少し離れています。❸カサ・ブライトは繁華街の駅の近くにあります。❹夜間は多少騒がしくなりますが、こちらにも小さなバルコニーが付いております。❺私が一番お薦めするのはグランド・フォレストです。❻新築の物件で、最寄駅からもわずか徒歩5分です。❼バルコニーは付いていませんが、広々とした寝室があり、ペット可です。❽最後はオーシャニック・ビューです。❾郊外にあり、庭と駐車場が付いています。

答えを解答用紙に記入してください。

❶□ apartment アパート、マンション、部屋　❸□ downtown 繁華街の、商業地区の
❻□ property 不動産、建物　□ -minute walk 歩いて…分の距離
❼□ pet friendly （アパートなどが）ペットを飼える、ペット可の　❾□ suburb 郊外
状況 □ move 引っ越す　□ real estate agent 不動産屋

PART 3

(K) 3-2-11

No.11 ***Situation:*** You are driving and listening to the following traffic report. You need to go shopping in the city center today.
Question: What route should you take?

1 Highway 2.
2 52nd Street.
3 48th Street.
4 North Tunnel.

No.11 **状況：**あなたは運転しながら次の交通情報を聞いています。あなたは今日、市の中心部に買い物に行く必要があります。
質問：どのルートを通るべきですか。

1 2番幹線道路。
2 52番通り。
3 48番通り。
4 北トンネル。

「状況」から、あなたは運転中に交通情報を聞いていること、今日は町の中心で買い物をすることがわかります。どのルートを通ればよいかというのが質問です。❹の後半にso those heading to the downtown commercial area should use 48th Street instead.とあるので、正解は3です。❻にあるshoppingという音につられて、4と誤答しないように注意しましょう。

スクリプト 3-2-11

You have 10 seconds to read the situation and Question No.11.

❶ Now for a traffic update. ❷ The traffic on Highway 2 is congested due to an accident, but it is expected to clear by this afternoon. ❸ Please avoid driving in the morning if you are going to the beach. ❹ Currently, 52nd Street is undergoing road repairs, so those heading to the downtown commercial area should use 48th Street instead. ❺ The North Tunnel has relatively few vehicles at the moment. ❻ You should use that route if you're planning to visit the shopping mall in the suburbs today. ❼ Please drive safely, and have a wonderful day!

Now mark your answer on your answer sheet.

「状況」と「質問」（Question No.11）を読む時間が10秒あります。

❶最新の交通情報をお伝えします。❷2番幹線道路は事故の影響で混雑していますが、午後には解消する見込みです。❸ビーチへ向かわれる方は午前中の通行は避けてください。❹現在、52番通りでは道路の補修工事が進行中なので、繁華街の商業区域に向かわれる方は48番通りへ迂回してください。❺北トンネルは現時点では比較的空いています。❻郊外のショッピングモールに向かう予定の方はそちらのルートをお使いください。❼安全運転で素敵な一日をお過ごしください。

答えを解答用紙に記入してください。

PART 3

❷□ highway 幹線道路 □ congest …を混雑させる、渋滞させる ❹□ undergo …を受ける
□ head to …へ向かう □ downtown 繁華街の □ commercial area 商業地域
❺□ at the moment 現在のところ ❻□ suburb 郊外 状況 □ city center 街の中心

(L) 3-2-12

No.12 ***Situation:*** You are shopping at a furniture store. You have been a store member for three months. You hear the following announcement.

Question: What should you do?

1 Show your membership card when paying.
2 Select what to buy at the special event.
3 Get a members-only discount coupon.
4 Go to the reception counter.

No.12 **状況:**あなたは家具店で買い物をしています。あなたが会員になって3か月になります。次のアナウンスが流れてきます。

質問:あなたはどうすべきですか。

1 会計時に会員カードを提示する。
2 特別イベントで購入するものを選ぶ。
3 会員限定の割引クーポンをもらう。
4 受付カウンターに行く。

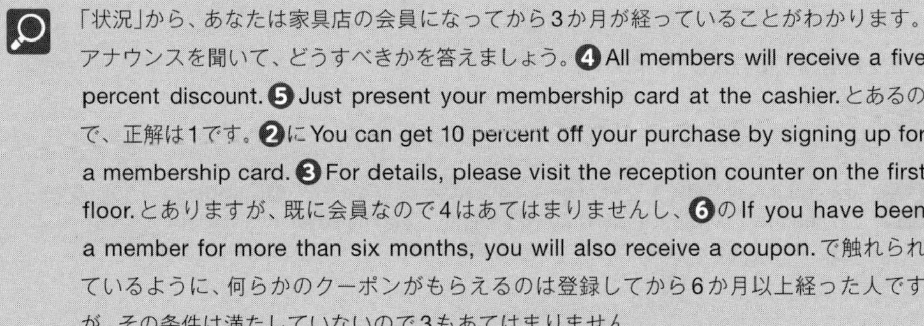

「状況」から、あなたは家具店の会員になってから3か月が経っていることがわかります。アナウンスを聞いて、どうすべきかを答えましょう。❹All members will receive a five percent discount. ❺Just present your membership card at the cashier.とあるので、正解は1です。❷にYou can get 10 percent off your purchase by signing up for a membership card. ❸For details, please visit the reception counter on the first floor.とありますが、既に会員なので4はあてはまりませんし、❻のIf you have been a member for more than six months, you will also receive a coupon.で触れられているように、何らかのクーポンがもらえるのは登録してから6か月以上経った人ですが、その条件は満たしていないので3もあてはまりません。

スクリプト 3-2-12

You have 10 seconds to read the situation and Question No.12.

❶ Thank you for coming to Prime Wood Furniture Store. ❷ You can get 10 percent off your purchase by signing up for a membership card. ❸ For details, please visit the reception counter on the first floor. ❹ All members will receive a five percent discount. ❺ Just present your membership card at the cashier. ❻ If you have been a member for more than six months, you will also receive a coupon. ❼ To celebrate our 15th anniversary, we are holding a special event on the second floor. ❽ It's an antique furniture exhibition for all customers to enjoy.

Now mark your answer on your answer sheet.

「状況」と「質問」（Question No.12）を読む時間が10秒あります。

❶プライム・ウッド家具店にご来店くださりありがとうございます。❷カード会員にご登録いただくとご購入金額の10パーセントをお引きいたします。❸詳しくは1階の受付カウンターまでお越しください。❹会員の皆さまは5パーセントの割引を受けられます。❺会員カードをレジでご提示ください。❻6か月以上ご登録いただいている会員の方にはクーポンも進呈しております。❼開業15周年を記念して、2階では特別イベントを行っております。❽すべてのお客様にお楽しみいただけるアンティーク家具の展示でございます。

答えを解答用紙に記入してください。

❷□ sign up 登録する、申し込む　❸□ reception 受付　❹□ discount 割引
❺□ present …を差し出す、呈示する

(M) 3-2-13

No.13 ***Situation:*** You study at an English conversation school and want to take a private lesson this week. You have time after 7 p.m. on weekdays. A staff member explains the schedule to you.

Question: Which lesson should you take?

1 Luther's lesson.
2 Miranda's lesson.
3 Billy's lesson.
4 An online lesson.

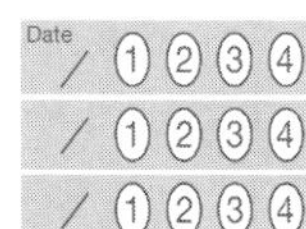

No.13 **状況:**あなたは英会話教室で勉強していて、今週は個別のレッスンを受けたいと思っています。平日の午後7時以降に時間があります。スタッフがあなたにスケジュールを説明します。

質問:あなたはどのレッスンを受けるべきですか。

1 ルターのレッスン。
2 ミランダのレッスン。
3 ビリーのレッスン。
4 オンライン・レッスン。

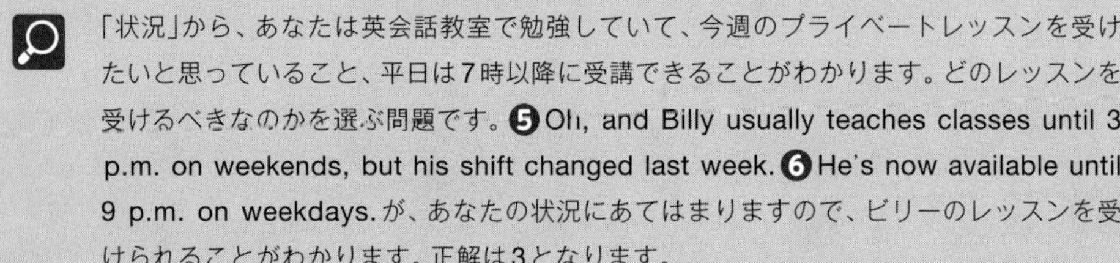

「状況」から、あなたは英会話教室で勉強していて、今週のプライベートレッスンを受けたいと思っていること、平日は7時以降に受講できることがわかります。どのレッスンを受けるべきなのかを選ぶ問題です。❺ Oh, and Billy usually teaches classes until 3 p.m. on weekends, but his shift changed last week. ❻ He's now available until 9 p.m. on weekdays. が、あなたの状況にあてはまりますので、ビリーのレッスンを受けられることがわかります。正解は3となります。

スクリプト 3-2-13

You have 10 seconds to read the situation and Question No.13.

❶ On weekdays after 5 p.m., classes are available with Luther. ❷ He only teaches group lessons, but he's a very popular teacher. ❸ If you'd like to take lessons on weekends, Miranda's class is available. ❹ She teaches both group and private lessons. ❺ Oh, and Billy usually teaches classes until 3 p.m. on weekends, but his shift changed last week. ❻ He's now available until 9 p.m. on weekdays. ❼ He's available for any number of students. ❽ Finally, starting next week, private lessons will also be available online. ❾ Please let me know if you're interested.

Now mark your answer on your answer sheet.

「状況」と「質問」（Question No.13）を読む時間が10秒あります。

❶平日の午後5時以降ですとルターのクラスが受講可能です。❷グループレッスンでのみ教えていますが、とても人気のある講師です。❸週末の受講を希望されるのでしたら、ミランダのクラスを受講できます。❹グループと個別のどちらのレッスンも教えています。❺ああ、ビリーは通常は週末の午後3時までなのですが、先週シフトに変更がありました。❻今は平日の午後9時まで受講可能です。❼彼は何人の生徒でも対応可能です。❽そして、来週から個別レッスンがオンラインでも受講いただけるようになります。❾ご関心がありましたら、お知らせください。

答えを解答用紙に記入してください。

❶□ available 利用できる　❺□ shift 勤務時間

(N) 3-2-14

No.14 ***Situation:*** You are a student living outside of New Gables City and want to buy some discounted textbooks for school. You hear the following advertisement on the radio.

Question: When should you visit the store this week?

1 On Tuesday.
2 On Wednesday.
3 On Thursday.
4 On Friday.

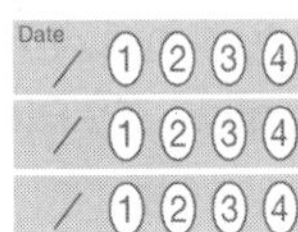

No.14 **状況：**あなたはニュー・ゲーブル市外に住んでいる学生で、割引された学校の教科書を何冊か購入したいと思っています。あなたはラジオで次の広告を聞きます。

質問：今週のいつ店に行くべきですか。

1 火曜日。
2 水曜日。
3 木曜日。
4 金曜日。

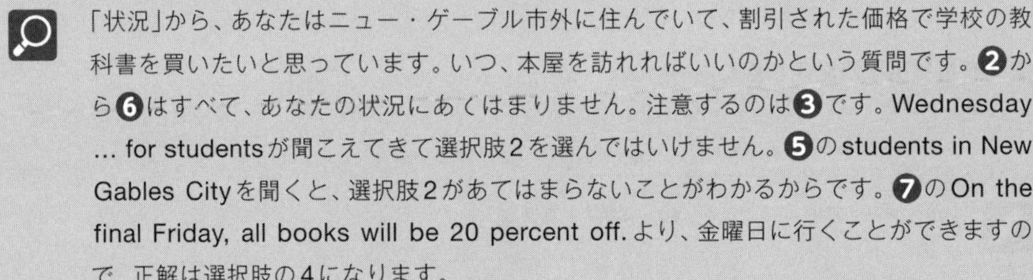

「状況」から、あなたはニュー・ゲーブル市外に住んでいて、割引された価格で学校の教科書を買いたいと思っています。いつ、本屋を訪れればいいのかという質問です。❷から❻はすべて、あなたの状況にあてはまりません。注意するのは❸です。Wednesday … for studentsが聞こえてきて選択肢2を選んではいけません。❺のstudents in New Gables Cityを聞くと、選択肢2があてはまらないことがわかるからです。❼のOn the final Friday, all books will be 20 percent off.より、金曜日に行くことができますので、正解は選択肢の4になります。

スクリプト 3-2-14

You have 10 seconds to read the situation and Question No.14.

❶ This Monday marks the beginning of Bakers' Book Barn's final week in business. ❷ On Monday and Tuesday, we're offering a 30 percent discount on novels and cookbooks. ❸ Wednesday is a day for students. ❹ Our wide range of textbooks are all 50 percent off! ❺ This is only for students in New Gables City, so please don't forget to bring your student ID. ❻ On Thursday, all picture books for the little ones in your family are 40 percent off. ❼ On the final Friday, all books will be 20 percent off. ❽ Get in quick because we can't promise there'll be much left!

Now mark your answer on your answer sheet.

「状況」と「質問」(Question No.14)を読む時間が10秒あります。

❶今度の月曜日はベーカーズ・ブック・バーンが営業する最後の週が始まります。❷月曜日、火曜日は小説と料理本を30パーセント引きで提供いたします。❸水曜日は学生のための日です。❹豊富な品ぞろえの教科書がすべて50パーセント引きです。❺これはニュー・ゲーブル市の学生限定ですので、学生証を持ってくることをお忘れなく。❻木曜日はご家族のちびっ子たちのための絵本がすべて40パーセント引きです。❼最終日の金曜日には全書籍が20パーセント引きになります。❽たくさん残っているという確約はできないので、お早めにお越しください。

答えを解答用紙に記入してください。

❶□ mark the beginning of …の始まりとなる　□ in business 商売をして　❷□ discount 割引
❹□ wide range of 広範囲な　❺□ student ID 学生証　❽□ get in 到着する

PART 3

(O) 3-2-15

No.15 ***Situation:*** You are trying to log in to a website. You entered the correct email address, but you are still unable to log in. A customer support representative tells you the following.

Question: What should you do first?

1 Try logging in from a different computer.
2 Give your information to the representative.
3 Confirm if you have changed your password.
4 Send a text message to the company.

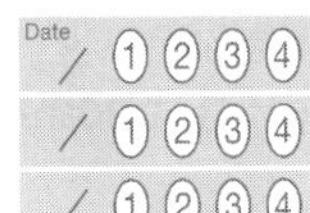

No.15 **状況:**あなたはあるウェブサイトにログインしようとしています。正しいメールアドレスを入力しても、ログインすることができません。カスタマーサポートの担当者があなたに次のことを伝えます。

質問:あなたはまずどうすべきですか。

1 別のコンピューターからログインしてみる。
2 担当者に情報を伝える。
3 パスワードの変更が済んだか確認する。
4 その会社にテキストメッセージを送る。

「状況」から、あなたはあるウェブサイトにログインすることができずに、カスタマーサポートに問い合わせていることがわかります。どうすればよいのかが問われています。❹にThe best way for us to do so would be to send you a text message with a confirmation code, とあり、そのあとにso we need your phone number.とありますので、あなたの電話番号を担当者に知らせる必要があります。これをgive your informationと言い換えている2が正解です。

スクリプト 3-2-15

You have 10 seconds to read the situation and Question No.15.

❶ I apologize. ❷ Your email is correct, but for some reason our server is not accepting your password. ❸ Your password does seem to be different from what we have in our records, so we first need to confirm your identity. ❹ The best way for us to do so would be to send you a text message with a confirmation code, so we need your phone number. ❺ You'll then be able to enter that code and log in to the system. ❻ We'll look into what caused this issue so it doesn't happen again.

Now mark your answer on your answer sheet.

「状況」と「質問」（Question No.15）を読む時間が10秒あります。

❶申し訳ございません。❷お客様のメールは正しいですが、何らかの理由でサーバーがお客様のパスワードを受け付けなくなっております。❸パスワードの方が私どもの記録にあるものと異なっているようなので、まずお客様のご本人様確認の必要がございます。❹そのための最善の方法はお客様にテキストメッセージで確認コードを送信することになるので、お客様の電話番号が必要になります。❺そうすれば、そのコードを入力してシステムにログインしていただけるようになります。❻この問題は再発しないように、原因を調査いたします。

答えを解答用紙に記入してください。

PART 3

❷□ server サーバー　❹□ confirmation 確認　❺□ log in ログインする
❻□ look into …を調査する

(P) 3-2-16

No.16 ***Situation:*** You are booking a hotel room for your honeymoon. You want to use a whirlpool bathtub as well as the wellness center. A hotel clerk tells you the following.

Question: Which room should you choose?

1 The Premium Deluxe Suite.
2 The Presidential Suite.
3 The Bryan Suite.
4 The Anderson Suite.

Date
/ ① ② ③ ④
/ ① ② ③ ④
/ ① ② ③ ④

No.16 **状況：**あなたは新婚旅行のためにホテルの部屋を予約しようとしています。あなたはジェットバス（噴射式水流風呂）と健康センターも利用したいと思っています。ホテルのフロント係はあなたに次のことを伝えます。

質問：あなたはどの部屋を選ぶべきですか。

1 プレミアム・デラックス・スイート。
2 プレジデンシャル・スイート。
3 ブライアン・スイート。
4 アンダーソン・スイート。

「状況」から、あなたは新婚旅行のためにホテルの予約をしていて、ジェットバスと健康センターを使いたいと思っていることがわかります。どの部屋を選ぶべきでしょうかという質問です。❸から各部屋の説明があり、状況にあてはまるのは、❹ The Presidential Suite has access to our sauna, and the Anderson Suite has access to our wellness center. ❺ They are both also equipped with a whirlpool bathtub. より、Anderson Suiteだとわかります。❹で Presidential Suiteはサウナ、Anderson Suiteは健康センターを利用できると述べ、❺で both（❹の両方の部屋）にジェットバスがあると述べています。❹の内容と❺の bothを関連付けて聞き取らなければいけません。したがって正解は選択肢の4となります。

スクリプト 3-2-16

You have 10 seconds to read the situation and Question No.16.

❶ Thank you for holding while I checked on room availability. ❷ We currently have four rooms available. ❸ The Premium Deluxe Suite includes a whirlpool bathtub, as well as access to a private beach front. ❹ The Presidential Suite has access to our sauna, and the Anderson Suite has access to our wellness center. ❺ They are both also equipped with a whirlpool bathtub. ❻ The Bryan Suite does not come with a whirlpool bath, but it does include access to our wellness center. ❼ All rooms come with free coffee and a stocked refrigerator.

Now mark your answer on your answer sheet.

「状況」と「質問」（Question No.16）を読む時間が10秒あります。

❶空室の状況を確認する間、お待ちくださりありがとうございます。❷ただいま4つの部屋をご案内できます。❸プレミアム・デラックス・スイートはジェットバス付きで、プライベートビーチにも出ることができます。❹プレジデンシャル・スイートはサウナのご利用が可能で、アンダーソン・スイートは健康センターをご利用いただけます。❺どちらもジェットバスを完備しております。❻ブライアン・スイートにはジェットバスはございませんが、健康センターのご利用は可能です。❼全室に無料のコーヒーを、また冷蔵庫にお飲み物や軽食をご用意しております。

答えを解答用紙に記入してください。

❶□ hold 電話を切らずに待つ　□ availability 空き状況　❸□ suite スイート（ルーム）
□ access to …を利用する権利　□ private beach front ビーチに面した私有地
❹□ sauna サウナ　□ wellness 健康　❻□ come with …が付属している
状況 □ honeymoon 新婚旅行、ハネムーン

PART 3

(Q) 3-2-17

No.17 ***Situation:*** You want to make your garden easier to care for. You have no time for gardening, but you want to keep some greenery. A contractor tells you the following.

Question: Which option would be best for your garden?

1 Relocating the tall tree.
2 Using space under the window.
3 Making a path away from the grass.
4 Building a new garage.

Date
/ ①②③④
/ ①②③④
/ ①②③④

No.17 **状況:**あなたは庭を楽に手入れできるようにしたいと思っています。ガーデニングに割く時間はありませんが、緑は残したいと思っています。請負業者はあなたに次のことを伝えます。

質問:どのオプションがあなたの庭に最適ですか。

1 高い木を移植する。
2 窓の下の空間を活用する。
3 芝生から離れた場所に小道を作る。
4 ガレージを新しく造る。

「状況」から、あなたは庭の手入れを楽にしたいと考えていて、ガーデニングに割く時間はないことがわかります。業者の説明のうち、どのオプションを選ぶべきでしょうか、という質問です。❶That big tree next to the house will be a problem in autumn when the leaves fall into the drainage pipe and clog it up.から、家の横にある大きな木が問題を引き起こしているとわかり、❷It would be a shame to cut down such a beautiful tree, though, so how about replanting it near the garage?よりそれを植え替えたいことがわかるので、選択肢1が正解となります。

スクリプト 3-2-17

You have 10 seconds to read the situation and Question No.17.

❶ That big tree next to the house will be a problem in autumn when the leaves fall into the drainage pipe and clog it up. ❷ It would be a shame to cut down such a beautiful tree, though, so how about replanting it near the garage? ❸ Creating vegetable gardens are very popular these days, and that space under the window would be perfect since it catches the afternoon sun. ❹ But the most low-maintenance option would be to remove the grass and put down concrete or gravel. ❺ That would also give you extra car parking space.

Now mark your answer on your answer sheet.

「状況」と「質問」（Question No.17）を読む時間が10秒あります。

❶家の横にある大きな木は、秋になると葉が排水管に落ちて詰まるので問題になります。❷あんなに美しい木を切ってしまうのは惜しいので、ガレージの近くに植え替えてはいかがでしょうか。❸この頃は菜園作りが大変人気がありますが、午後の日当たりがいい窓の下の空間がぴったりだと思います。❹ただ一番手がかからない選択肢は芝生を取り除いてコンクリートか砂利を敷くことでしょう。❺そうすれば駐車スペースも広がります。

答えを解答用紙に記入してください。

❶□ drainage pipe 排水管　□ clog up …を詰まらせる　❷□ replant …を植え替える
❸□ vegetable garden 菜園　❹□ put down …を敷く　□ concrete コンクリート
□ gravel 砂利　状況 □ care for …の手入れをする　□ greenery 青葉、緑樹　□ contractor 請負人
選択肢 1 □ relocate …を移転させる

PART 3

(R) 3-2-18

No.18 ***Situation:*** You are at an electronics shop and would like to buy a new laptop at the lowest-possible price. You hear the following announcement.

Question: When should you buy a laptop?

1 By April 30.
2 In the first half of May.
3 In the second half of May.
4 On a weekday.

Date
/ ① ② ③ ④
/ ① ② ③ ④
/ ① ② ③ ④

No.18 **状況:**あなたは電器店にいて、新しいノートパソコンをできるだけ安く買いたいと思っています。次のアナウンスが流れます。

質問:いつノートパソコンを買うべきですか。

1 4月30日までに。
2 5月の前半。
3 5月の後半。
4 平日。

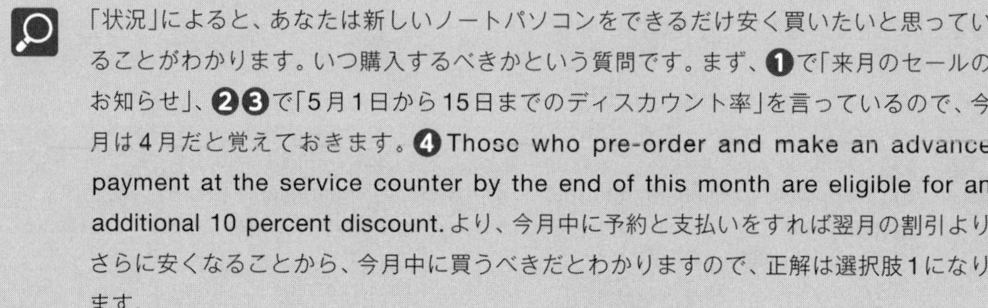

「状況」によると、あなたは新しいノートパソコンをできるだけ安く買いたいと思っていることがわかります。いつ購入するべきかという質問です。まず、❶で「来月のセールのお知らせ」、❷❸で「5月1日から15日までのディスカウント率」を言っているので、今月は4月だと覚えておきます。❹ Thosc who pre-order and make an advance payment at the service counter by the end of this month are eligible for an additional 10 percent discount. より、今月中に予約と支払いをすれば翌月の割引よりさらに安くなることから、今月中に買うべきだとわかりますので、正解は選択肢1になります。

スクリプト 3-2-18

You have 10 seconds to read the situation and Question No.18.

❶ We are pleased to announce an amazing sale at Top Mega Electronics next month. ❷ From May 1st until May 15th, you can get a 20 percent discount on all cell phones. ❸ After the 15th, computers will be 20 percent off. ❹ Those who pre-order and make an advance payment at the service counter by the end of this month are eligible for an additional 10 percent discount. ❺ Also, if you visit the store on weekdays, you will receive free insurance service, which provides repair coverage for your computer. ❻ This campaign is only available for a limited time, so don't miss this great opportunity!

Now mark your answer on your answer sheet.

「状況」と「質問」（Question No.18）を読む時間が10秒あります。

❶トップ・メガ・エレクトロニクスの来月のお得なセールをお知らせします。❷5月1日から5月15日まですべての携帯電話が20パーセント引きになります。❸15日以降はパソコンが20パーセント引きになります。❹今月中にサービスカウンターにてご予約とお支払いをしていただいた方にはさらに10パーセントのお値引きをいたします。❺また、平日にご来店いただきますと、無料保険サービスが受けられます。これはパソコンの修理補償をご提供するものです。❻このキャンペーンは期間限定のものですので、どうぞこの機会をお見逃しなく。

答えを解答用紙に記入してください。

❷□ discount 割引　□ cell phone 携帯電話　❹□ be eligible for …を受ける資格がある

PART 3

(S) 3-2-19

No.19 ***Situation:*** You are on the phone with an Internet company employee who is explaining the available plans. You want to spend the least amount of money, but you do not want your Internet to be slow.

Question: Which plan should you choose?

1 The Emerald plan.
2 The Ruby plan.
3 The Sapphire plan.
4 None of the plans.

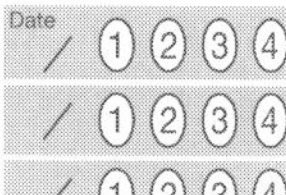

No.19 **状況:**あなたは電話でインターネットの会社のスタッフから利用できるプランについて説明を受けています。あなたは出費を最小限に抑えたいですが、インターネットの通信速度が落ちることは避けたいと思っています。

質問:あなたはどのプランを選ぶべきですか。

1 エメラルド・プラン。
2 ルビー・プラン。
3 サファイア・プラン。
4 どれでもない。

「状況」から、あなたはインターネットのプランについて電話で説明を受けていること、出費を抑えることと、通信速度を落とさないことが条件だとわかります。あなたが選ぶべきプランはどれかという質問です。❷ Based on your answers to our survey, you only use the Internet to read articles on websites and occasionally watch short videos. からスタッフはあなたのインターネット利用状況については把握しているようです。❻ We also have the Ruby plan, where your data is limited, but this should be enough for you. より、正解は2です。ちなみにエメラルド・プランは高額で、サファイア・プランは通信速度が落ちる可能性があるので、除外しましょう。

スクリプト 3-2-19

You have 10 seconds to read the situation and Question No.19.

❶ This is John from Speedy Internet. ❷ Based on your answers to our survey, you only use the Internet to read articles on websites and occasionally watch short videos. ❸ We have a number of plans for you to choose from. ❹ First is the Emerald plan. ❺ This does not limit how much data you can use, but it is the most expensive. ❻ We also have the Ruby plan, where your data is limited, but this should be enough for you. ❼ Finally, there is the Sapphire plan, which is the cheapest but also offers the least amount of data. ❽ Some of your websites may load slowly on this plan.

Now mark your answer on your answer sheet.

「状況」と「質問」(Question No.19)を読む時間が10秒あります。

❶スピーディー・インターネットのジョンです。❷お答えいただいたアンケートを拝見したところ、お客様がインターネットをお使いになるのはウェブ上の記事を読むときと、たまに短い動画を観るときだけとのことでございます。❸弊社にはいくつかお選びいただけるプランがあります。❹まず、エメラルド・プランです。❺これはデータの使用量に制限がありませんが、一番高額になります。❻ルビー・プランの方はデータの制限がありますが、お客様にはこれで十分ではないかと思います。❼もう一つはサファイア・プランで、一番低額ではありますが、データ提供量も最小になります。❽このプランですと、読み込みが遅くなるサイトも出てくる場合があります。

答えを解答用紙に記入してください。

❷□ survey アンケート調査　□ occasionally 時折　❽□ load 読み込まれる

(T) 3-2-20

No.20 ***Situation:*** You are going to meet your friend at a movie theater in Jacksonville. You get lost while driving on the way there. A local person tells you the following.

Question: What should you do?

1 Drive about two miles along Stark Avenue.
2 Drive along a highway, then get off at Loop 3.
3 Go straight along Baker Street, then take a right.
4 Take a left at the next light on West Boulevard.

No.20 **状況:** あなたはジャクソンヴィルの映画館で友人と会うことになっています。あなたは車で向かう途中で道に迷ってしまいます。地元の人があなたに次のように伝えます。

質問: あなたはどうすべきですか。

1 スターク大通りを2マイルほど進む。
2 幹線道路を進み、3番ループで降りる。
3 ベイカー道路を直進し、右折する。
4 ウエスト大通りに接する次の信号で左折する。

「状況」から、あなたはジャクソンヴィルで友人に会う予定ですが、道に迷っています。地元の人に聞いていることがわかります。あなたはどうするべきかという質問です。選択肢がそれぞれ長めですが、情報をしっかりと見極めて落ち着いて聞きましょう。❸ No, wait, that road is closed for construction. で幹線道路は閉鎖中だと言っているので選択肢2は選ばないことになります。❹と❺より、正解は3だとわかります。

スクリプト 3-2-20

You have 10 seconds to read the situation and Question No.20.

❶ Jacksonville is about three miles away. ❷ The most direct route is to take the highway, then take the exit at Loop 3. ❸ No, wait, that road is closed for construction. ❹ Keep going until you reach Baker Street, then take a left there. ❺ Drive about two miles and go right onto Stark Avenue. ❻ You can see the theater from there. ❼ By the way, if you don't have to go to Jacksonville, then Smithville's theater is a lot closer. ❽ You just go straight along West Boulevard, which is one light down, and it's on the corner.

Now mark your answer on your answer sheet.

「状況」と「質問」(Question No.20)を読む時間が10秒あります。

❶ジャクソンヴィルは3マイルほど先です。❷最短のルートは幹線道路を通って、3番ループから出るルートです。❸いや、待ってください、その道路は工事で閉鎖しています。❹ベイカー道路まで行って、左折してください。❺2マイルほど進んで右のスターク大通りに入ります。❻そこから映画館が見えます。❼ところで、ジャクソンヴィルに行かなくてもいいなら、スミスヴィルの映画館の方が断然近いです。❽一つ先の信号の所にあるウエスト大通り沿いにまっすぐ行けば、角にありますよ。

答えを解答用紙に記入してください。

❷□ direct route 直線ルート　❹□ take a left 左に曲がる　❺□ go onto …へ進む
状況 □ get lost 道に迷う

PART 3

松本恵美子 Emiko Matsumoto

順天堂大学講師。明治大学兼任講師。東京理科大学非常勤講師。上智大学大学院博士前期課程修了(TESOL／英語教授法)。言語テスティング専攻。全国の大学生向けテキストの執筆。TOEIC、TOEFL、IELTS、英検などの資格試験対策を行う。現在の研究テーマは医療英語のニーズ分析、談話分析等。主な著書は、『TOEIC®TEST リスニングスピードマスター NEW EDITION』(J リサーチ出版)、『新 TOEIC®TEST1分間マスター リスニング編・リーディング編』(日本経済新聞出版社)、『TOEIC® LISTENING AND READING TEST 15日で500点突破!リスニング攻略・リーディング攻略』(三修社)、『TOEIC®テスト 究極アプローチ』(成美堂)、『TOEFL ITP®テスト 完全制覇』(ジャパンタイムズ)など多数。

装幀・本文デザイン　斉藤啓(ブッダプロダクションズ)

制作協力　渾天堂株式会社

音源制作　一般財団法人英語教育協議会(ELEC)

ナレーション　Carolyn Miller / Emma Howard / Iain Gibb / Thomas Neil DeMaere

極めろ!英検®準1級合格力 リスニング

2023年12月13日　初版第1刷発行

著　者　松本 恵美子
発行者　藤嵜 政子
発　行　株式会社 スリーエーネットワーク
〒102-0083 東京都千代田区麹町3丁目4番 トラスティ麹町ビル2F
電話:03-5275-2722[営業]　03-5275-2726[編集]
https://www.3anet.co.jp/
印　刷　株式会社 Sun Fuerza

ISBN 978-4-88319-941-9　C0082